GÜTERSLOHER
VERLAGSHAUS

Gütersloher Verlagshaus. Dem Leben vertrauen

Lutz van Dijk, Dr.phil., geboren 1955 in Berlin, war Lehrer in Hamburg und später Mitarbeiter des Anne Frank Hauses in Amsterdam, seit 2001 lebt er als Schriftsteller und Mitbegründer der südafrikanischen Stiftung HOKISA (www.hokisa.co.za) für von HIV/Aids betroffene Kinder und Jugendliche in Kapstadt. Seine Bücher wurden in viele Sprachen übersetzt und erhielten zahlreiche internationale Auszeichnungen (so in Deutschland u.a. 2001 den Gustav-Heinemann-Friedenspreis und 2009 die Poetik-Professur der Universität Oldenburg).

In Deutschland und anderen Ländern sind seine allgemein verständlichen historischen Bücher bekannt u.a. die »Geschichte der Juden« und seine »Geschichte Afrikas«. Zum Thema Tod und Sterben für jugendliche Leser erschien der Band mit Kurzgeschichten »Leben bis zuletzt« (2007). Mehr unter: www.lutzvandijk.co.za

Lutz van Dijk

Auf Leben und Tod

Wie in der Welt
gestorben wird

Gütersloher Verlagshaus

Inhaltsverzeichnis

Tod oder Leben?

Die Pistole auf der Brust: Tod oder Leben?

Leben.

Die meisten wollen leben. Unsere Sprache drückt das so aus: Ein eiserner Lebenswille. Wir kämpfen um ein Menschenleben. Wer ein Leben rettet, rettet die Welt, sagt eine jüdische Weisheit. Wir leben noch. Wir überleben. Das Leben hat wieder einen Sinn. Ein gutes Leben. Lebenswert und lebensfroh.

Aber auch: Leben voller Schmerzen. Ein Leben auf Kosten anderer. Ein einsames Leben. Das ist kein Leben mehr. Lebensmüde. Sinnloses Leben. Das Leben hängt an einem dünnen Faden. Das Leben verlieren. Tod oder Leben?

Leben. So zerbrechlich. Das vergessen wir leicht.

Der Tod ist weit weg. Ausgegrenzt. Später. Nicht ich.

Das war nicht immer so. So ist es nicht überall.

Damals

Mein Großvater mütterlicherseits starb mit 91 Jahren auf dem Balkon beim Blumengießen. Es war ein warmer Frühlingstag. Er fiel einfach um und war tot. Auf der umgestürzten Gießkanne saß sein geliebter Wellensittich, auch schon alt und wegen des Verlustes der meisten Federn nicht mehr zum Fliegen fähig, und schrie.

Bis zuletzt machte Großvater seine täglichen Spaziergänge, bereitete sich sein Frühstück und Abendbrot selbst und kam nur zum warmen Mittagessen zu uns herüber. Im Krankenhaus war er nur ein einziges Mal im Leben: Als kleiner Junge hatte ihn ein Schneeball aufs rechte Ohr getroffen und sein Trommelfell beschädigt. Er war seitdem stark schwerhörig. Beide Weltkriege überlebte er, da er selbst »laut gebrüllte Befehle« nicht verstand, wie er uns Kindern stolz erzählte, und man ihn nach der Musterung beide Male nach Hause geschickt hatte.

Er war bereits lange in Rente, als meine Eltern endlich genug Geld gespart hatten, um für ihn ein, für unsere Verhältnisse teures, batteriebetriebenes Hörgerät zu kaufen.

Er trug es einen Tag. »Was für ein Lärm ist in der Welt!«, sagte er entsetzt, schaltete es aus und benutzte es nur noch, wenn es sein musste. Seine Welt blieb überwiegend ruhig.

Bei der Beerdigung sagten die meisten Leute: ein schöner Tod. Sein Wellensittich starb einen Tag nach ihm.

━━━∞∞∞━━━

Heute

Unser Kinderhaus in einer südafrikanischen Armensiedlung bei Kapstadt. Es ist erst wenige Monate geöffnet, als eine junge Frau mit zwei kleinen Kindern zu uns kommt. Sie ist abgemagert und hat Schwierigkeiten, allein zu gehen. Eine ältere Nachbarin stützt sie. Die beiden Kinder, ein Junge und ein Mädchen, klammern sich an ihre Hand.

»Ich habe heute in der Klinik erfahren, dass die Medikamente bei mir nicht mehr wirken«, sagt sie mit rauer, trotzdem leiser Stimme. »Ich musste zu oft unterbrechen, da es die Medikamente nicht regelmäßig gab bei uns im Dorf.« Sie erklärt nur, sie klagt nicht an. Sie erklärt uns ihr Todesurteil.

Nicht ihretwegen sei sie gekommen, fährt sie fort, sondern wegen der Kinder. Wo sollen die bleiben, wenn sie nicht mehr ist? Die Familie hat sie verstoßen, seit bekannt wurde, dass sie Aids hat.

»Könnt Ihr meine Kinder aufnehmen? Dann kann ich in Ruhe sterben ...«.

Die Kinder sagen kein Wort. Ihre Mutter redet über sie, über ihre Zukunft, wenn sie selbst nicht mehr lebt. Die Kinder hören zu. Der Junge schaut starr zu Boden. Das Mädchen schmiegt sich eng an sie.

Die Kinder bleiben bei uns. Die Mutter wird in ein Hospiz aufgenommen. Es ist weit weg, aber wir fahren einmal in der Woche hin. Wann immer ich frage, ob sie wieder zu Mama möchten, antworten sie ohne Zögern: »Ja!« Sie malen ihr kleine Bilder oder bringen ihr Blumen aus dem Garten mit. Acht Monate lang.

Am Ende ist die Mutter gelähmt, eine Hautkrankheit hat ihr Gesicht entstellt. Manchmal weinen wir auf der Rückfahrt. Bei einem Bluttest stellt sich heraus, dass der Junge infiziert ist, das Mädchen nicht. Ob er schon bei der Geburt HIV-positiv war oder erst später infiziert wurde, wissen wir nicht. Wir können die Mutter nicht mehr fragen.

Sie stirbt an einem Sonntagmorgen. Die Beerdigung findet in ihrem Heimatdorf statt. Eine unserer Erzieherinnen hält eine mutige Rede. »Sie hätte nicht sterben müssen, wenn ihr sie nicht alleingelassen hättet«, ruft sie den Dorfbewohnern zu. »Ein sinnloser Tod«, sagt sie zu uns. »So viele sinnlose Tode ...«.

Todesfälle. Der schöne Tod meines Großvaters am Ende eines langen Lebens. Der traurige und sinnlose Tod der jungen, aidskranken, einsamen Mutter. Zwei Extreme. Dazwischen so viele Variationen.

Tode von Prominenten. Oft mit Medienrummel, zumindest jedoch viel Aufmerksamkeit und Teilnahme. Einsame Tode, von niemandem beachtet. Allein wohnende, alte Menschen, die keinen mehr haben, deren Leichen erst Tage oder gar Wochen nach dem Tod von Nachbarn zufällig gefunden werden.

Würdevolle Tode, die persönliche Vorbereitung, familiären Abschied und inneren Frieden erlauben. Schreckliche Tode, die wie ein Blitz einschlagen. Unfälle, Gewaltverbrechen oder Selbsttötungen, die die Zurückgebliebenen mit tiefen Fragen, Selbstzweifeln oder gar gegenseitigen Vorwürfen verstört zurücklassen.

Tode im Wohlstand, ohne finanzielle Sorgen, mit feierlichen Nachrufen und prächtigen Gräbern, bis zuletzt die optimale medizinische Versorgung. Demgegenüber Tode in Armut: massenhaftes Verhungern, elendes Zugrundegehen, wegen unhygienischer Lebensbedingungen und fehlender Medikamente. Rund vierzigtausend Kinder pro Tag, an die keiner erinnert, die weder Trauerfeier noch Grab erhalten.

Unser Umgang mit Ende und Unendlichkeit. Mit Wissen und Grenzen unseres Verstehens.

Welche Antworten haben Menschen in anderen Kulturen und zu anderen Zeiten gefunden? Welche Fragen waren oder sind ihnen wichtig? Welche Antworten geben ihnen Hoffnung, helfen leben, ohne zu verzweifeln?

Es stimmt: Im Tod ist jeder allein. Und es stimmt auch: Niemand stirbt für sich allein.

Eine Annäherung an Tod und Sterben bedeutet immer auch, mehr über das eigene Leben zu erfahren. Um beides geht es in diesem Buch.

Obwohl viele Sachinformationen aufgeführt werden, ist es doch auch ein sehr persönliches Buch: Es basiert auf Erfahrungen, die ich mit dem Verlust mir naher Menschen in verschiedenen Phasen meines Lebens gemacht habe und mit dem Erleben von Sterben und Tod anderer Menschen, oft im Kontext von Gewalt oder Armut – in Deutschland, aber auch in Ländern, die ich bereisen konnte oder in denen ich aus unterschiedlichen Gründen länger lebte, wie die Niederlande, Israel/Palästina, die USA und heute Südafrika.

Lutz van Dijk   Kapstadt, im Januar 2010

Leben und Tod als Kreislauf?
Mythen der Urvölker

Ayers Rock, heilige Stätte des Uluru-Mythos der australischen Aborigines.

Die Verwobenheit von Leben und Tod in den Anfängen der Menschheit: Dämonen und Geister als Versuche, eine weitgehend unverständliche Welt außerhalb des unmittelbaren Erlebens zu begreifen.

Gleichwohl existiert eine direkte Nähe zu Natur, Pflanzen und Tieren, Klima und Landschaft, wie sie den meisten Menschen heute eher fremd ist. Zivilisation wird in unserer Zeit vor allem mit menschlichen Ballungsräumen assoziiert, unabhängig davon, dass diese oft nicht die wohlversorgten Zentren der Städte selbst bedeuten, sondern (vor allem auf dem südlichen Teil unserer Erde) Armensiedlungen am Rand der Städte – wie die Favelas in Südamerika oder die Townships in Südafrika.

Tiere und Menschen stehen in den Anfängen der Zivilisation als Lebewesen in engem Kontakt miteinander – in Konkurrenz um Nahrung und geschützte Ruheplätze, aber auch in Achtung der jeweiligen Stärken und Schwächen. Die ständige Suche nach Nahrung, die Sorge für den Nachwuchs und das Ausgeliefertsein an zahllose Naturgewalten verbindet sie.

Leben und Tod gehören zusammen: Sie sind ewiger Kreislauf und nicht Anfang und Ende. Diesen Kreislauf zu achten bedeutet, den Eltern wie Großeltern ebenso wie den Kindern und Enkelkindern gegenüber verantwortlich zu sein. Es bedeutet, sich selbst einordnen zu können in eine Abfolge von Generationen – und darin aufgehoben zu sein.

<hr>

Im südlichen Afrika gehören die San zu den ältesten Völkern. Ihre Höhlenzeichnungen in Botswana, Namibia und Südafrika, die frühesten Zeichnungen sind rund 30.000 Jahre alt, stellen oft Lebewesen dar, die halb Mensch und halb Tier sind. In ihren überlieferten Geschichten, den Kukummi, berichten sie nachdrücklich von dem je eigenen Platz, den jeder erhält, wenn der Tod das irdische Leben beendet. Da gibt es keine Angst, verloren zu gehen im Universum, unabhängig von der Todesursache. Ein Angehöriger der San namens Kabbo (was so viel wie Traum bedeutet) berichtet 1879 in einem Gedicht [1]:

> *»Wenn ein Buschmann stirbt,*
> *geht er zu seinem Platz.*
> *Ein alter Mann wird schwach und stirbt,*
> *er geht zu seinem Platz.*
> *Ein kleines Kind, das noch zart ist,*
> *auch dieses weiß seinen Platz.*

12

Ein Mann verletzt eine Frau mit dem Pfeil,
sie stirbt und geht zu ihrem Platz.
Ein junger Mann verhungert,
weil seine Pfeile verfehlen.
Er geht zu seinem Platz.«

In China siedelten sich die ersten Kulturen vor gut 12.000 Jahren zuerst in dem fruchtbaren Gebiet im Norden um den Hwangho (»Gelber Strom«) an, dem zweitgrößten Fluss Chinas nach dem Jangtsekiang. Einige von ihnen entwickelten eine besondere Methode, um mit ihren Vorfahren in Verbindung zu treten: Schildkrötenpanzer oder Schulterblätter großer Tiere wurden über dem Feuer erhitzt. Die Risse und Sprünge, die sich zeigten, wurden als direkte Botschaft der Ahnen verstanden und gedeutet, um Hilfe bei schwierigen Entscheidungen oder Wahrsagungen für die Zukunft zu erhalten. Die darauf notierten ersten chinesischen Zeichen gehören zu den frühesten Schriften der Menschheitsgeschichte [2].

Botschaften aus der Vergangenheit und der Zukunft – um sich als Teil eines Kreislaufes verstehen zu können, der vor ewiger Zeit begann und niemals aufhören wird.

Zu den ältesten Völkern der Welt, deren Kultur erst in jüngster Zeit mit zunehmender Beachtung auch international wahrgenommen wird, gehören die verschiedenen ethnischen Gruppen der australischen Aborigines (vom Lateinischen ab origine: von Ursprung an): Genau genommen stellen sie nicht ein Volk dar, sondern rund 500 verschiedene Kulturen mit deutlich differenzierten Gebräuchen und Sprachen.

Bevor ein Aborigine selbst zu Wort kommt und die besondere Tradition einer Traumzeit als ursprüngliche Brücke zwischen Leben und Tod vorgestellt wird, einige Informationen zur Geschichte und Gegenwart der Ureinwohner Australiens:

Aborigines in Australien – Völkermord und späte Anerkennung

Es wird vermutet, dass die Ureinwohner Australiens vor rund 40.000-50.000 Jahren von Südostasien in einfachen Booten und über eine damals noch bestehende schmale Landverbindung auf den fünften Kontinent kamen.

Vor dem Eintreffen der ersten englischen Siedler 1788 lebten rund 750.000 Aborigines als nomadische Jäger und Sammler in Australien. Innerhalb weniger Jahrzehnte reduzierte eine menschenverachtende Vernichtungspolitik bis um 1830 die Zahl der Aborigines um rund 90 Prozent auf weniger als 75.000. Eine Volksschätzung von 1920 kommt auf noch 60.000 Aborigines [3].

Heute stellen die rund 450.000 Aborigines bei einer Gesamtbevölkerung von etwa 19 Millionen noch vor den Asiaten die größte Minderheit in Australien dar. Der 26. Januar ist bis heute Nationalfeiertag und erinnert an die Ankunft der ersten Weißen 1788 [4].

Viele Aborigines wurden wie wilde Tiere erschossen, nachdem die ersten Kolonisatoren ihre Dienste und Waren nicht mehr brauchten. Noch mehr starben an bislang unbekannten Krankheiten wie Grippe oder Pocken. Den Überlebenden wurden Reservate zugewiesen, die nicht ausreichend groß oder fruchtbar genug waren, um die Nomadenkultur aufrechtzuerhalten.

Um der Not und dem Hunger der Reservate zu entkommen, flüchteten viele und verdingten sich als Tagelöhner, Farmarbeiter oder Hausangestellte. Seit Beginn des zwanzigsten Jahrhunderts wurden Kinder, deren Mutter Aborigine und Vater weiß war, zwangsweise den Müttern weggenommen und in öffentlichen Waisenhäusern aufgezogen, um sie den weißen Normen anzupassen und zu willigen Arbeitern abzurichten.

Heute leben rund drei Viertel der Ureinwohner Australiens in stadtnahen Armensiedlungen, die häufig geprägt sind von Alkoholproblemen und familiärer Gewalt. Die Lebenserwartung der Aborigines ist rund 20 Jahre geringer als die der übrigen Bevölkerung und die Kindersterblichkeit ist doppelt so hoch.

Die meisten Aborigines haben trotz aller Repressalien und Diskriminierungen ihre ursprünglichen Namen bewahrt. In ländlichen Gebieten gebrauchen sogar noch rund 60 Prozent der Bewohner die früheren Sprachen.

Seit den 1960er-Jahren gibt es eine Bewegung, die die eigenen Traditionen bewusst wiederentdeckt und wertschätzt. Die verschiedenen Völker der Aborigines haben seit 1971 eine gemeinsame Flagge und kämpfen seitdem auch zunehmend in der Öffentlichkeit für ihre Rechte.

Der wohl bislang größte Triumph war die öffentliche Entschuldigung des australischen Premierministers Kevin Ruud (*1957) vor dem Parlament am 13. Februar 2008 gegenüber den australischen Ureinwohnern, insbesondere gegenüber den rund 50.000 »gestohlenen« Kindern: »Wir entschuldigen uns für die Erniedrigung und Demütigung, die einem stolzen Volk und einer stolzen Kultur zugefügt wurden.«

Begegnung mit Joe Foreman in New York im Jahr 2001, der sich Janawirri nennt und aus Australien kommt [5]

Mein Zusammentreffen mit Joe Foreman, einem jungen kräftigen Gepäckträger am New Yorker La Guardia Airport, war zufällig. Ich war auf dem Weg nach Boston, mein Flugzeug hatte wegen eines technischen Fehlers Verspätung.

Er war mir aufgefallen, weil seine Gesichtszüge sich deutlich von denen seiner afroamerikanischen Kollegen unterschieden. Ich war ihm aufgefallen, wie er später sagte, weil ich in einem Buchladen länger in einem Kunstband mit australischen Höhlenzeichnungen geblättert hatte.

Er begann das Gespräch, indem er fragte, ob ich Historiker sei. Als ich nickte, sagte er: »Ich will später auch mal Geschichte studieren ... meine Geschichte.« Und als ich ihn fragend anschaute, ergänzte er: »Meine Geschichte als Pama Nyunga.«

Geboren bin ich 1980 in der Nähe von Perth in Südwest-Australien, in so einer typischen Arme-Leute-Siedlung, wo viele Schwarze wohnen. Das war das Wort, mit dem ich aufgewachsen bin: Schwarzer.

Meine Eltern waren stolz, dass wir in der Nähe von Perth wohnten, obwohl mein Vater nur selten eine regelmäßige Arbeit hatte. Eigentlich hielt Mutter unsere Familie mit vier Kindern, von denen ich der Älteste bin, über Wasser – mit Putzen und Kochen bei einer weißen Familie auf der anderen, »besseren« Seite von Perth.

Mutter hatte noch ein paar Verwandte auf dem Land, aber mit denen wollten meine Eltern eigentlich nichts zu tun haben. »Wilde«, sagte Vater. »Pama-Nyunga«, widersprach Mutter. Sie konnte die Sprache selbst nicht mehr, aber sie wusste von ihren Eltern, dass diese eher kleine Gruppe von Aborigines so hieß und es so viel wie Menschen bedeutete.

Ich weiß noch, wie ich einmal fragte, was Aborigines sind, und Vater antwortete: »Vergiss es!«, Mutter dagegen sagte: »Das waren wir früher!«.

Heute weiß ich: Ich bin ein Aborigine, ein Angehöriger der Pama Nyunga, auch wenn ich wie Mutter kaum wirklich etwas über deren Kultur weiß. Vater bestand darauf, dass wir

Kinder allesamt englische Vornamen bekamen. Aus Joseph wurde bei mir Joe.

Das Beste an Perth war für mich der Hafen. Und so bin ich weggekommen, als ich gerade siebzehn war: Auf einem Containerschiff, erst Richtung Japan, von dort nach San Francisco. Seit ich zwölf war, träumte ich davon, wegzugehen. Etwas stimmte in meiner Familie nicht. Das habe ich immer gefühlt.

Wie soll ich es sagen? Wir waren nicht echt! Etwas war verloren gegangen. Und ich dachte damals, ich muss es woanders suchen.

In San Francisco besuchte ich einmal ein Konzert von Mark Atkins und Janawirri Yiparr-ka, beide Aborigines, ich glaube, ebenfalls aus Westaustralien. Janawirri war ein Meister auf dem traditionellen Didgeridoo, einem Holz-Blasinstrument, das fantastische, meditative Töne erzeugen kann, Töne wie aus einer anderen Welt. Etwas in mir war zum Schwingen gekommen.

Ein paar Tage später las ich ein Zeitungsinterview mit Janawirri, in dem er sagte, dass der Westen alles klauen würde von uns Aborigines: die Musik, die Malerei, die traditionelle Heilkunst, die Kunst des Sterbens, die Traumzeit. All das war völlig neu für mich – obwohl ich aus Australien komme, obwohl ich selbst ein Aborigine bin.

Ich weiß noch, wie ich dachte: Mit der geklauten Kultur – das stimmt! Ich hatte keine eigene Kultur bis dahin. Aber ich habe ein Recht auf diese Kultur! Janawirri sprach mir aus der Seele. Einer Seele, die bis dahin noch leer war.

Seit der Zeit nenne ich mich Janawirri, nicht mehr Joe. So lange, bis ich zurück sein werde in Australien. Dort werde ich die Verwandten meiner Mutter aufsuchen. Ich will meinen richtigen Namen finden.

Mein schönstes Erlebnis hier war, als ich im Sommer 2000 in einer Flughafenhalle Tag und Nacht die Übertragung der Olympischen Spiele aus Sydney verfolgte. Ich werde nie vergessen, als Cathy Freeman* bei der Eröffnungsfeier die olympische Flamme entzündete und dann, nachdem sie die Goldmedaille gewonnen hatte, außer der australischen Flagge auch unsere Fahne, die der Aborigines, schwenkte, obwohl es eigentlich nicht erlaubt war. Da habe ich vor Freude geheult.

---

* Cathy Freeman, geb.1973, gewann bei der Oympiade 2000 in Sydney eine Goldmedaille im 400-Meter-Lauf der Frauen. Bereits mit 16 Jahren errang sie als erste Aborigine eine Goldmedaille bei den Commonwealth-Spielen 1990 in Auckland, Neuseeland. Sie sagte damals in einem Interview: »Aborigine zu sein, bedeutet alles für mich. Ich fühle die ganze Zeit für mein Volk. Viele meiner Freunde haben Talent, aber nicht die Möglichkeiten« [6]. 2004 beendete sie ihre aktive Laufbahn als Leistungssportlerin.

16

Ich werde zurückgehen. Ich werde versuchen zu verstehen, woher wir kommen und wohin wir gehen. Ich werde Vater sagen, dass er vergessen hat, wer er ist. Ich bin geboren als schwarzer Australier, ich werde einmal leben und sterben als Pama Nyunga.

Die Traumzeit der Aborigines: Geburt und Tod gehören zusammen [7]

Wie nebenbei erwähnt Joe Janawirri Foreman in seinem Bericht die »Kunst des Sterbens« und die »Traumzeit«. Vielleicht ist er sich selbst zum Zeitpunkt unseres Gesprächs noch nicht sicher über die Tragweite dieser Begriffe. Aber er hat sie gehört. Er hat gespürt, dass eine große Bedeutung hinter ihnen verborgen ist. Sie faszinieren ihn und machen ihn neugierig.

Mit Träumen wird überall in der Welt eine zeitlose Dimension assoziiert. Vergangenheit, Gegenwart und Zukunft können in unseren Träumen übergangslos zusammenfließen. Der Begründer der Psychoanalyse, der Wiener Nervenarzt Sigmund Freud (1856–1939), hat in seinem Lebenswerk erforscht, inwieweit wir in unseren Träumen Erfahrungen verarbeiten, die wir im Alltag verdrängen und nicht zulassen.

Immer wieder weist er in seinen Schriften nach, dass vor allem Sexualität und Tod eine zentrale Rolle in unseren Träumen spielen. Die Fantasien, die wir in unseren Träumen entwerfen, die uns zu beherrschen scheinen, da wir träumend keine Kontrolle über sie haben, sind nicht real. Aber sie bilden gleichwohl eine innere Realität ab, die wir verstehen können, indem wir lernen, unsere Ängste, die die Hauptursache aller Verdrängungen sind, anzunehmen.

Die Traumzeit der Aborigines hat auf verschiedenen Ebenen eine Bedeutung. So ist sie gleichsam Schöpfungsgeschichte und erklärt den Menschen, wie alles Leben begann und wie der Kreislauf von Leben und Sterben zusammenhängt. Daraus abgeleitet, schafft die Idee der Traumzeit auch eine Orientierung, ein System von Ritualen und Regeln für das Zusammenleben der Menschen.

Die Traumzeit ist eine Dimension, die unabhängig von unserem körperlichen Leben schon immer existiert hat und immer existieren wird. Ein Menschenleben ist oft nicht lang genug, um die Traumzeit in all ihren Dimensionen wirklich zu verstehen – aber jeder Mensch kann sich aufrichtig um eine Annäherung bemühen.

Die zentralen Werte sind dabei die Kraft ehrlichen Denkens und die Abwehr von Gier und Egoismus. Obwohl die Traumzeit leicht als Götterglauben abgetan werden kann, offenbart sich bei vorurteilsfreier und genauerer Betrachtung ein äußerst differenziertes Wertesystem, eine eigenständige Philosophie, die es mit den großen Denktraditionen des klassischen Altertums und der Moderne durchaus aufnehmen kann.

Traditionelle Heiler und Künstler erfahren bei den Aborigines eine besondere Anerkennung, da sie durch kluge und einfühlsame Ausübung ihrer Tätigkeit den anderen Menschen die Augen öffnen können für eine gesunde Lebensweise und ein harmonisches Zusammenleben. Besonders Musik und Malerei, deren Produkte gleichermaßen als heilig betrachtet werden, spielen hierbei eine wichtige Rolle, denn sie erlauben den Menschen, über das gewöhnlich Sichtbare hinaus ihr Wahrnehmen und Denken zu verfeinern, und eröffnen dem Zuhörer wie dem Betrachter einen Zugang zu übersinnlichen Kräften.

»Gedanken sind die mächtigste Kraft des Universums«, heißt es in mehreren Aussagen traditioneller Heiler sinngemäß. Besser hätte es der deutsche Philosoph Georg Wilhelm-Friedrich Hegel (1770-1831) nicht ausdrücken können, als er sagte: »Ist das Reich der Ideen erst revolutioniert, hält die Wirklichkeit nicht stand.«

Tod und Sterben sind nach dem Verständnis der Aborigines in einen immerwährenden Kreislauf eingebettet, der weit über das irdische Leben hinausgeht und menschliche Gefühle von Schmerz, Verlust, Trauer, Verzweiflung und Wut keineswegs ignoriert. Generell wird der Tod jedoch nicht gefürchtet, sondern als etwas Natürliches angesehen. Es ist die Aufgabe des alten Menschen und der ihn umgebenden Familie oder Gruppe, sich auf den Tod vorzubereiten. Im positiven Sinne erlaubt der Tod dem Menschen, sich weiterzuentwickeln – eine Transformation in ein anderes Leben.

Das gilt auch für einen kranken Menschen. Diejenigen Aborigines, die noch in ihren Traditionen denken, betrachten alle Krankheiten als einen Mangel an positiver Energie, den es zu verstehen gilt, wenn es eine Chance auf Heilung geben soll. Traditionelle Heiler richten ihre Aufmerksamkeit niemals nur auf den Patienten allein, sondern fragen immer auch, was es in der ihn umgebenden Gemeinschaft geben kann, das einen Menschen krank gemacht hat.

Die Heilung eines Einzelnen kann nicht funktionieren ohne eine Heilung der Familie oder der Gemeinschaft, in der der Mensch lebt. Die Aufgabe des Heilers besteht darin, dem Kranken Mut zu machen und nachzuforschen, ob er vielleicht ungelöste Probleme mit seinen Vorfahren hat und wie seine innere Harmonie wiederhergestellt werden kann. Hier zeigen sich jahrtausendealte Einsichten, die in unserer Zeit erst durch die Psychoanalyse und das Verständnis psychosomatischer Erkrankungen in den medizinischen Wissenskanon aufgenommen wurden.

Der heilige Uluru-Schöpfungsmythos am Ayers Rock

Der Ayers Rock liegt in der zentralaustralischen Wüste im Uluru-Kata Tjuta National Park, gut 350 km südwestlich der Stadt Alice Springs. Er ist der größte Monolith der Erde, dessen umfangreichster Teil unter der Erde liegt. Als Tafelberg ist er etwa 350 m hoch, rund dreieinhalb Kilometer lang und etwa zwei Kilometer breit. Er besteht überwiegend aus rostfarbenem Sandstein, der im Sonnenuntergang rot glüht.

Der Berg liegt im Gebiet eines Volkes der Aborigines, das sich Anangu nennt. Für alle Aborigines hat er eine religiöse Bedeutung, bei ihnen heißt er Uluru. Erst 1985 erhielten die Anangu offiziell die Eigentumsrechte über ihren Berg. Im Gegenzug gestatteten die Anangu die Nutzung des Berges als Touristenattraktion unter der Bedingung, dass keine Fotos an besonders markierten Orten gemacht werden dürfen.

Bis heute sind nicht alle Einzelheiten des Uluru-Mythos übereinstimmend bekannt. Zur traurigen Geschichte der Ausbeutung und versuchten Vernichtung der Aborigines durch die europäischen Kolonisatoren gehört, dass viel kulturelles Wissen verloren ging, und erst seit Kurzem beginnen junge Aborigines, langsam und oft schmerzvoll alte Traditionen und Mythen wiederzuentdecken und von Verfälschung und Verächtlichmachung zu befreien.

Vordergründig erzählt der Uluru-Mythos die Entstehungsgeschichte des Felsens. Im Kern wird durch die Darstellung mythischer Gestalten die Entstehung der Menschheit beschrieben. Parallelen zu biblischen Geschichten, wie der Vertreibung aus dem Paradies, oder zu Figuren aus der griechischen Odyssee, wie Achilles und Hektor, sind kaum zu übersehen.

Der Vorstellung der Aborigines nach war die Wüste anfangs flach, nur ein Wasserloch kennzeichnete den Ort des heutigen Felsens. Erzählt wird von zwei Völkern – den Mala auf der Sonnenseite und den Kunia auf der Schattenseite. Beide Völker mussten sich gegen Feinde wehren, die früher ihre Freunde waren. Die Mala wurden von einem Teufelshund angegriffen, den die Feinde gesandt hatten. Er hatte Zähne wie ein Krokodil, war aber noch gefährlicher und hatte im Gegensatz zu einem Hund kein Fell, sondern war völlig nackt. Er überfiel die Mala im Mittagsschlaf, tötete viele, nur wenige konnten entkommen. So wurden sie für immer von der Sonnenseite, aus dem Paradies, vertrieben.

Die Kunia dagegen mussten gegen die Giftschlangen-Menschen kämpfen. Sowohl der Stärkste unter den Angreifern als auch der Anführer der Kunia wurden hierbei schwer verletzt. Am Ende gerieten die Kunia in einen Hinterhalt und viele kamen in einem Feuer, das ihr Feind gelegt hatte, um. Die Übrigen begingen nach der Tragödie Selbstmord – sie »sangen sich in den Tod«, wie es im Mythos heißt, um wieder mit allen vereint zu sein.

Das Erdinnere war von den schrecklichen Kämpfen und Feuern so aufgewühlt, dass es zu brodeln begann und den Felsen des Uluru, von mächtigen Kräften getrieben, aus der Tiefe emporsteigen ließ. So wurde der Geist der Mala und Kunia zu Stein.

Die heutige Form des Berges erzählt dem Kundigen diese Geschichte in vielen Details: An den Felsenlöchern auf den Berghöhen verblutete der Anführer der Kunia. Das durch eine Schlucht abfließende Regenwasser, durch den Sandstein rot gefärbt, ist sein Blut. Auch alle anderen Felsfärbungen von rot, braun, ocker bis grau und weiß haben Bedeutungen. An der östlichen Bergseite zeigen drei scharfe Spalten im Fels die Wunden, die der Anführer der Kunia dem Gegner zufügte.

Ein Ort der Hoffnung ist dagegen eine große Höhle, die den Schoß einer gebärenden Mutter darstellt. Ein Felsblock nahe der Öffnung symbolisiert das Neugeborene. Der Berg besteht für die Aborigines bis heute aus zwei Teilen: Der Hälfte, die von der aufgehenden Sonne angestrahlt wird, und der gegenüberliegenden, die von der untergehenden Sonne in glühendes Rot verwandelt wird – gleich der Seele des Menschen, die ebenfalls niemals eindimensional ist, sondern immer Gutes und Schwieriges, Aufstrebendes wie Niederträchtiges enthält.

Sterbezeremonien als Vorbereitung auf den Tod

Jedes Volk der Aborigines hat seine eigenen Rituale, um dem Sterbenden den Übergang in eine andere Welt zu erleichtern. Gemeinsam ist allen Zeremonien das Anliegen, dem Geist zu helfen, die körperliche Hülle unbeschadet zu verlassen und gut gerüstet in der Seelenwelt anzukommen. Und wie Leben und Tod immer wiederkehren im Ablauf der Menschheitsgeschichte, so ist auch das Sterben beim einzelnen Menschen nicht ein einmaliger Vorgang, der mit der Bestattung abgeschlossen ist, sondern einer, der ewig währt und unter irdischen Bedingungen zumindest einige Jahre dauert.

Wichtig ist, dass der sterbende Mensch ebenso wie die Mitglieder der zurückbleibenden Gemeinschaft beide Seiten der Seele – die positive wie auch die negative – anerkennen. Die Aufgabe der Zurückbleibenden besteht darin, dem Toten zu erlauben und, wenn nötig, ihn aktiv zu unterstützen, beide Seiten in das Seelenreich mitzunehmen: Die erste Seite der Seele beinhaltet alles Negative, Unerledigte, Hasserfüllte, Schadenbringende. Die zweite Seite bündelt die im Leben gesammelte Weisheit, alle Fertigkeiten und alles Können, den inneren Frieden, Sanftheit und Stärke sowie empfangene und gegebene Liebe.

Wenn es Zeit ist, dass sich ein Mensch auf seinen Tod vorbereitet, weil er alt ist oder sterbenskrank, ist es wichtig, dass der Sterbende jenen Teil seiner Weisheit und erlernten Traditionen, die der nachwachsenden Generation helfen können, ihr eigenes Leben zu meistern, vorab mitteilt und weitergibt. Die Jüngeren werden deshalb zu dem Sterbenden gerufen, um zuzuhören, aber auch um zu dienen, ihn zu versorgen und ihm zur Seite zu stehen. Dieser Dienst ist keine Pflicht, sondern eine Ehre und eine Freude wegen der Bereicherung des eigenen, noch unerfahrenen Lebens.

Wo der Tod als Unfall oder Unglück eintritt, ist die Gemeinschaft dieser Bereicherung zwar beraubt, aber sie hat die umso größere Aufgabe, dem Toten den Übergang ins Seelenreich zu erleichtern.

Wenn sich Sterbende auf den eigenen Tod vorbereiten können, behalten sie bis zuletzt die Kontrolle: Sie entscheiden, wann der Prozess der Weitergabe der eigenen Weisheiten abgeschlossen ist, und sie sind es, die entscheiden, wann sie bereit sind zum »Übergang«. Es wird von Aborigines berichtet, die sich bereits als tot bezeichnen, wenn sie ihre irdischen Aufgaben als abgeschlossen ansehen und nur noch mit innerem Frieden auf den Tod warten. Wenn ein alter oder schwer kranker Mensch sich als tot betrachtet, wird eine Verweigerung weiterer Nahrungsaufnahme nicht als Freitod betrachtet, sondern als Beweis dafür, dass der Sterbensbereite schon in Kontakt zu den Geistern der Seelenwelt steht und darauf wartet, von ihnen empfangen zu werden.

Ist ein Mensch gestorben, beginnt ein Todesritual, das weit über die Bestattung hinausreicht und Jahre dauern kann, ohne dass es sich hier wie bei anderen Kulturen um eine Trauerzeit handelt. Den Toten zu ehren und alle Ahnen und Geister des Seelenreiches anzurufen, ihn willkommen zu heißen und aufzunehmen, ist die zentrale Aufgabe der Gemeinschaft.

Nach Eintritt des körperlichen Todes wird der gereinigte und versorgte Leichnam zuerst an einem schattigen Ort aufgebahrt. Der Sarg wird mit kunstvollen Bildern und Symbolen verziert, die positive Botschaften über den Toten an die Geister weitergeben sollen. Diese kleinen Gemälde sind niemals gleich, sondern entsprechen stets der Individualität des Verstorbenen sowie der Kunstfertigkeit des Malers.

Während dieser Tätigkeiten singen die anwesenden Menschen keine Klagelieder, sondern ermutigende und stärkende Gesänge. Wenn die Vorbereitungen nach drei bis vier Tagen abgeschlossen sind, beginnt der Teil des Todesrituals, der sich dem negativen Teil der Seele des Toten wie auch dem der Zurückbleibenden widmet.

Dieser Teil wird als der wichtigste angesehen. Er muss voller Hingabe mit Körper und Seele geleistet werden, um zu verhindern, dass negative Gefühle sowohl dem Toten die Reise ins Seelenreich erschweren als auch die Zurückbleibenden dauerhaft belasten, was weitere Tode zur Folge haben könnte. Dies geschieht in Form von wilden Tänzen, bei denen die unbekleideten Tänzer ihre Körper mit in Wasser gelöstem Ockersand bemalen.

Beginnt der Tanz, dürfen die Tänzer, in einigen Völkern auch Tänzerinnen, alle Verzweiflung über den bevorstehenden Abschied, aber auch den möglichen Hass auf den Verstorbenen, hinausschreien. Nur für diesen Zweck geschnitzte Grabstöcke werden voller Emotionen und mit äußerster Kraftanstrengung vor dem Sarg in den Erdboden gestoßen. Die ganze Gemeinschaft, auch die, die nicht mittanzen, sind aufgefordert, Krach zu machen, um die negativen und bösen Seelenanteile zu vertreiben. Erst am Ende des Tanzes, wenn die Beteiligten sichtbar an Kraft verloren und Befriedigung erfahren haben, werden Feuer entzündet, deren Rauch ebenfalls reinigende Kraft zugesprochen wird.

Jetzt ist der Zeitpunkt des Abschieds gekommen. Während die Feuer noch brennen, wird der Sarg geschlossen und in ein vorher angelegtes Grab hinabgelassen. Manche fahren dabei fort mit Singen und Tanzen, andere legen sich zum Schlafen. Die Rituale des Begräbnisses selbst, wie auch die Lage der Toten im Sarg, sind nicht bei allen Völkern gleich. Gemeinsam ist allen traditionellen Aborigines jedoch, dass sie, wo immer dies die Umstände zulassen, wenig später aufbrechen vom Ort des Begräbnisses, um dem Toten die nötige Ruhe und Achtung entgegenzubringen. Als Nomaden sind sie es gewohnt, sich regelmäßig auf die Suche nach neuen Weideplätzen, Jagd- und Sammelgebieten zu machen.

Ein Zeichen der Ehrerbietung ist es auch, den Namen des Toten für lange Zeit nicht auszusprechen. Gleichwohl finden traditionelle Aborigines die Gräber ihrer Verstorbenen auch noch Jahre später wieder, ohne dass die

Stellen markiert worden wären. Ein vorläufiges Ende findet das irdische Todesritual, wenn die Knochen des Toten später ausgegraben werden, um sie in kleine Stücke zu zerbrechen und auch zu zermalen.

Nun dürfen sie mitgeführt werden in jenes Gebiet, das der jeweilige Stamm als sein heiliges und ureigenes bezeichnet. Und nur hier, an diesen bestimmten heiligen Orten, das können z.B. Höhlen sein, die nur Eingeweihte kennen, dürfen die letzten Überreste des Verstorbenen verstreut werden. Er ist nun heimgekehrt und gleichzeitig im Seelenreich angekommen – ohne jede Last einer körperlichen Existenz.

Reise zum Reich der Toten?
Orientalische Ursprünge

Die Pyramiden von Gizeh sind die ältesten und größten Bauwerke in der Menschheitsgeschichte, die allein geschaffen wurden, um den Verstorbenen einen Zugang zum Reich der Toten zu ermöglichen.

Die erste große Zivilisation, von der wir wissen, war die der Ägypter: An den fruchtbaren Ufern des nordafrikanischen Nil konnte vor rund 5.000 Jahren erstmals genug Nahrung angebaut werden, um Hunderttausende von Menschen zu ernähren. Von der beständigen Mühe der Nahrungsbeschaffung befreit, entstanden bislang nicht da gewesene kulturelle Errungenschaften: die erste Schrift in Form von Hieroglyphen oder ein genauer Kalender, der erstmals langfristiges Planen ermöglichte. Auch systematische Forschung in der Astronomie, Mathematik und Medizin wurde betrieben, die zum Teil bis heute Gültigkeit hat.

Das Gemeinwesen der Ägypter wurde zunehmend zentralistisch und hierarchisch organisiert, wobei die verschiedenen Völker, die am Nil lebten, sich mehr und mehr der Macht der Pharaonen, die teilweise gottähnlich verehrt wurden, und ihrer Beamtenschaft unterordneten oder auch mit Gewalt unterworfen wurden. Schätzungen gehen davon aus, dass vor rund 3.500 Jahren sich bis zu fünf Millionen Menschen dem Reich der Ägypter zugehörig fühlten – in einem Einflussbereich, der damals von Libyen im Westen und Syrien im Nordosten bis zum heutigen Sudan im Süden reichte. Über gut dreitausend Jahre bestand das Reich der klassischen Ägypter in verschiedenen Dynastien, bevor zuerst die Perser und später die Griechen unter Alexander dem Großen (356-323 v. Chr.) ab 332 v. Chr. die Macht übernahmen.

Eine zentrale Eigenheit kennzeichnete alle ägyptischen Dynastien, wenn sie auch in verschiedenen Ausprägungen praktiziert wurde: Der feste Glaube, dass neben der Welt, in der wir als Menschen leben, ein Reich der Toten existiert, in dem die, die nach ihrem Tod und genau festgelegten Trauerritualen dort aufgenommen werden, für ewig existieren können. Es bedeutet kein Weiterleben oder ein Leben nach dem Tod, sondern eine gänzlich andere Existenz im Totenreich, dem größten aller vorstellbaren Reiche, die von innerer Harmonie und ewiger Jugend geprägt ist.

Keine uns bekannte Zivilisation oder Kultur hat so viel Anstrengungen unternommen – von den Herrschern bis zu den einfachen Menschen –, um diese Idee der ewigen Existenz im Totenreich zu sichern. Nirgendwo hat die Vorbereitung auf den Tod den Alltag einer Gesellschaft, aber auch alle wesentliche Kunst und Architektur so weitgehend bestimmt.

Heute ist Ägypten ein islamisches Land. Liberale und fundamentalistische Strömungen konkurrieren miteinander, zuweilen auch gewaltsam. In Deutschland leben heute rund 3,5 Millionen Anhänger des Islam aus über vierzig Ländern. Die Vielfalt, auch in Bezug auf Gebräuche rund um Sterben und Tod, ist ähnlich groß wie unter den Christen. Und doch gibt es einige besondere Gemeinsamkeiten, jenseits von Klischees und Vorurteilen.

Das Reich der Toten im klassischen Ägypten

Licht und Finsternis, Tag und Nacht, Sonne und Mond – diese Gegenüberstellungen sind ein erster Schlüssel zum Verständnis von Leben und Tod im alten Ägypten. Schon früh prägte das Bemühen, den Lauf der Sterne und die Energie der Sonne zu verstehen, auch religiöse und philosophische Überzeugungen.

Wohin versinkt die Sonne, wenn sie am Horizont untergeht? Was passiert in der Nacht auf ihrer Reise durch die Dunkelheit, bis sie »jeden Morgen glänzend und strahlend aufs Neue« auf der gegenüberliegenden Seite auftaucht, um erneut Licht und Leben zu spenden? Was geschieht mit uns Menschen, wenn wir schlafen in der Nacht? Woher kommen unsere Träume? Warum können wir in unseren Träumen unglaubliche Dinge tun und erleben, die nichts mit der realen Welt zu tun haben? Wieso können uns Verstorbene in unseren Träumen »wie lebend« erscheinen? Ist hier ein Schlüssel – ein Zugang – zum Reich der Toten?

Über zweieinhalbtausend Jahre haben die alten Ägypter ihre Weisheiten im so genannten Totenbuch [8] zusammengetragen – von den ersten Pyramidentexten im Alten Reich über auf den Sarg gemalte Texte im Mittleren Reich bis zu den umfangreichen Vers-Sammlungen des Neuen Reiches. In Vers 115 steht die zentrale Aufgabe des Totenbuches zum »Durchleuchten des Dunkels« prägnant zusammengefasst: »Wer auf die Sonne schaut, dem erschließt sich das Wesen der Finsternis.«

Im Unterschied zu vielen Urvölkern, die sich als Teil eines harmonischen Kreislaufes von Leben und Sterben verstehen, oder den europäisch-mittelalterlichen Vorstellungen, die von einem Weiterleben im Paradies und einer Bestrafung in der Hölle ausgingen, waren die Welt der Lebenden und das Reich der Toten im klassischen Ägypten deutlich getrennt.

In der Welt der Lebenden herrscht Re, der Gott der Sonne – im Reich der Toten dagegen Osiris, der Mächtigste aller Götter. In beiden Welten lauern Gefahren, für die sich der Mensch rüsten muss. Im Totenbuch werden ihm Hinweise gegeben, wie er im Reich der Toten bestehen kann: Die größte Gefahr besteht darin, dass es ihm nicht gelingen könnte, sich von den irdischen »Verschmutzungen« im »Urgewässer« zu reinigen, jener »trägen Feuchte«, aus der alles Leben kommt. In Bildern wird diese »Feuchte« auch verglichen mit dem fruchtbaren Schlamm des Nil, der in zunehmend ausgeklügelten Bewässerungssystemen Voraussetzung dafür ist, dass die »schlafenden Saatkörner« ehemals vertrockneter Pflanzen zu neuem Leben reifen. Die jungen Pflanzen sind neues eigenständiges Leben – und doch tragen sie die wichtigsten Eigenschaften der verwelkten Pflanzen in sich.

Sodann gilt es, sein Herz, das bei den alten Ägyptern sowohl Ort des Verstandes als auch der Gefühle ist, mit den ewigen Ordnungen vom »Lauf der Gestirne« in Einklang zu bringen, um nicht von einem Abgrund verschlungen zu werden, der »ganz tief, ganz finster, ganz unendlich« ist und ein Ende jeder Existenz bedeutet.

Bei der sorgfältigen Vorbereitung auf das Reich der Toten müssen einem die Familienangehörigen helfen, indem sie zumindest alle weltlichen Bedingungen für jene abenteuerliche Reise ins Unbekannte zur Verfügung stellen: ausreichend Nahrung, Kleidung und, wenn möglich, Schätze. Ebenso wichtig ist ein stabiles Haus, das bei den Ärmeren eine einfache Hütte oder auch nur ein Steinhügel sein konnte und bei den Pharaonen zu den berühmten Pyramiden wurde. Hier ist der Leichnam geschützt vor jeder Störung, aber auch vor körperlichem Verfall – die Mumifizierung der Verstorbenen wurde zu einer eigenen Wissenschaft wie das Begräbnis-Ritual zu einem besonderen Kult, der viele Wochen und Monate dauern konnte.

All diese irdischen Hilfestellungen können jedoch nur der körperlichen »Hülle« dienen – die anderen Anteile der menschlichen Existenz, zu der nicht nur eine differenzierte Idee der Seele, sondern auch der Name und der Schatten eines Menschen gehören, müssen ihren Kampf in der »Unterwelt« selbst führen. Hierzu gehören zahlreiche Prüfungen, auch das Bestehen vor einem göttlichen Gericht. Die menschliche Existenz nach dem Tod hat drei wichtige Anteile:

- Der *Ka* wird jedem bei der Geburt mitgegeben und wächst mit ihm durch alle Lebensalter. Es ist die körperliche Lebensenergie, die auch im Leichnam noch auf Nahrung angewiesen ist und in Zeichnungen oft mit zwei erhobenen Armen symbolisiert wird.
- Der *Ba* dagegen kann den Körper verlassen und sich frei bewegen. Er wird in der Regel als Vogel mit dem Kopf des Verstorbenen dargestellt. *Ka*, der Energiespender, und *Ba*, der bewegliche Teil der Seele, bleiben so lange voneinander abhängig, bis der Tote das Ziel des
- *Ach* erreicht hat: Ein Zustand als »Verklärter« des Totenreiches; einer, der einen »Jenseits-Leib« erhalten wird, den noch kein Lebender gesehen hat, der »verjüngt« ist und alles »tun kann, was er wünscht«.

Was immer Schreckliches in der Welt geschehen mag, auf den ewigen »Lauf der Gestirne« ist Verlass: Jeden Morgen geht die Sonne auf, das Zeichen dafür, dass der Sonnengott *Re* aus der nächtlichen Begegnung mit dem Gott der Toten Osiris unbeschadet hervorgegangen ist. Dies lässt darauf hoffen, dass auch jene Toten, die alle Prüfungen und das göttliche Gericht gut überstanden haben, den Göttern ähnlich ewig existieren werden – unabhängig von Zeit und Raum, oder wie es ein Vers im Totenbuch benennt: »Das ›Land des Jenseits‹ umfasst ›Millionen von Jahren und Millionen von Meilen‹.« Wie *Re* kann der Tote nach der Nacht aus der Dunkelheit wieder »herausgehen am Tage« (eine Formel, die wie ein Zauberspruch immer wieder im Totenbuch genannt wird).

Die Lebenden existieren im Heute. Das Gestern wird symbolisiert durch Osiris, der erfolgreiche Zustand ewiger Existenz im Totenreich. Die Zukunft schließlich wird symbolisiert durch den Sonnengott *Re*, der für das unerschütterliche Vertrauen auf Wiederholung, eine immerwährende Fortsetzung von Lebensenergie, von Leben selbst steht.

Das Reich der Lebenden ist begrenzt, das der Toten dagegen ist unendlich in Zeit und Raum – symbolisiert in den Winden aller Himmelsrichtungen. In Vers 70 des Totenbuches heißt es:

> *Wer dieses Toten-Buch kennt auf Erden,*
> *der geht am Tage heraus,*
> *der wandelt auf Erden unter den Lebenden,*
> *sein Name kann nicht vergehen bis in die Ewigkeit ...*

> *Küsse den Ostwind auf sein Haar,*
> *fasse den Nordwind an der Locke,*
> *greife den Westwind am Scheitel,*
> *durcheile den Himmel auf seinen vier Seiten,*
> *packe auch den Südwind an seiner Schläfe.*
> *Und gebe Atem den Würdigen unter denen,*
> *die Brot essen.*

Hier wird auch der Kontakt angedeutet, den die Toten zu den Lebenden (»denen die Brot essen«) aufrechterhalten – der umgekehrt auch von den Lebenden lange nach den umfangreichen Begräbnis-Ritualen weiter zu pflegen ist.

Nabil Abbas (*1970): »Als meine Schwester Munira starb ...« [9]

Zuerst dachte ich, Nabil wäre nur einer der vielen arbeitslosen Jugendlichen in Nablus, die im Schatten eines nahen Cafés, nicht weit von der zentralen Busstation, jeden Nachmittag, wenn die schlimmste Mittagshitze nachließ, zusammenkamen, um die aktuelle Politik auf der von Israel nach wie vor besetzten Westbank zu diskutieren.

Ich nutzte dieses Café, das abseits der Hauptstraße und damit außerhalb der direkten Einsicht der patrouillierenden israelischen Militärfahrzeuge lag, um palästinensische Journalistenkollegen zu treffen, ab und zu auch Vertreter der damals – im Sommer 1989 – noch verbotenen Al Fatah.

Die Diskussion an unserem Tisch ging um die Benennung eines kleinen Marktplatzes in Nablus nach einem jugendlichen Selbstmord-Attentäter, der bei einem Anschlag auf eine Militärsperre am Stadtrand sein Leben gelassen hatte. Bei dem Anschlag war ein israelischer Soldat getötet worden, der nur ein Jahr älter war als der Attentäter, und zwei weitere waren schwer verletzt worden. Mehrere Jugendliche hatten vor ein paar Tagen die alten Schilder abmontiert und die neuen mit dem Namen des Siebzehnjährigen, den hier alle kannten, angebracht, um ihn als Märtyrer zu ehren. Letzte Nacht hatte das israelische Militär die neuen Schilder zerstört.

Lange hatte Nabil bei der leidenschaftlich geführten Diskussion nur zugehört. Als er schließlich das Wort ergriff, wurde es still und alle schauten ihn an. Er genoss Anerkennung, obwohl er der Mehrheitsmeinung widersprach. Mein arabischer Kollege übersetzte gut genug, dass ich den wesentlichen Argumenten folgen konnte. Erst später am Tag hatte ich Gelegenheit, mit Nabil unter vier Augen zu sprechen. Er war damals achtzehn Jahre alt, auf Familienbesuch bei seiner Großmutter und sprach ausgezeichnet deutsch, da sein Vater in Berlin als Arzt in einem großen Krankenhaus arbeitete und er selbst dort ein Studienkolleg besuchte, um das deutsche Abitur nachzuholen:

> *Kannst du verstehen, was es für die meisten meiner Freunde hier bedeutet, bereits als dritte und vierte Generation wie in einem Gefängnis aufzuwachsen? Keine Rechte im eigenen Land zu besitzen, tagtäglich die Erniedrigungen der Eltern und Großeltern durch die israelische Armee mitzuerleben, immer und immer wieder?*
>
> *Wir haben den Juden nichts angetan damals im Zweiten Weltkrieg. Aber wir sollen unser Land für sie abtreten, wir sollen uns von ihnen und ihrem Verfolgungswahn unterdrücken lassen. Und trotzdem: Ich wünschte mir so sehr, wir hätten hier einen arabischen Gandhi, der die Vision und Autorität hätte, die Spirale von Gewalt und Hass zu durchbrechen.*

Meine Freundinnen und Freunde hier in Nablus hören mir zu, weil ich sie verstehe, auch wenn ich nicht alles gut finde. Ich habe das Privileg, einer wohlhabenden Familie anzugehören. Aber meine Freunde wissen, ich fühle mich deswegen nicht als was Besseres. Mein Vater hat in Kairo und Berlin studiert. Wir könnten unsere gesamte Familie hier rausholen, aber meine Großmutter würde nie weggehen. Sie sagt: Hier ist mein Mann, dein Opa, begraben, hier will ich auch begraben sein. Ein Grab ist für ewig. In Deutschland ist nichts für ewig.

Ich bin gegen Selbstmord-Attentate, weil ich gegen Gewalt bin. Gewalt gegen andere Menschen, aber auch gegen die Gewalt, die sich unsere jungen Leute damit antun. Wir brauchen jeden Jungen und jedes Mädchen, um zu lernen, um mit guter Bildung bereit zu sein für den Tag der Befreiung, für den Tag, an dem wir einen freien Staat Palästina haben.

Wenn mich Mitschüler in Berlin fragen, was die Selbstmordanschläge mit dem Islam zu tun haben, sage ich immer und immer wieder: Nichts! Gar nichts! Nirgendwo im Koran steht: Bringe dich um und töte dabei so viel andere Menschen wie möglich. Im Koran steht wie im Talmud sinngemäß die gleiche Botschaft: Wer einen Menschen rettet, rettet die Welt. Unser Gruß lautet: Salam aleikum – Friede sei mit dir!

Zu solchen Verzweiflungstaten kommt es, wenn das Ausmaß der Unterdrückung so groß geworden ist, dass es einfach keinen Raum mehr für Hoffnung lässt, für ein gutes Leben hier und zu unseren Lebzeiten. Dann werden verzweifelte Menschen zu Märtyrern gemacht, dann jubeln verzweifelte Menschen, anstatt über den verlorenen Sohn oder die verlorene Tochter zu weinen. Und natürlich gibt es auch immer wieder Politiker, die die Verzweiflung ausnutzen, anstatt den Menschen eine hoffnungsvolle, aber eben auch realistische Vision zu geben.

Aber wie gesagt, weshalb die anderen mir zuhören, wenn ich rede, hat nichts damit zu tun, dass mein Vater wohlhabend ist oder dass ich eine Ausbildung in Deutschland machen kann. Das hat vor allem mit dem Tod meiner Schwester Munira zu tun.

Munira war meine kleine Schwester ... nicht wirklich viel jünger, gerade mal ein Jahr. Aber ich fühlte mich immer als ihr großer Bruder, ihr Beschützer. Vielleicht hätte ich sogar so gefühlt, wenn ich der Jüngere gewesen wäre. Als Bruder muss man einfach auf seine Schwester aufpassen, dachte ich immer.

Es war in den letzten Sommerferien, noch bevor unser Aufstand in den besetzten Gebieten, die Intifada, richtig begonnen hatte. Wir beide waren bei unserer Großmutter zu Besuch, unsere Eltern sollten später aus Berlin nachkommen. An einem Abend war Munira noch spät bei einer Freundin gewesen und rief bei meiner Oma an, was sie machen solle, denn die Ausgangssperre nach Beginn der Dunkelheit bestand schon und sie hatte Angst, in eine Militärkontrolle zu geraten und Ärger zu bekommen. Oma sagte: »Munira, bleib bei deiner Freundin und komm morgen früh!« Eine Stunde später, als Oma schon schlief, rief sie wieder an und sagte: »Nabil, ich möchte gern nach Hause kommen und bei euch schlafen. Es ist völlig ruhig draußen, nirgendwo Soldaten zu sehen ... kannst du mich abholen?«

Ich zog mir eine dunkle Jacke über und machte mich auf den Weg. Die Freundin wohnte höchstens zehn Minuten von uns weg. Als ich bei ihrem Haus ankam, sah ich Munira schon im Hauseingang stehen. Sie winkte noch mal ihrer Freundin zu und lief in meine Richtung. Ich war höchstens dreißig Meter entfernt. In dem Moment wurde in einer Seitenstraße ein Jeep gestartet und kam in hohem Tempo auf sie zugerast. Die Soldaten müssen dort schon länger verdeckt Wache geschoben haben. Als Munira den Jeep sah, zögerte sie einen Moment, als würde sie überlegen, ob es sicherer wäre, zurückzulaufen oder in meine Richtung. Dann drehte sie sich um und rannte zurück zu dem Haus ihrer Freundin. Vermutlich hoffte sie, dadurch die Soldaten auch von mir ablenken zu können.

Und dann geschah das Schreckliche: Der Jeep erhöhte die Geschwindigkeit und raste hinter ihr her. Erst war ich wie angewurzelt stehen geblieben, aber nun rannte ich hinter Munira her, weil ich sah, dass der Jeep viel schneller war als sie. Etwa zehn Meter von dem Hauseingang entfernt muss sie über irgendetwas gestolpert sein. Sie geriet aus dem Gleichgewicht und stürzte der Länge nach hin. Der Jeep bremste sofort, aber er hatte offensichtlich so viel Tempo drauf, dass er nicht mehr rechtzeitig stoppen konnte, er fuhr über sie hinweg und kam erst kurz vor dem Haus zum Stehen.

Als ich Munira erreicht hatte, blutete sie am Kopf und am Arm. Blut lief aus ihrer Nase und ihrem Ohr. Ich sah es genau und werde es nie vergessen, weil eine Laterne neben dem Haus sie hell beleuchtete und außerdem ihr Schleier verrutscht war. Ich kniete neben ihr und nahm ihren Kopf in meinen Arm. Sie lebte und schaute mich aus weit aufgerissenen Augen an.

Ihre Freundin und mehrere Männer der Familie waren ebenfalls aus dem Haus ge-stürzt. Jemand rief nach einer Ambulanz. Ich sah, wie mehrere Männer den Jeep um-ringt hatten und wie ein Handgemenge mit den beiden Soldaten begann, denen es wohl nicht rechtzeitig gelungen war, ihre Waffen zu ziehen. Muniras Herz klopfte und ich betete, dass die Sanitäter nur rechtzeitig kommen würden. Plötzlich stieß einer der beiden israelischen Soldaten einen entsetzlichen Schrei aus. Jemand hatte ihm ein Messer in den Hals gestochen, Blut strömte aus der klaffenden Wunde. Munira ver-drehte den Kopf, um zu sehen, was geschehen war. Dann griff sie nach meiner Hand und sagte kaum hörbar, aber eindringlich zu mir: »Nein, Nabil ... nein!«

In dem Moment kam das Ambulanzauto angerast. Die beiden Sanitäter beugten sich über meine Schwester und baten alle, auch mich, zurückzutreten. Bei dem Jeep zerrte die aufgebrachte Meute inzwischen den zweiten Soldaten aus dem Auto. Er hatte

Todesangst, man konnte das Weiß in seinen Augen trotz der Dunkelheit sehen. Jemand riss ihm den Helm vom Kopf ... auch er war jung, nicht viel älter als die meisten von uns. Ich weiß nicht genau, woher ich die Klarheit nahm, aber ich spürte, dass ich genug hatte von all der Gewalt und dem sinnlosen Töten und ich schrie, so laut ich konnte: »Nein ...! Lasst den Juden in Ruhe!« Es war, als wenn nicht ich schrie, sondern als wenn ich nur Muniras leiser Stimme mehr Lautstärke geben würde ...

Der junge Soldat zitterte am ganzen Körper. Zwei Nachbarsjungen hielten ihn fest, so dass ich auf ihn zugehen konnte. Ich nahm ihm den Gürtel mit der Pistole ab und schlug ihm ins Gesicht. Dann schrie ich ihn an, so laut ich konnte: »Lauf, lauf um dein Leben ... so wie meine Schwester eben um ihr Leben lief ...«. Er schien zu denken, dies wäre nur eine Falle. Aber ich riss ihn los von den beiden Nachbarsjungen und schlug ihm erneut ins Gesicht. »Lauf, lauf, jetzt oder nie ...!«. Er blutete aus der Nase. Mehr nicht. Und plötzlich begriff er und rannte die Straße hinunter in Richtung Hauptstraße, wo regelmäßig Armeefahrzeuge vorbeikamen.

Als ich mich nach Munira umdrehte, sah ich, wie mir die Sanitäter zuwinkten. Sie hatten Munira auf einer Trage in den Wagen geschoben und waren bereit, zum Hospital zu fahren. Ich sprang hinten rein und der Wagen raste mit Sirene los. Wir waren noch nicht um die Ecke gebogen, als ich sah, wie der Jeep in Flammen aufging ...

Munira kam sofort auf die Intensivstation. Etwas war mit ihrem Kopf nicht in Ordnung. Die Ärzte zögerten mit einer Operation, sagten, es sei zu kompliziert, man müsse abwarten. Wenig später kam unsere Großmutter. Gemeinsam blieben wir neben Munira am Bett, bis es hell wurde. Plötzlich sagte Oma: »Gebe Allah ihr ewigen Frieden ...«. Munira atmete nicht mehr. Sie war noch warm, aber sie atmete nicht mehr.

Die folgenden Stunden erinnere ich nicht mehr genau. Ich war wie gelähmt vom Schmerz über meine tote Schwester. Ich hasste niemanden. Ich war nur leer, so als wäre ich selbst gestorben. Großmutter hatte mit meinen Eltern telefoniert und gemäß unserem Glauben wurde entschieden, dass die Beerdigung noch am gleichen Nachmittag stattfinden solle. Meine Eltern akzeptierten, dass sie erst danach in Nablus würden eintreffen können. Munira wurde neben unserem Großvater begraben. Großmutter und zwei andere Frauen wuschen ihren Körper und hüllten ihn in ein weißes Tuch. Auf dem Weg zum Friedhof schlossen sich uns mehr und mehr Menschen an. Es schien, als hätten bis zum frühen Abend alle von dem Unglück gehört. Vielleicht dreitausend Menschen waren auf der Straße. Obwohl einer ihrer Soldaten getötet worden war, hielt sich die israelische Armee auffallend zurück.

Nach den Gebeten des Iman sprach ich über ein Megafon zu den Menschen, obwohl ich noch kein richtiger Mann war, aber eben ihr älterer Bruder. Ich sagte, dass ich auf ihren Wunsch gehandelt hätte. Dass Munira keine Toten mehr wollte. Dass wir in Berlin am Fernseher immer so voller Angst und Abscheu waren, wenn wir von der Gewalt in *unserer Heimat hören würden. Dass wir stark sein müssen wie Munira ...*

So lange ist das jetzt her, fast zehn Jahre [10]. So viele Menschen haben seitdem ihr Leben gelassen, nicht nur in unserem Aufstand gegen die Besatzer, auch in den internen Konflikten unter uns Palästinensern. Ich bin seit drei Jahren nicht mehr in Nablus gewesen. Unsere Großmutter starb vor fünf Jahren. Sie ist neben Munira und meinem Opa begraben ... »für ewig«. In einem ihrer letzten Briefe schrieb sie mir nach Berlin: »Nabil. Dein Name bedeutet der Großzügige, wie du weißt. Das bist du. Bleibe es ...«.

Mein Vater besaß aus seiner Studienzeit in Kairo viele Bücher über das klassische Ägypten. Ich habe mich oft gefragt, wie ich wieder heil werden könnte, nachdem meine Schwester auf so schlimme und sinnlose Weise umgekommen war. Ich konnte sie nicht heilen. Aber sie hat mich heil werden lassen durch ihre letzten Worte, die so sehr ihrem Leben entsprachen. Sie wollte immer anderen Menschen helfen, niemals jemandem etwas antun. Es ist, als wenn sie in mir weiterlebt. So wie Osiris im Mythos der alten Ägypter von seiner Schwester und Geliebten Isis wieder zusammengefügt wurde.

Als ich noch Kontakt zu Nabil hatte, war ich selbst noch nicht in Ägypten gewesen. Dies wurde erst im Frühjahr 2000 möglich. Und erst dann hörte ich die gesamte Geschichte von Osiris und seiner Schwester Isis, von der Nabil gesprochen hatte. So sehr sich diese Mythen auch vom heutigen und historisch so viel jüngeren Islam unterscheiden, darin spiegeln sich Sehnsüchte, die auch in anderen Weltreligionen eine Rolle spielen.

Der Mythos von Osiris, Gott des Totenreiches, seiner Schwester und Frau Isis und ihrem Sohn Horus

Vor langer Zeit regierte der weise und von allen geachtete Pharao Osiris das ägyptische Land. Verheiratet war er mit der schönen und ihn liebenden Isis, die seine Schwester war. Während Inzest unter gewöhnlichen Menschen verboten war, kam es unter gottähnlichen Herrschern immer wieder vor und war anerkannt.

Der größte Widersacher von Osisris war sein niederträchtiger Bruder Seth, der ihn eines Tages heimtückisch ermordete, seine Leiche zerstückelte und die einzelnen Teile in die Fluten des Nils warf. Damit hatte er dem Bruder das Schrecklichste angetan, was vorstellbar war und noch über einen gewöhnlichen Mord hinausging: Er hatte seinem Bruder ein Begräbnis verwehrt und damit jede Möglichkeit auf eine ewige Existenz im Reich der Toten.

Die Liebe von Isis war jedoch so groß, dass sie – anstatt nur zu klagen und sich die Haare wachsen zu lassen, wie es die damalige Trauer vorschrieb – sich aufmachte, um alle Leichenteile ihres Bruders und Mannes mit unvorstellbaren Mühen zu finden und zu Gott Anubis zu bringen. »Kummervoll durchzog sie das Land und ließ sich nicht nieder, ehe sie ihn gefunden hatte.«

Anubis hatte den Kopf eines Schakals auf einem Menschenkörper und verstand mehr von der »Unterwelt« als gewöhnliche Menschen. Tatsächlich gelang es ihm, den Körper des ermordeten Osiris aus vierzehn Teilen wieder zusammenzufügen und danach mit kunstvollen Binden einzuwickeln und zu balsamieren, um ihm die Reise ins Reich der Toten doch noch zu ermöglichen. Dies war die erste Mumie und Anubis wurde so zum Schutzpatron aller zukünftigen Mumien.

Dann jedoch geschah ein Wunder, denn Isis verwandelte sich in einen Vogel, ein Falkenweibchen, und »ließ Luft entstehen mit ihren Flügeln«. Es schien, dass ihr Ba, der bewegliche Teil ihrer Seele, zum Erwecker ihres geliebten Osiris wurde, denn der tote Pharao begann sich tatsächlich zu bewegen. Schließlich sprengte er voller Leidenschaft alle Binden, umarmte seine Frau und zeugte mit ihr einen Sohn. Nach dem sexuellen Akt erstarrte er jedoch wieder zur Mumie, nun aber innerlich heil, geliebt und gestärkt für die Reise ins Totenreich.

Sein Sohn Horus eroberte später die Macht zurück vom verbrecherischen Onkel Seth und wurde der geachtete Thronfolger. Auch Isis konnte zurückkehren in den Herrschertempel in dem sicheren Wissen, dass ihr Mann nicht nur Ruhe durch ihre liebevolle Rettung gefunden hatte, sondern im Totenreich sogar zum obersten Richter und Gott aufgestiegen war, wo er sie eines Tages erwarten würde. »Nun ist die Trauer zu Ende, das Lachen ist wiedergekommen.«

Bestattungsrituale im alten Ägypten

Ein altes ägyptisches Sprichwort sagt: »Menschen fürchten die Ewigkeit, aber die Ewigkeit fürchtet die Pyramiden.« Die monumentalen Bauwerke der Pharaonen des Alten Reiches, erschaffen in weniger als fünfhundert Jahren von 2575 bis 2134 v. Chr., wurden schon zu Zeiten des klassischen Ägypten voller Ehrfurcht bewundert und von denen, die sich die Reise leisten konnten, aus anderen Teilen des Reiches besucht. So findet sich in der Stufenpyramide von Saqqara zum Beispiel in Stein geritzt die Nachricht eines Ahmose, Sohn des Iptah, der hier um etwa 1600 v. Chr. zu Besuch war (also gut tausend Jahre, nachdem sie erbaut worden war) und seine Ehrfurcht in den Worten ausdrückte: »Es ist, als würde der Himmel selbst in diesem Bauwerk wohnen«. Auch kam es bereits damals zu Diebstählen von in Pyramiden angehäuften Schätzen. Schon die klassischen Griechen zählten die Pyramiden zu den »Sieben Weltwundern«.

Bestattungsrituale im alten Ägypten waren vom Bemühen geprägt, dem Verstorbenen einen sicheren Übergang ins Reich der Toten zu verschaffen. Dafür musste die Unversehrtheit des Leichnams so gut wie möglich sichergestellt werden – damit jene Teile der Seele, die irgendwann den Körper verlassen müssen, doch auch regelmäßig in die körperliche Hülle zurückkehren konnten, wenn dies nötig war. Wann das ewige Leben erreicht war, konnte ein Normalsterblicher nicht wissen, deshalb musste alles so dauerhaft wie möglich eingerichtet sein.

Arme Menschen brachten ihre Toten in die Wüste und bedeckten den Leichnam mit Steinen, um zu verhindern, dass er von wilden Tieren gefressen wurde. Je wohlhabender jemand war, umso mehr konnte er für den Erhalt des Leichnams investieren und ihm auch Nahrung, Kleidung und selbst Diener (in Form von symbolischen Figuren) mitgeben.

Etwa ab 3100 v. Chr. wurden erste Versuche der Mumifizierung unternommen. Schon ab der dritten Dynastie gehörte es zum Brauch der gesamten Oberschicht, verstorbene Angehörige zu mumifizieren, bevor die eigentliche Bestattung stattfand. Die umfangreichsten Rituale wurden beim Tode eines Pharaos oder seiner engsten Familienangehörigen vollzogen.

Die Priester, die diese Rituale durchführten, trugen oft die Maske eines Schakals, um an den Gott der Verstorbenen und der Mumien, Anubis, zu erinnern. Die Geschichte von Osiris und Isis bot immer wieder Orientierung, da darin die Hoffnung auf ewiges Leben selbst nach dem schrecklichsten Tod symbolisiert war.

Als Erstes wurde der Leichnam gewaschen und dann auf der linken Seite oberhalb des Beckens geöffnet, um die inneren Organe wie Leber, Lunge, Magen und Därme zu entnehmen und sie in Steingefäßen, den Kanopen, zu bewahren. Das Herz, Zentrum des Verstandes und der Gefühle, verblieb im Körper. Dann wurde das Gehirn entfernt und der Schädel wie der Körper mit Substanzen gefüllt, die die ursprünglichen Körperformen so gut wie möglich erhalten sollten. Hieran schloss sich ein Zeitraum von siebzig Tagen, in denen der Leichnam in Natronsalz getrocknet wurde.

Nach einer weiteren Reinigung des Leichnams wurde mit der eigentlichen Mumifizierung, mit dem Einwickeln in Leinenbinden, begonnen. Diese fein gearbeiteten Binden hatten bei Angehörigen der Oberschicht eine durchschnittliche Länge von rund 360 Metern, bei Pharaonen konnten sie auch bis zu 4.800 Metern lang sein. Eingefügt wurden kleine Zettel mit magischen Formeln und auch Schmuck des Verstorbenen. Während des

Einwickelns wurden zahlreiche Rituale vollzogen, die in den Ruf an den Toten gipfelten: »Du wirst wieder leben – du wirst ewig leben!«

Vor der eigentlichen Beisetzung wurde die Mumie in einen Sarg gelegt, der im Alten und Mittleren Reich die Form eines Kastens hatte, später im Neuen Reich eher den Körperformen des Verstorbenen nachgebildet wurde. Auch die Mumifizierung von Tieren ist bekannt, so zum Beispiel der Lieblingstiere des Verstorbenen wie Vögel oder Katzen. Aber auch als heilig verehrte Tiere konnten unabhängig vom Tod der Herrscher mumifiziert werden, so etwa der Ibis-Vogel, der den Menschen jeweils den Beginn der fruchtbaren Nilflut ankündigte.

War ein Pharao gestorben, wurde die Nachricht im ganzen Reich verbreitet. Von allen wurden Riten der Trauer erwartet: Die Frauen stimmten Wehklagen an und ließen ihre Haare für eine festgelegte Zeit wachsen. Am Tag der Bestattung bildeten die Familienangehörigen sowie alle hohen Priester und Beamten einen Trauerzug, an dessen Spitze die Mumie des Pharaos in einer Barke, umgeben von Weihrauchwolken, zur Pyramide (im Alten und Mittleren Reich) oder zum Tal der Könige (im Neuen Reich) getragen wurde.

Die jeweilige Grabkammer durfte nur von den engsten Angehörigen und dem Hohepriester, der mit der Bestattung beauftragt war, betreten werden. Die wichtigste rituelle Handlung war das Öffnen des Mundes des Toten durch alle Binden hindurch, ausgeführt vom Priester sowie dem ältesten Sohn des Verstorbenen. In Erinnerung an den Sohn von Osiris wurden die magischen Worte gesprochen: »Horus öffnet dir den Mund! Horus gibt dir Augen zum Sehen, Ohren zum Hören, Füße zum Gehen und Hände zum Handeln!« Dann verabschiedete sich die Frau des Pharao von ihrem Gatten, sie durfte ihr Leid herausschreien, zuweilen schlug sie auch verzweifelt mit den Fäusten auf den Sarg. Zuletzt ordnete der Priester alle mitgebrachten Gaben neben dem Sarg an, dann wurde das Grab geschlossen. Ein Trauermahl für Hunderte von geladenen Gästen beendete den Tag.

Trotz der am Tag der Bestattung gezeigten Trauer war der Umgang mit Tod und Sterben im alten Ägypten keineswegs nur ein ernster oder gar mit Angst und Schrecken besetzter Vorgang.

Wohlhabende Ägypter konnten sich bereits zu Lebzeiten gegenseitig Grabbeigaben schenken, ohne dass dies als anstößig empfunden wurde. Zur größten Ehre eines dem Hof nahestehenden Ägypters gehörte es, wenn der Pharao ihm oder seiner Familie einen wertvoll verzierten Sarg für die eigene Bestattung schenkte. Auch gaben manche Ägypter ihren Sarg bereits zu Lebzeiten bei angesehenen Künstlern in Auftrag und bewahrten ihn daheim als Kunstwerk auf. Je nach Wohlstand wurden mehr oder weniger viele Klageweiber am Trauertag engagiert. Dokumente belegen, dass Frauen, die mit nackter Brust und aufgelösten Haaren die Klage anstimmten, sich ihren Dienst je nach Dauer und Lautstärke bezahlen ließen.

Viel ist geschrieben worden über die Beschädigungen, die skrupellose Räuber in altägyptischen Grabkammern anrichteten – wie wir heute wissen, nicht erst in den letzten paar hundert Jahren. Zu Zeiten des europäischen Kolonialismus in Afrika wurden sogar ganze Bau- und Kunstwerke abtransportiert, zum Beispiel 1831 der linke Obelisk des Tempels von Luxor, der seitdem auf dem Place de la Concorde in Paris steht.

All das hat der altägyptischen Idee vom »ewigen Reich der Toten«, einem Reich von Ruhe, Frieden, Jugend und Schönheit, wenig anhaben können. Sie hat viele Besucher dieser jahrtausendealten Stätten immer wieder in ihren Bann ziehen können.

Als der amerikanische Schriftsteller Mark Twain (1835-1910) noch ein junger Zeitungsreporter war, hatte er 1867 – mit 32 Jahren – die Gelegenheit, die Pyramiden von Gizeh zu besuchen. Obwohl er zuvor über die Pyramiden ausführlich gelesen hatte, war er »überwältigt« von den Bauwerken, die »sich bis in den Himmel bohrten«. Spontan entschloss er sich, eine der höchsten Pyramiden zu erklimmen. An der Spitze angekommen, in knapp 140 Meter Höhe, verharrte er in atemloser Bewunderung.

Seine Gefühle bei der Wahrnehmung von »ewiger Zeit« an diesem Ort formulierte er zwei Jahre später in einem Buch [11]:

»Auf der einen Seite erstreckt sich ein mächtiger Ozean von gelbem Sand bis zum Ende unseres Planeten, einsam ruhend, beraubt jeder Vegetation, die Verlassenheit unangetastet von allem Leben. Auf der anderen Seite breitete sich das Eden von Ägypten unter uns aus – ein weiter grüner Strom, geteilt durch einen gewundenen Fluss, hier und da die bunten Flecken kleiner Dörfer, die weiten Abstände ausgemessen und markiert durch die sich verjüngenden Formen zurückweichender Palmenwäldchen.

Alles lag noch schlafend in einer verzauberten Atmosphäre. Kein Geräusch, keine Bewegung. In der Ferne am Horizont die Schatten jener Pyramiden, die über die verlorenen Ruinen von Memphis wachen. Und zu unseren Füßen die reglos sanfte Sphinx, die von ihrem Thron im Sand genauso ruhig und nachdenklich dieses Panorama betrachtete, wie sie es bereits vor fünftausend Jahren getan hatte ...«.

Leben nach dem Tod?
Christliche Ursprünge

Himmel oder Hölle? Darstellung aus dem 12. Jahrhundert: »Kampf der Engel und Teufel um die Seele des Verstorbenen«.

Ein immerwährender Kreislauf von Leben und Tod wie bei vielen Urvölkern? Eine Reise aus dieser irdischen Welt ins ewige Reich der Toten wie bei den klassischen Ägyptern? Oder ein Leben nach dem Tod, wie es sich als christliche Vorstellung vor allem seit Beginn des Mittelalters durchsetzte?

Von den ersten urchristlichen Gemeinden in der Nachfolge Jesu vor zweitausend Jahren bis zu heutigen theologischen Universitätsseminaren werden Antworten auf die Frage nach einem möglichen »Leben nach dem Tod« gesucht: Was macht die Faszination vieler Menschen aus, dass mit dem Tod nicht alle Existenz beendet sei? Ist es die unstillbare Erwartung, dass es einfach »mehr« geben muss als dieses eine Leben? Ist es gar Überheblichkeit, sich nicht damit abfinden zu können, im Kreislauf der Natur nicht höher zu stehen als ein Baum oder ein Vogel?

Oder rührt dieser »feste und beständige Glaube an ein Leben nach dem Tod« im Christentum aus einer tiefen Hoffnung gegenüber etwas Höherem, etwas das mehr Sinn macht als der uns umgebende Alltag, eben aus dem Vertrauen auf einen einzigen Gott – der ehrlich Gläubigen zur Verfügung steht und ehrlich Ungläubigen nicht? Und der ehrlich Zweifelnden ein Leben lang ein Rätsel bleibt? Was ist der Wert an sich: der Glaube, die Zweifel – oder die Ehrlichkeit?

⸎

Als mein Patensohn Malte vier oder fünf Jahre alt war, jedenfalls noch bevor er in die Schule kam, wurde ein etwa gleichaltriger Junge in einer Hauptstraße jener norddeutschen Kleinstadt von einem Auto angefahren. Ein Krankenwagen kam mit Blaulicht und Sirene, und viele Nachbarn liefen hinzu. Nachdem ein Sanitäter den noch am Boden liegenden Jungen untersucht hatte, sagte er ruhig zur besorgten Mutter, die direkt neben uns stand: »Zum Glück nichts Ernstes. Ein paar Schrammen, davon stirbt man nicht.« Malte hatte alles mit aufgerissenen Augen beobachtet. Er blieb still und nachdenklich für den Rest des Tages.

Abends im Bett fragte er: »Er hätte aber sterben können, nicht?« Ich wiederholte beruhigend, was der Sanitäter am Nachmittag gesagt hatte. Aber Malte beschäftigte etwas anderes, das ihm vermutlich erst an diesem Tag klar geworden war: »Kann jeder von uns sterben?« Ich nickte und hielt dabei seine kleine Hand. Er war jedoch keineswegs beruhigt, sondern bohrte nach: »Du und Mama aber doch nicht?« Es dauerte mehrere Tage, bis er die Wahrheit, dass alle Menschen irgendwann sterben würden, an sich heranlassen konnte. Ab dann ließ ihn die Frage nicht mehr los: »Was passiert, wenn jemand gestorben ist?« Für ihn, mit vier oder fünf, ging es noch nicht um Glauben oder Unglauben. Für ihn ging es allein um sein Verstehen von Leben und Tod und um Antworten, die so ehrlich wie möglich sein sollten.

Wie kann ein Leben nach dem Tod, wenn es dieses wirklich geben sollte, aussehen? Ist es dem weltlichen Leben ähnlich oder ganz anders? Ist es freudenvoll und ohne Sorgen – oder schrecklich und ohne Hoffnung? Oder kann es gar beides geben? Wenn dem so sein sollte, wer entscheidet dann, ob das Leben nach dem Tod gut oder schlimm ist? Wer entscheidet über Himmel oder Hölle?

Im Mittelalter war der Tod in vieler Hinsicht auf noch andere Weise gegenwärtig als heute. Jene etwa tausendjährige Epoche zwischen Antike und Neuzeit umfasst den Zeitraum von ca. 500 bis 1500 n. Chr., in der die Vorherrschaft des griechisch-römischen Mittelmeerraumes durch europäische Königreiche abgelöst wurde. Ihre Gemeinsamkeiten waren der christliche Glaube, die Dominanz der Kirche und der Feudalismus von Staaten, in denen das »gottgegebene Vorrecht« des Adels gegenüber dem »einfachen Volk« galt und ein Bürgertum erst allmählich entstand.

Die Menschen des Mittelalters sahen sich nicht in einer historisch begrenzten Epoche, sondern verstanden sich als in einem einzigen »christlichen Zeitalter« lebend, das mit der Geburt Jesu begonnen hatte und für alle Menschen auf diesem Planeten einmal mit dem »Jüngsten Gericht« enden würde. Aus heutiger Sicht endete das Mittelalter mit den Vorboten der Aufklärung wie der Erfindung des Buchdrucks mit beweglichen Lettern 1450 oder auch der faktischen Erweiterung des Horizonts durch die »Entdeckung« Amerikas 1492.

Kirchenvater Augustinus prägt die Vorstellung von Himmel und Hölle

Zum Ende der Antike lebte in Nordafrika der einflussreiche Theologe und spätere Bischof Augustinus (354-430). Die Christenverfolgungen hörten allmählich auf und das Christentum wurde weitgehend toleriert. Zu seinen Lebzeiten, im Jahr 380, wurde es sogar zur römischen Staatsreligion.

Augustinus (auch unter den Namen Aurelius Augustinus oder Augustinus von Hippo bekannt) schuf in zahlreichen Reden und Predigten eine christliche Lehre, die für das aufkommende Mittelalter prägend werden sollte [12].

Geboren wurde er als Sohn eines heidnischen Landbesitzers, während seine Mutter, eine Berberin, sich bereits als Christin verstand. In seiner Jugend war er lange selbst ein Suchender, der vieles tat, was er später aufs Schlimmste verdammte. So sammelte er bereits als 15-jähriger Junge sexuelle Erfahrungen und hatte schon mit siebzehn eine feste Geliebte, mit der er auch mindestens einen Sohn zeugte. Nach seiner Bekehrung zum Christentum im Alter von 32 Jahren verfluchte er diese langjährige uneheliche Liebesbeziehung als »Selbstbeschmutzung« und verurteilte alle »fleischliche Lust« als »Teufelszeug«.

Auf ihn begründet sich der Glaube an die »Erbsünde« aller Menschen: Im Paradies habe es anfangs keine sexuelle Lust gegeben, sondern nur göttliche Unschuld. Mann und Frau konnten einander nackt sehen, ohne »verwerfliche Gedanken« zu bekommen. Durch den Biss in den Apfel als Symbol für verbotene Lust verloren Adam und Eva die Unschuld und mussten für immer aus dem Paradies vertrieben werden. Seitdem gibt das Menschengeschlecht diese »Erbsünde« von Generation zu Generation weiter.

Für den wahren Christen jedoch, anders als für die Heiden (oder auch die Juden – Augustinus war fanatischer Antisemit), gab es Hoffnung auf Erlösung. Der Tod sei niemals das Ende, sondern er führe entweder zur ewigen Erlösung oder zur ewigen Verdammnis. Demnach gab es, unabhängig von der Todesursache, einen »guten« und einen »schlechten« Tod: Kein Mensch kann die Art und den Zeitpunkt seines Todes bestimmen, aber er kann durch ein frommes Leben dafür sorgen, dass er nach dem Tod im Himmelreich zurechtkommt, wo ihn Engel umgeben und verwöhnen. Oder er wird für ein sündiges Leben mit »Höllenqualen« bestraft werden. Zahlreiche Kunstwerke des Mittelalters, vor allem in der Malerei, stellen immer wieder mahnend den Gegensatz zwischen Himmel und Hölle dar.

Hier konnte sich Augustinus auf andere nordafrikanische Christenführer berufen, wie den Bischof von Karthago, der bereits 251 erklärt hatte:

> Eine große Zahl von uns stirbt diesen Tod, das heißt, eine große Zahl von uns ist von dieser Welt erlöst. Wenn auch, ohne Unterscheidung der menschlichen Rasse, der Gerechte mit dem Ungerechten stirbt, so steht es euch doch nicht an zu denken, dass die Vernichtung für den Bösen wie den Guten gleich ist. Den Gerechten ist Erlösung verheißen, den Ungerechten Höllenqual.

Erlösung bedeutet auch »Auferstehung« von den Toten, wie es von Jesus Christus nach seinem qualvollen Tod am Kreuz berichtet wird, auch wenn keiner seiner Jünger es selbst miterlebt hat. Leidvolles Sterben, Hunger und Seuchen sind den Menschen des Mittelalters nicht fremd: Von 1347 bis 1352, in den schlimmsten fünf Jahren der Pest, die auch als »Schwarzer Tod« bezeichnet wurde, sterben mehr als ein Drittel aller Europäer einen schrecklichen Tod – rund 25 Millionen Menschen. Vor allem mangelnde Hygiene in den Städten ist Ursache für das Massensterben. Aufgrund ihrer Unwissenheit gehen die meisten Menschen jedoch von einer göttlichen Strafe aus.

In so genannten »Sterbebüchlein« werden den Menschen Hinweise gegeben, alles zu tun, um nicht als Sünder zu sterben, wenn schon nicht der Tod zu verhindern ist, der jeden – Gerechte wie Ungerechte – treffen kann. 1408 wird die Kunst des Sterbens – ars moriendi – in vier Stufen beschrieben:

- Ermahnungen, sich Gottes Willen zu unterwerfen und das gesandte Leiden geduldig zu ertragen
- Aufforderung an den Kranken, seine Sünden zu bereuen und Gott um Vergebung zu bitten
- Gebete um den helfenden Beistand Gottes und der Schutzheiligen, vor allem des Sterbepatrons Sankt Christophorus
- Regeln zur Beichte und letzten Ölung

So schrecklich den Sündern die Hölle ausgemalt wird, so herrlich wird den Gläubigen das Himmelreich beschrieben. Augustinus spricht von der »ewigen Feier« [13]:

> Dort werden wir schauen! – Was? – Nichts anderes als Gott. Unser Herz wird sich freuen. Die Verheißung des Evangeliums »Selig, die reinen Herzens sind, sie werden Gott sehen« wird sich an uns erfüllen.
>
> Es wird ein neuer Himmel und eine neue Erde sein. Und wir werden Freude und Frohlocken darin finden ... Und man wird keinen Laut des Weinens mehr vernehmen.
>
> Von ihm wiederhergestellt und durch noch größere Gnade zur Vollendung geführt, werden wir auf ewig feiern, schauend, dass nur er Gott ist, und erfüllt von ihm, wenn er alles in allem sein wird.
>
> Feiern werden wir und schauen und lieben, lieben und preisen. Ja, wahrhaftig, so wird es sein ohne Ende. Denn das eben ist unser Endziel, zu einem Reich zu gelangen, dem kein Ziel durch ein Ende gesetzt ist.

Wie wohl muss das in den Ohren all jener geklungen haben, die Familienmitglieder an schreckliche Seuchen verloren hatten, die als »Aussätzige« selbst weggejagt worden waren, die schon als Kinder wie Sklaven arbeiten mussten oder die Hunger litten und keine Hoffnung auf eine Änderung ihrer verzweifelten Situation entfalten konnten.

Damals, erst zwei Generationen her

Als einzige wirklich fromme Frau in unserer Familie galt zeitlebens meine Oma Martha (1892-1972). Sie stammte aus einfachsten ländlichen Verhältnissen. Ihre eigene Mutter starb, als sie gerade in die erste Klasse der Dorfschule kam. Ab dann wuchs sie als einziges Mädchen mit sechs Brüdern und einem gewalttätigen Vater auf, der jedes Wochenende betrunken war und sie dann nicht selten verprügelte. Mit sechzehn Jahren packte sie eines Abends heimlich ihr Bündel und floh nach Berlin. Dort verdingte sie sich als »Dienstmädchen« bei wohlhabenden Familien. Durch Neugier und Eifer eignete sie sich viele Fähigkeiten an, ohne je eine Schule abgeschlossen zu haben und stieg schließlich, da war sie schon Anfang dreißig, zur Köchin auf. Zu dieser Zeit lernte sie ihren Mann kennen, wesentlich älter als sie, der aber als Chauffeur einer der ersten motorbetriebenen Droschken in der Hauptstadt großen Eindruck auf sie machte.

Von den Familien, in denen sie bis zur Geburt des einzigen Kindes, meiner Mutter, arbeitete, sprach sie immer nur als den »Herrschaften«. Niemals klagte sie über den Hungerlohn, den sie für eine Sechs-Tage-Woche mit durchschnittlich zwölf Stunden Arbeit pro Tag erhielt oder die winzige Abstellkammer ohne Fenster, die sie, kärglich eingerichtet mit einem Bett, einem Stuhl und einem Waschtisch, bewohnte. Nur sonntags war sie frei. Dann zog sie ihr bestes Kleid an und ging in die Kirche. Jeden Sonntag, egal ob Sommer oder Winter. Egal wie müde oder erschöpft sie sein mochte. Nur ein Mal war sie schwer krank.

Als es lebensgefährlich wurde, brachten die »Herrschaften« sie schließlich ins Krankenhaus. Was es genau war, hat sie nie gesagt. Aber dort, in der »Armenabteilung« der Berliner Charité hatte sie das schönste Erlebnis ihres Lebens: Unerwartet kam eines Tages Kaiserin Auguste Viktoria (1858-1921) zu Besuch und ging dabei auch durch ihre Abteilung. »Ich habe sie mit eigenen Augen gesehen!«, wiederholte sie zu gern auf Nachfrage. Ihre Abneigung gegen Adolf Hitler hatte mit ihrer Erfahrung des kaiserlichen Besuches zu tun. Sie blieb dem Kaiser und seiner Familie bis zu dessen Tod im holländischen Exil loyal verbunden.

Uns Kindern gab sie viele Weisheiten mit auf den Weg. Sie, die in zwei Weltkriegen das wenige Ersparte verloren hatte, schärfte uns ein: »Lernt! Gebt euch Mühe in der Schule! Was man im Kopf und Herzen hat, kann einem niemand mehr wegnehmen!«

Es tat ihr weh, dass meine Mutter, begonnen aus jugendlichem Protest gegen übermäßige Strenge, zu der auch Schläge gehörten, sich irgendwann dem sonntäglichen Kirchgang verweigert hatte und auch uns Kindern, ihren Enkelkindern, außer dem abendlichen Gute-Nacht-Gebet alle Freiheit gab, über Gott so zu denken, wie wir wollten. »Euch zumindest kann sie die Liebe geben, die sie für mich nie hatte«, erklärte meine Mutter meinem älteren Bruder und mir einmal betrübt vor dem Einschlafen.

Oma Martha las uns manchmal aus der Bibel vor, wenn wir bei ihr zu Besuch waren. Ich verstand als der Kleinere nicht immer die ungewohnte Sprache der Luther-Übersetzung, aber ich mochte ihre tiefe Stimme beim Vorlesen. Um eine unveränderliche Welt, die »gottgegeben« war, ging es oft in ihren Kommentaren am Ende – und dass man »treu« sein müsse und »redlich«. Mehr faszinierten mich die Geschichten, wie sie aufgewachsen war in jenem kleinen schlesischen Dorf mit diesem schrecklichen Vater und sonst nur Brüdern. »Es war die Hölle ...«, sagte sie manchmal. »Aber einmal, wenn ich tot bin, werde ich das Himmelreich Gottes sehen.«

Von allen lebenden Menschen verehrte sie am meisten Albert Schweitzer (1875-1965), jenen Pfarrer, Kirchenmusiker und Arzt, der im westafrikanischen Gabun ein Krankenhaus errichtet hatte und für sein humanes und pazifistisches Engagement 1952 den Friedensnobelpreis erhielt. Obwohl sie sonst außer der Bibel kaum Bücher besaß, hatte sie eine teure, gebundene Biografie mit vielen Fotos aus seinem Leben erworben, die zum Schutz in Zeitungspapier eingeschlagen war, in der wir Kinder aber immer blättern durften.

Am Tag meiner Konfirmation, als wir gerade aus der Kirche gekommen waren, flüsterte sie mir Vierzehnjährigem ins Ohr, »wie glücklich« sie an diesem Tag sei. Zum Konfirmanden-Unterricht, einmal in der Woche nach der Schule, war ich zuerst nur ihr zuliebe gegangen. Später auch wegen unseres Pfarrers, einem jungen Mann mit Bart, der im Keller des Gemeindehauses gegen den Protest älterer Kirchenmitglieder einen Treffpunkt für Jugendliche einer nahen Flüchtlingssiedlung eingerichtet hatte. Wenig später half ich mit anderen Oberschülern beim Nachhilfe-Unterricht für Kinder aus der Siedlung. Wir sprachen den Pfarrer mit Vornamen an und konnten ihn alles fragen.

Ich sagte irgendwann zu ihm, dass ich nicht an Gott glauben könne, weil so viel Ungerechtigkeit und Gewalt in der Welt sei. Entweder wäre es ein guter, aber machtloser Gott – oder ein mächtiger und schrecklicher Gott, wenn er all das zuließe. Pfarrer Achim hörte vor allem zu und ermutigte dadurch zu einer Tiefe im Gespräch, wie ich sie bislang nicht gekannt hatte. Ich lernte zu verstehen, warum meine Oma bei solchen Fragen nur geduldig lächelte – achtete sie aber umso mehr, dass sie, als sie endlich eine bescheidene Rente bezog und nicht mehr arbeiten brauchte, umgehend in einem Kreis mitarbeitete, der sich um kranke Menschen in ihrer Gemeinde in einem anderen Stadtteil Berlins kümmerte. Mehr als einmal sagte ich zu ihr, die ich sehr lieb hatte: »Oma, gönn dir doch auch mal selbst was!« Sie antwortete meist: »Gott wird uns alle einmal richten ... es ist gut so, wie es ist.«

Erst als sie selbst gebrechlich wurde, minderte sie ihren Einsatz für andere allmählich. Dann wurde in unserem Mietshaus eine kleine Nachbarwohnung frei, die Großeltern zogen zu uns. Zum ersten Mal hatte sie eine Wohnung mit Zentralheizung: kein Kohlenschleppen mehr, kein Anheizen für jedes warme Bad. Ich freute mich mit ihr. Wenige Wochen später erkrankte sie an Magenkrebs. Schreckliche Schmerzen, gegen die bald keine Medikamente mehr halfen. Sie kam ins Krankenhaus, zu dem ich, so oft es ging, nach der Schule mit dem Fahrrad fuhr. Ich war inzwischen sechzehn, ließ mir zum Ärger der Eltern wie mein Bruder die Haare wachsen und rebellierte gegen ihr Leiden mehr als sie selbst. Ein ganzes Leben nur harte Arbeit und für andere da sein. Jetzt hatte sie endlich ein wenig Freude und Genuss und umgehend erkrankte sie so elend. Wo war hier Gott?

Als sie kurz darauf starb, ging ich zu Pfarrer Achim und bat ihn, meine Oma zu beerdigen. Auch meine Eltern waren damit einverstanden. Gleichzeitig fragte ich ihn: »Wirst du es auch tun, wenn ich danach aus der Kirche austrete? Ich kann nicht an deinen Gott glauben ...«. Er nickte ohne zu zögern und antwortete: »Gott sieht in dein Herz und wird deine Aufrichtigkeit zu schätzen wissen.« Einen Monat später trat ich aus der Kirche aus. Zwei Jahre später verließ ich Berlin, um auf eigene Faust nach New York zu gehen. Mit Pfarrer Achim, der zum Freund wurde und heute, lange pensioniert, mit seiner Frau auf einem kleinen Bauernhof außerhalb von Berlin wohnt, besteht noch regelmäßig brieflicher Kontakt.

Auf der Beerdigung von Oma Martha wurde das Lied »So nimm denn meine Hände« gesungen, das sich meine Mutter gewünscht hatte: »Es ist das einzige christliche Lied, das wir beide immer mochten«, sagte sie. »Es erzählt von der Liebe, die sie selbst nie genug erfahren hat und darum auch mir als Kind nie geben konnte. Jetzt ist hier auf der Erde alles vorbei für sie. Ich wünsche ihr so sehr, dass der Gott, für den sie immer gelebt hat, ihr diese Liebe nun woanders geben wird ...«.

Trauer und Liebe: Die Geschichte des christlichen Liedes »So nimm denn meine Hände«

Zu den am häufigsten auf christlichen Trauerfeiern gespielten Liedern zählt das von Julie von Hausmann (1826-1901) vertonte Gedicht »So nimm denn meine Hände«. Die Melodie stammt von Friedrich Silcher (1798-1890), der vor allem für seine deutschen Volkslieder bekannt ist, zum Beispiel »Am Brunnen vor dem Tore«, der aber auch für den zeitgenössischen Schriftsteller Heinrich Heine (1797-1856) die Musik zu seinem Gedicht »Ich weiß nicht, was soll es bedeuten« komponierte.

Zu Julie von Hausmanns Leben gibt es eine verbürgte Biografie und verschiedene Geschichten. Was hat sie zu ihrem Gedicht »So nimm denn meine Hände« inspiriert? Das Besondere an Gedicht und Lied ist fraglos, dass es bis heute sowohl auf Beerdigungen wie auf Hochzeiten gespielt und gesungen wird und auch international – in mehrere Sprachen übersetzt – bekannt wurde. Als der Prinzgemahl der niederländischen Königin Beatrix (*1938), der deutschstämmige Claus von Amsberg (1926-2002) starb, wurde das Lied »So nimm denn meine Hände« auf dem Staatsbegräbnis gespielt. Ewige Liebe – unter Menschen und zu Gott – und Vertrauen auch in tiefster Verzweiflung sind die zentralen Themen des Liedes.

Julie von Hausmann wurde 1826 als eines von sechs Mädchen im lettischen Städtchen Mittau geboren und galt in ihrer Kindheit und Jugend als scheu und kränkelnd. Die junge Frau arbeitete als Hauslehrerin bei verschiedenen Familien im Baltikum. Immer wieder musste sie ihre Tätigkeit wegen neuer Krankheiten, häufig zusammen mit starken Kopfschmerzen, unterbrechen. In der Stille selbst gewählter Zurückgezogenheit fand sie vor allem in Gebeten innere Ausgeglichenheit. Hier entstanden ihre ersten frommen Gedichte, die sie nur zögernd anderen mitteilte. Offiziell ist nichts bekannt über eine Liebesbeziehung zu einem Mann. Sie heiratete nie und hatte auch keine Kinder.

Eine nahe Freundin gab eines Tages – zunächst ohne ihr Wissen – einige ihrer Gedichte einem Berliner Pfarrer zu lesen, dem es schließlich gelang, sie zur Veröffentlichung zu überreden. Er hatte ihr Herz damit gewonnen, dass er ihr versprach, die Einnahmen aus dem Buchverkauf für ein Waisenhaus in Hongkong zu verwenden. Julie von Hausmann bestand jedoch darauf, dass ihr Name nicht in dem Buch genannt werden dürfte.

1862 – sie war inzwischen 36 Jahre – gab jener Pfarrer ihre Gedichte und Lieder in zwei Bänden unter dem Titel »Maiblumen – Lieder einer Stillen im Lande« [14] heraus. Bis 1880 erschienen sechs Auflagen des Buches – und am Ende wurde auch ihr Name als Autorin, noch immer gegen ihren Willen, bekannt. In den folgenden Jahren besuchte sie mehrere Kurorte in Deutschland, der Schweiz und Südfrankreich, um die Ursache ihres körperlichen Leidens finden und kurieren zu können, ohne jedoch wirklich Heilung zu erfahren. 1870 zog sie ins russische Sankt Petersburg, wo ihre älteste Schwester Vorsteherin einer Schule war. Sie führte ihrer Schwester den Haushalt und gab nebenher Musikunterricht. 1901, kurz vor ihrem Tod, reiste sie zurück in die baltische Heimat, wo sie wenig später – im Alter von 75 Jahren – starb.

Die Vermutungen, was genau zur Niederschrift von »So nimm denn meine Hände« geführt habe, hörten nie auf. Entstanden ist es vermutlich um 1850, als Julie noch nicht 25 Jahre alt war. Gerade in der ersten Strophe ist sowohl die Liebe zweier junger Menschen zueinander vorstellbar als auch die Liebe zu Gott am Ende eines Lebens:

So nimm denn meine Hände
Und führe mich
Bis an mein selig' Ende
Und ewiglich!
Ich mag allein nicht gehen,
Nicht einen Schritt;
Wo du wirst geh'n und stehen,
Da nimm mich mit.

Eine der schönsten Interpretationen las ich in der Predigt des Berliner Pfarrers Rainer Hauke [15], der sinngemäß und unter Bezugnahme auf eine andere Quelle davon berichtet, dass es doch eine – wenn auch geheim gehaltene – Liebesbeziehung im Leben Julies gegeben habe. Demnach war Julie noch sehr jung, als sie sich in einen ebenfalls jungen Pfarrer verliebte, mit dem sie bis an ihr »selig Ende« zusammen sein wollte. Als sie sich kennen lernten, hatte ihr Geliebter sich jedoch bereits verpflichtet, als Missionar in ein afrikanisches Land zu gehen. Alle Papiere waren vorbereitet, das Schiffsticket gebucht und bezahlt.

»Nimm mich mit!«, mag Julie gerufen haben.

Es ist Liebe auf den ersten Blick – und sie ist gegenseitig. Auch der junge Mann, dessen Name nicht bekannt ist, liebt Julie. Noch bevor das Schiff Europa verlässt, verloben sich die beiden. Ab dann kümmert sich Julie um nichts anderes, als alles für ihre Reise nach Afrika zu organisieren, um ihrem zukünftigen Mann zu folgen. Gut 150 Jahre mag das her sein. Nur wenig war über Afrika damals in der Bevölkerung bekannt – außer zahlreichen Vorurteilen und aufgeblasenen Abenteuergeschichten. Aber die gesundheitlich eher labile Julie lässt sich von nichts und niemandem abbringen. Als endlich auch ihr Visum und Ticket vorliegen, besteigt sie den Dampfer und macht sich allein auf die weite Reise zu ihrem Verlobten.

Mehrere Wochen ist sie unterwegs, eine anstrengende Reise voller Strapazen. Aber die Liebe, die Vorfreude auf ihren Geliebten, macht sie stark. Endlich kommt ihr Schiff in jener afrikanischen Hafenstadt an, in der ihr Verlobter auf sie zu warten versprochen hat. Doch niemand holt sie ab. Auf eigene Faust organisiert sie sich einen Träger und erkundigt sich nach dem Weg zu jener Missionsstation, auf der er tätig sein soll.

Als sie nach zwei Tagen mühevollen Marsches in ungewohntem Klima dort ankommt, empfangen die afrikanischen Mitarbeiter sie mit ernsten Gesichtern. Niemand hat bis dahin gewagt, ihr die Wahrheit zu sagen: Nur drei Tage vor der Ankunft ihres Schiffes ist ihr Geliebter an einer unbekannten

Seuche gestorben. Eine ältere Frau nimmt sie bei der Hand und führt sie zu dem kleinen Friedhof der Missionsstation. Dort sieht sie das frische Grab und das einfache Holzkreuz mit seinem Namen. Julie weint nicht, sie betet nicht. Sie ist wie erstarrt.

Es wird berichtet, dass sie noch am gleichen Abend, beim Schein einer Petroleumlampe, lange schrieb und erst danach zu weinen begann. Damals soll ihr Gedicht entstanden sein: Zuerst an den geliebten Mann – und dann auch an Gott in ihrer Verzweiflung, mit ihrem »schwachen Herz« und der bangen Frage, wer nun ihre Hände nehmen, sie »ewiglich« führen wird:

So nimm denn meine Hände
Und führe mich
Bis an mein selig' Ende
Und ewiglich!
Ich mag allein nicht gehen,
Nicht einen Schritt;
Wo du wirst geh'n und stehen,
Da nimm mich mit.

In dein Erbarmen hülle
Mein schwaches Herz
Und mach es gänzlich stille
In Freud und Schmerz.
Lass ruh'n zu deinen Füßen
Dein armes Kind;
Es will die Augen schließen
Und glauben blind.

Wenn ich auch gleich nichts fühle,
Von deiner Macht,
Du bringst mich doch zum Ziele,
Auch durch die Nacht.
So nimm denn meine Hände
Und führe mich
Bis an mein selig' Ende
Und ewiglich!

Wiedergeburten und ewige Erleuchtung?
Asiatische Weisheiten

*Der Potala-Palast in Lhasa, der Hauptstadt Tibets. Hier wuchs der junge
Dalai Lama (geboren als Bauernsohn Lhamo Dhondrub) seit seinem fünften
Lebensjahr auf – als Wiedergeburt des 1933 verstorbenen 13. Dalai Lama.*

Asien ist mit über dreißig Prozent der Landoberfläche nicht nur der größte der fünf Kontinente. Allein in China und Indien leben rund ein Drittel aller Bewohner unserer Erde. Obwohl auf diesem Erdteil alle großen Religionen vertreten sind, hatte hier zuerst die Idee der Wiedergeburt nach dem Tod ihren Ursprung: Nicht als der gleiche Mensch werden wir wiedergeboren, sondern es wird – je nach den bisher geführten Leben – eine höhere oder niedere Stufe auf dem Weg zur Erleuchtung, dem Nirwana, erreicht.

Kein ewiger Kreislauf von Leben und Sterben? Kein Reich der Toten, kein Weiterleben in Himmel oder Hölle – sondern durch den Prozess von Wiedergeburten schließlich den optimalen Endzustand eines Erleuchteten erlangen, der von allem irdischen Begehren und Leiden unabhängig ist?

<hr />

Eine wichtige, vielleicht die wichtigste Rolle bei der Entwicklung der Lehre von den Wiedergeburten spielte Prinz Siddhartha Gautama (ca. 563-483 v. Chr.), der in einem nordindischen Königspalast aufwuchs, wo ihn seine Familie in seiner Kindheit und Jugend vor allem Elend abschirmte und maßlos verwöhnte. Bei den wenigen Malen, die er den Palast verließ, achtete sein Vater darauf, dass in den Straßen, die er benutzen wollte, vorher die Kranken und Bettler verjagt worden waren. Eines Tages machte sich der junge Mann jedoch heimlich auf, um die wirkliche Welt zu sehen. Der Legende nach begegnete er dabei zuerst einem Greis und dann einem Fieberkranken. Beides erschütterte ihn sehr. Schließlich fand er noch einen am Straßenrand verwesenden Leichnam. Zuletzt traf er auf einen armen, aber weisen Mönch.

Wenig später entschloss sich der junge Prinz – er war 29 Jahre alt –, seine Frau und seinen gerade geborenen Sohn zu verlassen, um außerhalb des Palastes in größter Einfachheit zu leben und über die Not in der Welt nachzudenken. Gut sechs Jahre wanderte der Prinz, unerkannt und in der bescheidenen Kleidung eines Asketen, am Ufer des Ganges entlang. Er traf dabei auf berühmte religiöse Führer und erprobte deren Anweisungen. Er fastete, er enthielt sich aller sexuellen Handlungen und schlief nackt auf dem kahlen Boden. Meist war er allein, zuweilen zog er auch mit anderen jungen Leuten herum, die wie er auf der Suche nach Wahrheit und Erleuchtung waren. Da ihm die meisten der Lehrer, die er traf, zu fanatisch erschienen, schloss er sich keinem auf Dauer an.

Als er etwa 35 Jahre alt war, gründete er seinen eigenen kleinen Mönchsorden. Seine Lehre nannte er zunächst – in Abgrenzung von jedem religiösen Fanatismus – den »mittleren Weg«. Seine Begleiter und Jünger gaben ihm bald den Ehrennamen Buddha, was in Sanskrit so viel bedeutet wie »der Erwachte«. Heute gilt er als Gründer des Buddhismus, der ab 300 v. Chr. zur indischen Staatsreligion wurde und sich bald über ganz Ostasien verbreitete, aber – gut tausend Jahre später – ab etwa 700 n. Chr. in Indien weitgehend vom Hinduismus verdrängt wurde. In Hinterindien und Sri Lanka ist der Buddhismus bis heute stark vertreten. In Tibet entstand die Sonderform des Lama-Buddhismus und in Japan die des Zen-Buddhismus.

Mit etwa 80 Jahren starb Prinz Siddhartha als der erste Buddha: Er war damit der erste Mensch, der – so sehen es seine Anhänger – bereits zu Lebzeiten erleuchtet war und vom Prozess der Wiedergeburten, des irdischen Leidens und allen Begehrens befreit war. Ein Zeitalter, in dem ein Buddha, ein erleuchteter Mensch unter uns weilt, gilt als glückliche Epoche der Menschheit. Es gibt aber leider auch dunkle Epochen in der Geschichte ohne einen Buddha, die von Krieg, Gewalt, Armut und Seuchen geprägt sind.

❧

Wiedergeburten und Erleuchtung – die Lehre des Buddhismus

Im indischen Benares hatte Prinz Siddhartha zuerst die vier Grundsätze seiner neuen Lehre verkündet – er nannte sie die »vier edlen Weisheiten«:

- Alles Leben ist Leiden, unvermeidlich und jeden potenziell treffend.
- Die Ursache des Leidens sind menschliche Leidenschaften wie das Streben nach weltlichem Erfolg, nach Macht und der Befriedigung sexueller Begierden, ja der Wille zum Leben selbst.
- Die Befreiung von diesen Leidenschaften ist der einzige Weg, die Leiden aufzuheben.
- Der Weg zur Befreiung von diesen Leidenschaften ist lang und schwierig, aber er kann von jedem Menschen begonnen werden. Hierbei ist die Kenntnis vom »heiligen, achtfachen Pfad« bedeutsam.

Der »achtfache Pfad« ist die zentrale Lehre des Buddhismus. Er hat eine ethische Haltung zur Voraussetzung, die von großer Toleranz gegenüber allem Leben, auch dem der Tiere und Pflanzen, geprägt ist. Er bedarf der Bereitschaft zur Meditation, zum sich »Versenken« in die wichtigsten Weisheiten, und zum »Loslassen« aller irdischen Güter und Besitzstände, allen »Strebens nach etwas«.

Auf dem »achtfachen Pfad« soll sich ein Mensch, der an die Auflösung der eigenen Existenz in einem zeitlosen Nirwana glauben kann, an Werten orientieren, die Recht und Gerechtigkeit für jeden ermöglichen – in seiner oder ihrer Anschauung der Welt, der Gesinnung gegenüber anderen Menschen, im Reden und Schreiben, im Handeln und Leben, auch im Denken und Meditieren.

Auf diesem Weg wird bislang nicht zugängliches Wissen erschlossen wie zum Beispiel eine Erinnerung an frühere Geburten und Leben sowie das Verstehen seines oder ihres persönlichen Karma. Mit Karma (Sanskrit für »Wirken« oder »Tat«, sinngemäß: die Wirkung einer Tat) wird die spirituelle Idee umschrieben, wonach jede Handlung oder Tat eines Menschen eine Wirkung hat, auch für ihn selbst. Dies kann sich in diesem Leben auswirken, möglicherweise auch erst in einem folgenden. Es kann das Wesen der nächsten Existenz mitbestimmen: Ein Mensch kann arm oder reich, als Frau oder Mann, hier oder woanders, in der Vergangenheit, Gegenwart oder Zukunft, ja auch als Tier oder Pflanze wiedergeboren werden.

Wichtig ist hierbei – in deutlicher Unterscheidung zu den meisten anderen Weltreligionen –, dass es im Buddhismus keinen gnädigen oder strafenden Gott gibt: Jeder Mensch ist für das, was er tut, selbst verantwortlich. Die Folgen seiner Tat unterliegen allgemeinen Gesetzmäßigkeiten von »unerledigten Aufgaben«, die in einem nächsten Leben in anderer Existenz wieder zur Bewältigung anstehen.

Der Kreislauf der Wiedergeburten wird auch Samsara genannt: Gutes wie schlechtes Karma – die Auswirkungen der jeweiligen Taten eines Menschen – erzeugt diesen Prozess der Wiedergeburten. Das wirkliche Ziel ist jedoch, irgendwann alle Aufgaben erfüllt zu haben, kein Karma mehr zu haben und ins Nirwana eintreten zu können. Nirwana ist das Gegenteil von Samsara – oder auch, wie manche Buddhisten sagen, die andere Seite der gleichen Münze. Nirwana ist das absolute Nichts, eine dem normalen Menschen nicht vorstellbare Erleuchtung, die an keine Materie gebunden ist und auch an keine spirituelle Kraft: Körper wie Seele haben sich aufgelöst, sie sind eins geworden mit zeitloser Erleuchtung [16].

Wiedergeburten im Hinduismus: Macht und Strafe im System der Kasten

Nach gut tausend Jahren Buddhismus in Indien und anderen Gegenden Ostasiens erstarkte die ihm ähnliche Strömung des Hinduismus, die wieder mehr traditionelle Sichtweisen von Macht und Strafe einfließen ließ und die Toleranz des Buddhismus gegenüber allem Lebenden wesentlich einschränkte. Heute sind gut 95 Prozent aller Inder Anhänger des Hinduismus, außerdem ist er weitverbreitet in Pakistan, Bangladesh, Birma (Myanmar), Thailand, Vietnam und Teilen Ostafrikas.

Anders als im Buddhismus ist im Hinduismus jedem Menschen sein Platz in der Gesellschaft aufgrund seines vorherigen Lebens fest vorgeschrieben – er gehört einer höheren oder niederen Kaste an. Wörtlich heißt es in einer der ältesten Schriften des Hinduismus: »Wie einer handelt, wie einer wandelt, ein solcher wird er. Aus guter Handlung entsteht Gutes, aus schlechter Handlung entsteht Schlechtes.«

Dieses äußerst hierarchische Kastensystem prägt bis heute die indische Gesellschaft. Kinder, die in die vierte, die niedere Kaste, geboren werden (oder gar als Dalits bzw. »Unberührbare« unterhalb der Kasten), wachsen mit deutlich weniger Chancen auf als Kinder höherer Kasten. Der Hinduismus rechtfertigt diese Diskriminierung nicht nur, sondern sanktioniert auch die Ansicht, es sei möglich, ihr während eines Lebens entkommen zu wollen.

Im Hinduismus ist der Tod nicht das Ende des Lebens, sondern – wie im Buddhismus – Übergang zu einem anderen Leben, zu einer Reinkarnation (lateinisch für: Wiederfleischwerdung) als Mensch oder Tier. Im Hinduismus gibt es auch Himmel und Hölle als Zwischenstationen, wo Verstorbene mit gutem Karma verwöhnt werden und jene mit schlechtem Karma so lange schrecklich leiden müssen, bis zumindest ein Teil des schlechten Karma verbraucht ist. Auch im Hinduismus gibt es eine endgültige Erlösung vom Prozess der Wiedergeburten, genannt Moksha oder Mukti, der nur durch verschiedene Formen von Yoga erreicht werden kann. Yoga (auch: Joga, sanskrit für Anspannung) bezeichnet eine Praxis meditativer Konzentration, durch die der Geist vom Körper befreit werden soll [17].

Mahatma Gandhi (1869-1948): Symbolfigur der Gewaltfreiheit, von einem Hindu ermordet

Geboren wurde Mohandas Karamchand Gandhi als jüngster von vier Söhnen in eine wohlhabende Familie, die der Bania-Kaste (der dritten Kaste) angehörte und damit zur Oberschicht gezählt wurde. Sein Vater arbeitete als angesehener Richter.

Bereits mit sieben Jahren wurde er einem gleichaltrigen Mädchen versprochen, die ebenfalls der dritten Kaste der Händler angehörte. Als beide dreizehn waren, fand die offizielle Vermählung statt. Mit sechzehn bekamen die beiden das erste Kind, das jedoch kurz darauf starb. Später hatten sie noch vier gemeinsame Kinder. Trotzdem rebellierte Mohandas Gandhi zeitlebens gegen die »unsinnig frühe Verheiratung« von Kindern, die durch Kastensystem und Hinduismus gerechtfertigt wurde.

Zum offenen Bruch mit dem Kastensystem kam es, als er mit 19 Jahren auf seinem Wunsch bestand, in London Jura zu studieren. Obwohl er ein Gelübde abgelegt hatte, auch in England dem Hinduismus treu zu bleiben, wurde er offiziell aus der Kaste ausgeschlossen, was ihn zum gesellschaftlichen Außenseiter machte.

Nach dem Studium kehrte er als junger Anwalt nach Indien zurück und versuchte sich eher erfolglos in der Millionenstadt Bombay. Obwohl er sich um Wiederaufnahme in die Kaste bemühte, unter anderem durch eine Pilgerfahrt und Zahlung einer hohen Buße, wurde ihm dies verweigert. 1893, noch vor seinem 24. Geburtstag, entschloss er sich – mit Unterstützung seines Vaters, der ihm eine Stelle bei einem befreundeten indischen Anwalt in Pretoria vermittelte –, nach Südafrika auszuwandern.

Bereits kurz nach der Ankunft machte er erste Erfahrungen mit dem Hautfarben-Rassismus in Südafrika, als ihn ein Bahnschaffner in den Gepäckwagen schicken wollte, obwohl er eine Karte Erster Klasse gelöst hatte. Als er sich weigerte, wurde er mitsamt seinem Gepäck hinausgeworfen. Trotz dieser ersten schlimmen Erfahrung fasste Gandhi nicht nur bald Fuß als angesehener Anwalt, sondern engagierte sich auch mit zunehmendem Erfolg für die indische Gemeinschaft in Südafrika, wobei er keine Rücksicht auf die Kastenherkunft nahm. Dadurch wurde er vor allem bei vielen armen Indern in Südafrika zum Helden. Er gründete eine politische Partei, engagierte sich im Burenkrieg auf Seiten der Briten und wurde mehrfach von Anhängern des Rassismus angegriffen, einmal auch zusammengeschlagen. In dieser Zeit entwickelte er erstmals seine Philosophie der Gewaltfreiheit und Wahrhaftigkeit. Er schrieb: »Wahrheit schließt die Anwendung von Gewalt aus, da der Mensch nicht fähig ist, die absolute Wahrheit zu erkennen und deshalb auch nicht berechtigt ist zu bestrafen.«

1907, Gandhi war inzwischen 38 Jahre alt, wurde er erstmals im Rahmen einer Aktion zivilen Ungehorsams von der Polizei in Südafrika verhaftet. Erst 1914, als erste wichtige Rechte für die Inder in Südafrika erstritten waren, reiste Gandhi mit seiner Familie heim nach Indien. Als er im Januar 1915 im Hafen von Bombay eintraf, wurde er begeistert empfangen. Der Literaturnobelpreisträger Rabindranath Tagore (1861-1941) verlieh ihm bei dieser Gelegenheit den Namen Mahatma (sanskrit für »Große Seele«).

Ab 1920 baute er systematisch die indische Unabhängigkeitsbewegung gegen die britische Kolonialmacht auf. Er gründete den INC, den Indian National Congress, und warb erfolgreich für seine Idee der gewaltfreien Verweigerung jeder Zusammenarbeit mit den rund einhunderttausend Engländern in Indien. Mehrfach ließen sich Gandhi und seine Anhänger bei Protestaktionen verhaften, ohne jedoch selbst zur Gewalt zu *greifen. Nachdem er 1942 unmissverständlich die sofortige Unabhängigkeit Indiens öffentlich forderte, wurde er einen Tag später für zwei Jahre inhaftiert. Seine Anhänger wurden jedoch nicht müde, seine Forderung zu bekräftigen und für seine Freilassung zu protestieren.*

Im Juni 1947, Gandhi war inzwischen 77 Jahre alt, verkündete die britische Regierung endlich die Unabhängigkeit des Landes, bestand jedoch auf der Abtrennung von Pakistan. Dank Gandhis unmittelbarem Eingreifen konnte ein Bürgerkrieg zwischen dem eher moslemischen Pakistan und dem vom Hinduismus geprägten Indien verhindert werden.

Eine Gruppe nationalistischer Hindus, die ihm die Abspaltung des pakistanischen Landesteiles vorwarfen, plante ab dann seine Ermordung, die einer von ihnen schließlich ein halbes Jahr später ausführte. Am 30. Januar 1948 wurde Mahatma Gandhi mit 78 Jahren erschossen.

Er war sich der Gefahr durchaus bewusst, da es mehrfach in seinem Leben Morddrohungen gegeben hatte. In einem seiner Texte heißt es: »Es gibt nur einen Weg, durch Gewaltlosigkeit Unabhängigkeit zu erreichen: Wenn wir sterben, leben wir. Wenn wir töten, niemals« [18].

Historische Hintergründe zu den buddhistischen Weisheiten des tibetischen Dalai Lama (*1935)

Wenige buddhistische Gelehrte haben so viel Einfluss auf westliches Denken nehmen können wie der 14. Dalai Lama, das religiöse und politische Oberhaupt der Tibeter, der 1935 als zweites von insgesamt sechzehn Kindern eines einfachen Bauernehepaares in einem Dorf im Nordosten Tibets unter dem Namen Lhamo Dhondrub geboren wurde.

Zwei Jahre vorher war der 13. Dalai Lama gestorben und seitdem waren tibetische Mönche auf der Suche nach seinem Nachfolger. Eine Eigenheit des tibetischen Buddhismus ist die so genannte »bewusste« Wiedergeburt: Demnach kann ein Erleuchteter – und als solcher gilt ein Dalai Lama –, obwohl er den Prozess der Wiedergeburten abgeschlossen hat und bereits im Nirwana ist, zurückkehren nach Tibet, um den Menschen zu helfen, den »heiligen achtfachen Pfad« zu finden und zu beschreiten.

Die Suche nach dem 14. Dalai Lama hatte begonnen, von dem niemand wusste, wo er leben würde, wie alt er sei oder gar wie er aussehen würde. Als einziger Hinweis galten eine Reihe von tantrischen Prüfungen, die erkennen ließen, dass der Nachfolger über Kenntnisse und Fähigkeiten verfügte wie sonst niemand. Im Falle des knapp zweijährigen Bauernjungen fiel auf, dass er eine Gebetskette erkannte, die dem 13. Dalai Lama gehört hatte, und anschließend noch weitere Aufgaben bestand.

Am Ende gab es für die Mönche keinen Zweifel, dass dieser kleine Junge der 14. Dalai Lama sei. Mit vier Jahren verließ er seine Familie und wurde im Palast in der tibetischen Hauptstadt Lhasa auf seine großen Aufgaben vorbereitet. Hier erhielt er seinen Mönchsnamen Tenzin Gyatso. Nur ein halbes Jahr später erfolgte in einer feierlichen Zeremonie seine Inthronisierung als der 14. Dalai Lama.

Durch das Buch »Sieben Jahre in Tibet« [19] des österreichischen Bergsteigers und Forschungsreisenden Heinrich Harrer (1912-2006), der sich als Hauslehrer von 1946 bis 1950 am Hofe des jugendlichen Dalai Lama aufhielt, wurde schon früh eine breite Öffentlichkeit auch im Westen auf noch unbekannte Weisheiten und Gebräuche in Tibet aufmerksam. Umgekehrt unterrichtete Heinrich Harrer den Jungen über das Leben in der damaligen westlichen Welt. Harrers Buch* erschien zuerst 1953 und ist bis heute in über 50 Sprachen übersetzt worden. Bis zu seinem Tod 2006 im Alter von 93 Jahren verband ihn eine Freundschaft mit dem Dalai Lama, der ihn später auch mehrmals in seinem österreichischen Heimatdorf besuchte.

1950, mit nur 15 Jahren, wurde dem jungen Dalai Lama die politische Herrschaft Tibets in einer weiteren Zeremonie übertragen. Im gleichen Jahr kam es zu militärischen Besetzungen von Teilen Tibets durch China. 1951 unterzeichnete der Dalai Lama ein Abkommen mit China, das Tibet einerseits Autonomie für innere Angelegenheiten sowie Religionsfreiheit zusichern sollte, jedoch die Außen- und Militärpolitik an China abtrat. In den folgenden Jahren bemühten sich beide Seiten um eine Verbesserung der Beziehungen: China lud den 19-jährigen Dalai Lama 1954 mit einem Gefolge von 500 tibetischen Würdenträgern nach Beijing ein, übertrug ihm auch eine Funktion im nationalen kommunistischen Volkskongress und versprach die Finanzierung eines weiteren Palastes in Tibet, der tatsächlich gebaut und schon 1956 fertiggestellt wurde. Der Dalai Lama dankte mit Geschenken und einer persönlich verfassten Hymne auf den chinesischen Parteivorsitzenden Mao Zedong (1893-1976). Das tibetische Neujahr 1955 feierte er in Beijing und gab dabei ein Bankett zu Ehren Mao Zedongs und anderer kommunistischer Führer.

---

* Heinrich Harrers Buch wurde 1997 von Regisseur Jean-Jacques Annaud – mit einigen Veränderungen – als US-amerikanischer Kinofilm produziert. Brad Pitt spielte die Rolle des Heinrich Harrer, der Dalai Lama wurde von den Brüdern Sonam Wangchuk als Jüngerem und Jamyang Jamtsho Wangchuk als Älterem dargestellt.

In den kommenden drei Jahren verschlechterten sich jedoch die Beziehungen dramatisch. Bereits 1956 hatte es erste Aufstände von Tibetern gegen die chinesische Militärpräsenz im Lande gegeben, die umgehend mit drastischen Strafaktionen niedergeschlagen wurden. Die Spannungen eskalierten, als der 23-jährige Dalai Lama am 10. März 1959 die Einladung zu einer chinesischen Theateraufführung in einem Militärlager außerhalb Lhasas erhielt, jedoch die chinesischen Offiziere darauf bestanden, er solle ohne seine Leibwache kommen. Rund 300.000 Tibeter versammelten sich wenig später vor dem Palast des Dalai Lama und baten ihn, der Einladung nicht zu folgen. Sie fürchteten, er könnte entführt werden.

Der Dalai Lama zog daraufhin in seine Sommerresidenz, die sicherer schien, während Tausende von Tibetern auf den Straßen gegen das chinesische Militär im Land protestierten. An vielen Stellen wurden Barrikaden errichtet und sowohl die tibetischen Soldaten als auch das chinesische Militär bereiteten sich auf Kampfhandlungen vor. Als am 17. März zwei chinesische Artillerie-Geschosse in der Nähe seiner Sommerresidenz einschlugen, begab sich der Dalai Lama ins Exil nach Indien, wo er bis heute Zuflucht gefunden hat.

Am 19. März kam es dann für zwei Tage zu offenen Kämpfen, bei denen die übergroße Macht der chinesischen Armee bald deutlich wurde. Nach Angaben Tibets wurden in nur 48 Stunden rund 86.000 tibetische Zivilisten getötet, die Sommerresidenz des Dalai Lama zerstört und drei der größten Klöster im Land stark beschädigt. Tibeter, bei denen Waffen gefunden wurden, mussten mit Erschießung rechnen. Die im Potala-Palast verbliebenen Mitglieder der Leibgarde des Dalai Lama, die ihn nicht ins Exil hatten begleiten können, wurden – ebenso wie einige prominente Anführer des Aufstands – öffentlich in Lhasa hingerichtet.

Der Dalai Lama ist bis heute unumstritten der geistige und politische Führer Tibets. Er wird nicht müde, für eine friedliche Lösung des Konflikts mit China zu werben. 1989 erhielt er dafür den Friedensnobelpreis. Wo immer der Dalai Lama von Staatschefs anderer Länder empfangen wird, wie in Deutschland zuletzt 2007 von Bundeskanzlerin Angela Merkel (*1954), führt dies zu Protestnoten und Drohungen der chinesischen Regierung.

In vielen Vorträgen und Veröffentlichungen hat der Dalai Lama wichtige Weisheiten des Buddhismus in der westlichen Welt bekannt gemacht und dabei zahlreiche Anhänger gefunden. Seine am westlichen Lebensstil geäußerte Kritik ist dabei immer versöhnlich. Sein wohl bekanntestes Zitat zu Leben und Sterben im Westen lautet: »Menschen leben, als ob sie niemals sterben würden, und sterben, als ob sie niemals gelebt hätten« [20].

In dem »Tibetischen Buch vom Leben und vom Sterben« (1992) [21], zu dem der Dalai Lama das Vorwort schrieb, fasst der Autor Sogyal Rinpoche (*1948) die zentralen Gedanken so zusammen:

> Im Buddhismus werden Leben und Tod als eine Einheit gesehen, wo Tod lediglich der Anfang eines neuen Kapitels ist. Tod ist der Spiegel, in dem die gesamte Bedeutung des Lebens zu erkennen ist ...
>
> Aus der Sicht des tibetischen Buddhismus können wir unsere gesamte Existenz in vier beständig verwobenen Wirklichkeiten unterteilen: 1. das Leben, 2. Tod und Sterben, 3. nach dem Tod und 4. Wiedergeburt ...
>
> Für denjenigen, der oder die sich vorbereitet hat, kommt der Tod nicht als Niederlage, sondern als Triumph, als der krönende und feierlichste Moment des Lebens.

Sogyal Rinpoche erläutert in seinem Buch, dass nach seiner Ansicht der Glaube an die Wiedergeburt Voraussetzung ist für ein verantwortliches Handeln gegenüber allen Menschen, vor allem auch gegenüber den zukünftigen Generationen:

> Ich bin zu der Überzeugung gelangt, dass die katastrophalen Folgen einer Verdrängung des Todes weit über das Individuum hinausreichen: Sie betreffen den ganzen Planeten. In seinem eigensinnigen Glauben, dies Leben sei das einzige, hat der moderne Mensch keine Langzeitvisionen entwickelt. Nichts hält ihn mehr davon ab, den Planeten aus kurzfristigem Eigeninteresse heraus auszuplündern und auf eine Weise selbstsüchtig zu leben, die sich für die Zukunft als fatal erweisen könnte.

⚬⚬⚬

Sterben und Tod in China: Traditionen im Ringen mit guten und bösen Geistern

Nach offiziellen chinesischen Angaben sind mehr als 90 Prozent aller Chinesen religionslos und glauben allein an den Kommunismus als »Lehre der Befreiung von der Ausbeutung durch den Kapitalismus« in diesem irdischen Leben. Daneben gibt es Minderheiten, die dem Islam oder dem Buddhismus, wenige auch dem Christentum, angehören. Bis 1911 galt der Konfuzianismus als Staatsreligion in China.

Chinesische Traditionen werden oft sichtbar bei Chinesen, die außerhalb Chinas leben. Wie erleben Chinesen der zweiten oder dritten Generation Überlieferungen jahrtausendealter Rituale rund um Tod und Sterben, in denen noch immer die Ahnenverehrung und das Ringen mit guten wie bösen Dämonen eine Rolle spielt?

Im Folgenden berichtet Perry Yan Lam Tsang, geboren 1960 in jenem Viertel der niederländischen Hafenstadt Rotterdam, das einmal als das größte Chinatown Europas galt, vom Tod seines Großvaters Djeh Tsang, der 1904 in China geboren war [22]:

Jeder weiß, dass die Chinesen das größte Volk der Welt sind, aber ob wir Chinesen das auch selbst wissen? Etwa jeder fünfte Erdbewohner ist Chinese, dann noch all die »Halbchinesen« wie ich und meine drei Brüder ...

Natürlich gibt es viele verschiedene Kulturen bei so einem großen Volk. Es gibt moslemische Chinesen, buddhistische und taoistische Chinesen, sicher auch christliche Chinesen und na klar, auch immer wieder solche, die nur an die Partei glauben oder – immer mehr unter der Jugend – auch deutlich gegen die alten Kommunisten sind. Aber wenn Chinesen außerhalb Chinas, in den vielen Chinatowns in San Francisco oder London oder Rotterdam, Neujahr feiern oder eine Hochzeit begehen, dann gibt es viele traditionelle Gemeinsamkeiten: die Musik, die Drachen und Dämonen aus Papier und Pappmaschee, unbedingt Feuerwerk und Berge von chinesischem Essen. So ist das auch bei Trauerfeiern, wenn jemand gestorben ist.

Geboren bin ich in dem ehemals größten Chinatown Europas, dem Rotterdamer Hafenviertel Katendrecht, das ab etwa 1890 zuerst durch chinesische Seeleute entstand, die hier hängen geblieben waren. Es handelte sich meist um einfache Arbeiter, die als Heizer oder Kohlenschlepper auf den alten Dampfern nach Europa gekommen waren und später von Rotterdamer Reedern auch gezielt angeworben wurden, um die Löhne der niederländischen Hafenarbeiter zu drücken.

Das Viertel Katendrecht galt auch in meiner Kinderzeit noch als verrufen: Da gab es kinderreiche Familien, die in muffigen Wohnungen auf kleinstem Raum leben mussten. Es gab viele Kneipen wie die »Brooklyn Bar« oder »Dirty Diana«, aber auch den großen Tätowierladen »Tattoo Manilla« und Spielhöllen, in denen illegal Geld verdient und zuweilen auch noch Opium geraucht wurde. Die ungewöhnlich gekleideten Frauen, die bis spätabends oft frierend in Hauseingängen standen oder hinter rot beleuchteten Fenstern saßen, nannten wir Kinder – jedenfalls diejenigen, die wir vom Sehen kannten – Tante Lies oder Tante Annie. Deren Kunden gaben uns manchmal, besonders wenn sie zufrieden waren, ein paar Münzen, nachdem sie die steilen schmalen Treppen von den Zimmern der Tanten heruntergeklettert waren, uns erblickten und sich nicht selten dabei noch die Hosen zuknöpften.

Mein Großvater war eine wichtige Figur in unserem Viertel. Um 1930 war er über Hamburg nach Rotterdam gekommen, nicht als Matrose, sondern als Geschäftsmann und ehemaliger Offizier, der von den Zusammenstößen mit den aufkommenden Kommunisten in seiner Provinz Kanton genug hatte. Seine Weltreise unterbrach er in Rotterdam für immer, um meine Oma zu heiraten, die ihm in der Folge sieben Kinder schenkte, jedoch leider früh starb. Eigentlich hieß die Familie Chong. Als er sich aber auf dem Gemeindehaus anmelden wollte, verstand der niederländische Beamte das falsch und machte Tsang daraus. Kein Problem, Chinesen außerhalb Chinas sind daran gewöhnt, dass in jedem Land ihr Name anders geschrieben wird.

Da er als welterfahren galt und nach kurzer Zeit gute Kontakte zu anderen Geschäftsleuten hatte, half er bald ärmeren Chinesen bei Behördengängen und regelte Jobs für verschiedene Reedereien. Anfangs soll er noch einen gebundenen Haarzopf gehabt haben. Ich kannte ihn nur als elegant gekleideten Mann, der immer mit Anzug und Schlips auf die Straße ging. Er galt als streng. Als ihm jedoch mein Vater mit siebzehn Jahren beichtete, dass seine sechzehnjährige holländische Freundin schwanger sei, stand er den jungen Leuten ohne Zögern zur Seite, ja unterschrieb sogar einen Antrag an die damalige Königin Juliana (1909-2004), um die Erlaubnis für eine Ehe zwischen Minderjährigen zu erbitten.

Wenig später heirateten meine Eltern. Meiner Mutter gegenüber zeigte der sonst eher harte Mann viel Zuneigung. Wenn wir als Kinder krank waren, ging mein Großvater zu einem kleinen Holzschrank in der Küche und holte allerlei Kräuter, Wurzeln und getrocknetes Tierfleisch heraus, zerrieb es und mengte es mit Gewürzen zu einem ekelhaften Trank. Kein Protest nutzte, es musste geschluckt werden. Und half oft tatsächlich.

Kurz bevor ich zum Militär eingezogen wurde, erkrankte Großvater schwer an Gehirnkrebs. Es war deutlich, dass er nicht mehr lange leben würde. Die letzten drei Monate übernahm ich als sein Enkel gemeinsam mit seiner zweiten Frau seine Pflege rund um die Uhr. Er musste gewaschen, rasiert und gefüttert werden und konnte am Ende nicht mal mehr zur Toilette. Ich werde nie vergessen, wie er noch beinah bis zuletzt, manchmal mitten in der Nacht darauf bestand, dass ich ihn stützend in die Küche brachte, wo er mir befahl, welche chinesische Mahlzeit jetzt gekocht werden müsse. Oft aß er nur einen oder zwei Löffel, aber auf den Geschmack kam es an.

Als er starb, gab es die größte chinesische Trauerfeier in Rotterdam, die ich jemals erlebte. Hunderte von Menschen begleiteten den Trauerzug mit über zwanzig schwarzen Limousinen von seiner Wohnung zum Krematorium. Papiergeld wurde auf der ganzen Route gestreut. Es waren so viel riesige Blumengestecke abgegeben worden, dass allein diese die ersten fünf Limousinen hinter dem Leichenwagen füllten, in dem ich mit seiner zweiten Frau vorne neben dem Fahrer saß. Mehrmals musste der Zug anhalten, jemand rief »San jugong – verbeugen!« und alle Umstehenden beugten dreimal tief die Köpfe. Chinesische Musik dröhnte aus Lautsprechern, nur das traditionelle Feuerwerk zum Verjagen der bösen Dämonen war von der Gemeindeverwaltung verboten worden.

Im Krematorium gab es nur fünfhundert Plätze. Jeder Raum, auch die Stehplätze in den Gängen, war gefüllt mit Menschen. Am Eingang hatte jeder ein weißes Leinen-

Taschentuch erhalten – weiß als Farbe der Trauer, aber auch ganz praktisch zum Naseputzen beim Weinen. Ein Redner, der für die chinesische Gemeinschaft Rotterdams sprach, schilderte das Leben meines Großvaters mit vielen Anekdoten, was ihm sichtlich gelang, auch wenn ich längst nicht alles verstand. Es wurde geheult und gelacht. Auf manche der nicht-chinesischen Gäste muss er wie der Conferencier eines Radio-Unterhaltungsprogramms gewirkt haben. Danach wurde in einem chinesischen Restaurant mit extra angemieteten Sälen gegessen und getrunken bis in die späte Nacht.

Damals war ich neunzehn und musste kurz darauf meine Wehrpflicht in der holländischen Armee beginnen. Gut dreißig Jahre ist das her. In Katendrecht gibt es nur noch wenige Spielhallen und gerade noch ein chinesisches Restaurant. Die wenigen Prostituierten arbeiten diskret und bestimmen nirgendwo mehr das Straßenbild. Auf den windigen Plätzen stehen jetzt vor allem dunkelhäutige Kinder und Jugendliche herum, deren Eltern aus den ehemaligen niederländischen Kolonien, vor allem den Antillen, kommen. Viele der jungen Leute sind arbeitslos.

Als jedoch kürzlich ein Bruder meines Vater starb, Woy Mang Tsang, der Einzige in der Familie, der noch gutes Kanton-Chinesisch sprach, trafen sich alle engsten Familienangehörigen vor der Trauerfeier im Krematorium, um doch ein richtiges Feuerwerk gegen die Dämonen zu veranstalten, ohne erst eine Genehmigung zu beantragen. Es ging gut und keiner der Anwohner rief die Polizei. Auf seiner Trauerkarte stand der Satz: »Wenn ich tot bin, weint dann nicht. Nur wenn ihr mich vergesst, bin ich traurig.«

Und ich erkannte das chinesische Schriftzeichen für Trauer: Es besteht aus vier Elementen – zwei Monden, einem Hund, einer Tür und einem geheimen Platz. Sinngemäß bedeutet es: Sterben ist wie das Durchschreiten eines Tores zu einem noch unbekannten Ort, wobei die Hinterbliebenen angesichts des Todes mindestens zwei Monate (Monde) wie ein Hund heulen werden. Die offizielle Trauerperiode soll tatsächlich mindestens 49 Tage sein, weil der Verstorbene sieben mal sieben Tage nötig hat, um im Totenreich anzukommen.

Eine Wiedergeburt gibt es nicht. Die Toten sind weit weg, in einem anderen Universum, aber wir können ihnen Gutes tun, indem wir Geld und andere Güter, symbolisiert in kleinen Papiermodellen, die es fertig in chinesischen Geschäften zu kaufen gibt, selbst kleine Häuser, Autos, Fernseher und neuerdings auch Laptops, verbrennen mit Gebeten, damit alles in Form von Rauch gut bei unseren Ahnen ankommt.

Vor Kurzem hat mir mein Vater mitgeteilt, dass er mit einem meiner älteren Brüder ins Geburtsdorf unseres Großvaters reisen will, um dort die Asche des Onkels im alten Familien-Mausoleum in Kanton-China beizusetzen. »Das geht jetzt wieder!«, sagt er am Telefon, »im Jahr 4706.« Nach chinesischer Zeitrechnung, unserem Jahr 2009 entsprechend. Die Urne mit der Asche steht so lange im Wohnzimmer.

Ein einziges kostbares Leben?
Agnostische und atheistische Weisheiten

Wo ist Gott? Einfahrt zum ehemaligen Konzentrationslager Auschwitz.

Und wenn es nun aber weder einen ewigen Kreislauf von Leben und Sterben noch ein Reich der Toten gibt? Keine Auferstehung von den Toten, kein Himmelreich und keine Hölle? Wenn wir auch nicht wiedergeboren und niemals wirklich erleuchtet werden?

Was ist, wenn wir nur dieses eine Leben haben und danach vergehen zu Staub – Erde zu Erde –, uns auflösen, der Körper und die Seele nicht mehr bestehen, nicht mehr auffindbar sind, aufgehen in einem großen Ganzen wie ein Tropfen im Meer, wie ein Atemzug in den Stürmen der Welt, verglüht wie ein erloschener Stern im Universum?

Ist dann das Leben, ein einziges Leben, weniger wert? Oder ist nicht jedes Leben gerade wegen seiner Einzigartigkeit kostbar? So wertvoll, um es wo nötig zu beschützen, zu retten, wo immer möglich zu achten und zu lieben?

Atheismus und Agnostizismus früher und heute

Oft im europäischen Mittelalter und weltweit zu allen Zeiten, in denen bei den großen Religionen fanatische und fundamentalistische Strömungen vorherrschten, wurden Menschen, die nicht glauben konnten oder wollten, verächtlich als »Gottlose« gescholten, nicht selten verfolgt, gefoltert und ermordet. Das aus dem Griechischen stammende Wort Atheist (jemand ohne Gott) wurde anfangs ausschließlich als Schimpfwort gebraucht, auch gegenüber Menschen, die sich selbst durchaus als gläubig verstanden, aber in bestimmten Aspekten abweichende Meinungen vertraten. Selbst die ersten Christen wurden von den Römern als Atheisten angeklagt und hingerichtet.

Dabei wurde – und wird bis heute – oft übersehen, dass die Wurzeln des Zweifels an der Existenz eines Gottes und damit eines Glaubens an ein Himmelreich so alt sind wie die Menschheitsgeschichte selbst. Es ist kein Zufall, dass die Schriften eines der geachtetsten griechischen Philosophen, Aristoteles (384-322 v. Chr.), der als Meister des logischen Denkens galt und unter anderen den jungen Alexander den Großen (356-323 v. Chr.) unterrichtete, Jahrhunderte später durch mehrere päpstliche Erlasse aus einem einzigen Grund verboten wurden: Er verneinte die Unsterblichkeit der Seele.

Neben den Atheisten beziehen sich auch die Agnostiker auf klassische Quellen, auch wenn die Wortschöpfung selbst wesentlich moderner ist und vor allem auf den englischen Biologen und Arzt Thomas Henry Huxley

(1825-1895) zurückgeht, der ein Freund und Unterstützer des Begründers der Evolutionstheorie Charles Darwin (1809-1882) war.

Sein Sohn, der Schriftsteller Aldous Huxley (1894-1963), wurde später weltberühmt durch den Roman »Schöne neue Welt« (Brave New World, 1932), in dem er die totale Kontrolle des modernen Menschen und seine scheinbar freiwillige Unterordnung gegenüber Führern, die als Idole verehrt wurden, aufzeigte. Ein Jahr vor Adolf Hitlers Machtantritt in Deutschland!

Der Vater, Thomas Henry Huxley, begründete die Weltanschauung des Agnostizismus (abgeleitet aus dem Altgriechischen für »Nicht-Wissen« oder das »Nicht-Erkennbare«) damit, dass die menschliche Erkenntniskraft prinzipiell begrenzt sei. Dies schließt auch ein, dass Menschen die Existenz oder Nichtexistenz eines höheren Wesens oder gar eines Gottes nicht klären können. Eine diesbezügliche Bescheidenheit wird als wissenschaftliche Korrektheit anerkannt.

Auf die Frage, ob es Gott oder ein Leben nach dem Tod gibt oder nicht, wird ein Agnostiker antworten: Ich weiß es nicht. Ein Atheist wird antworten: Ich glaube es nicht.

Als eine der ersten Quellen des Agnostizismus wird der chinesische Philosoph Laotse genannt, der etwa im 6. Jahrhundert v. Chr. lebte und als Begründer des Daoismus gilt. Im Westen ist wohl sein Symbolismus von Yin und Yang am bekanntesten, wobei Yin für den Schatten, das Männliche und das Harte, steht und Yang für das Licht, das Weibliche und die Sanftheit. Beide sind unlösbar miteinander verbunden und können erst im Verhältnis zueinander Harmonie entfalten.

Es gibt keine Gottheit, die hier eingreifen kann. Im Konfliktfall »besiegt das weiche Wasser den harten Stein«. Bei Laotse stehen Yin und Yang weder für Gut und Böse noch befinden sie sich in Hierarchie zueinander. Erst im Konfuzianismus wird die Vormachtstellung des Mannes gegenüber der Frau und der Älteren gegenüber den Jüngeren betont.

Der Atheismus wird vor allem seit dem Mittelalter und dem Beginn der Aufklärung von verschiedenen Philosophen und Wissenschaftlern immer wieder neu und aus unterschiedlichen Perspektiven diskutiert: Von Immanuel Kant (1724-1804) über Ludwig Feuerbach (1804-1876) und Karl Marx (1818-1883) bis hin zu Friedrich Nietzsche (1844-1900) und Sigmund Freud (1856-1939). Sie alle gehen der Frage nach, warum der Glaube an Gott und ein Weiterleben nach dem Tod für den Menschen so eine hohe Bedeutung hat.

Immanuel Kant schreibt in seiner »Kritik der reinen Vernunft« (1781-1787), dass alle religiösen Gottesbeweise prinzipiell »Antinomien« seien – unauflösbare Widersprüche. Nach Kant können Menschen Gott nicht »erkennen«, wohl an ihn glauben und auf ihn vertrauen.

Ludwig Feuerbach dreht das biblische Zitat um, wonach Gott den Menschen »nach seinem Bilde schuf« und sagt, dass es vielmehr umgekehrt der »Bedürfnislage des unsicheren Menschen« entspricht, einen Gott nach seinem – dem Menschenbilde – zu schaffen: als Vater, gütig oder strafend, in jedem Fall männlich und mit europäisch-weißen Gesichtszügen.

In seiner Kritik an Feuerbach schreibt Karl Marx, dass nicht eine individuelle Bedürfnislage bestimmend ist, sondern die gesellschaftliche Situation der Menschen. Gottesglauben hat als Unterordnung gegenüber weltlichen Autoritäten eine gesellschaftliche Funktion und vernebelt die Ursachen von Unterdrückung und den Wunsch nach Veränderung von Ungerechtigkeiten – Religion ist »Opium für das Volk«.

Friedrich Nietzsche, der auch als Vertreter des Nihilismus berühmt wurde durch seinen Schlachtruf »Gott ist tot!«, differenzierte in seinem Werk »Ecce Homo – Wie man wird, was man ist« (1888) zwei Jahre vor seinem eigenen Tod den Gottesglauben vor allem als »Denkverbot«:

> Ich kenne den Atheismus durchaus nicht als Ergebnis, noch weniger als Ereignis: er versteht sich bei mir aus Instinkt. Ich bin zu neugierig, zu fragwürdig, zu übermütig, um mir eine faustgrobe Antwort gefallen zu lassen. Gott ist eine faustgrobe Antwort, eine Undelicatesse gegen uns Denker – im Grunde sogar bloß ein faustgrobes Verbot an uns: ihr sollt nicht denken!

Der Arzt und Begründer der Psychoanalyse Sigmund Freud vergleicht die Bedürfnisse eines Kindes nach elterlichem Schutz mit denen religiöser Menschen nach einem väterlichen Gott. Wird das Kind älter, erkennt es, dass auch Eltern nicht immer helfen und beschützen können. So erlernt der Erwachsene allmählich das »Realitätsprinzip«.

Nach aktuellen Meinungsumfragen (nach dem World Factbook 2007) verstehen sich rund 11,8 Prozent der Weltbevölkerung als »nicht religiös«. In Europa liegen die Werte (laut dem Eurobarometer 2005) im Mittel bei etwa 18 Prozent, wobei die Unterschiede in den verschiedenen europäischen Ländern stark variieren: Die Zahl derjenigen, die »weder an Gott noch an eine spirituelle Kraft« glauben, ist in Frankreich mit 33 Prozent am höchsten. In Deutschland liegt sie derzeit bei durchschnittlichen 25 Prozent der Bevölkerung.

Wie unterschiedlich die Werte innerhalb eines Land sein können, wird an den USA deutlich: Während ca. 91 Prozent der US-Amerikaner angeben, »gläubig« zu sein, nehmen dies nur 7 Prozent der Mitglieder der »Amerikanischen Akademie der Wissenschaften« für sich in Anspruch.

Sind Glaube und Vernunft ein Widerspruch? Müssen sie es sein? Die Motive, auf Gott auch angesichts des Todes vertrauen zu können oder nicht, basieren nicht selten auf konkreten biografischen Erfahrungen. Niemals vergessen werde ich, was mir die damals 54-jährige Ruth W. 1989 in Jerusalem als ihren Grund anvertraute, sich vom jüdischen Glauben abzukehren und als Atheistin zu bezeichnen.

Ruth W. (1935-2004): »Wie ich Atheistin wurde« [23]:

Ruth W., geboren 1935 in Süddeutschland, verbrachte ihre Kindheit seit ihrem dritten Lebensjahr in verschiedenen Konzentrationslagern in Osteuropa. Nach Kriegsende kam sie mit einem Kindertransport aus Polen über Frankreich nach Haifa, damals noch Palästina, und lebte seit 1948 am Stadtrand von Jerusalem im gerade gegründeten Israel. Ich hatte sie als meine Nachbarin in einem Neubau-Wohnblock in einem damals noch gemischt arabisch-jüdischen Viertel durch Zufall kennen gelernt. Sie starb dort 2004 im Alter von 69 Jahren.

Lange dachte ich, dass ich in einem Konzentrationslager geboren wurde. Dass die Welt allein so ist: Hunger, Kälte, das Brüllen der Aufseherinnen. Unsere Mütter erschöpft, verängstigt. Ja, ich hatte viele Mütter, alle trugen »gestreifte Pyjamas« mit Nummern darauf. Einige sangen mit uns Kindern. Manchmal gab es etwas Papier und Buntstifte, dann durften wir malen.

Am liebsten hatte ich Mama Rita, eine italienische Jüdin, die schlecht Deutsch sprach, aber die sich meiner angenommen hatte und wie eine Löwin über mich wachte. Immer achtete sie darauf, dass nur ich von ihren mageren Essensportionen abbekam. Nachts wärmte sie mich mit ihrem Körper, wenn alles andere so kalt und feindlich war um uns herum. Einmal sagte sie zu mir: »Ich nicht deine richtige Mama.« Da war ich höchstens acht und fragte: »Warum nicht?« Sie schluckte mehrfach, als suche sie nach einer klugen Antwort, antwortete dann aber nur abrupt: »Darum.« Ich verstand sie nicht. Aber weil es eines der wenigen Male war, dass sie weinte, fragte ich nicht weiter.

Zwei Dinge waren ihr besonders wichtig: Dass ich Deutsch lernte – »das ist Sprache deiner Eltern!« – und dass ich eine fromme Jüdin sein und an G_tt* glauben solle. Oft flüsterte sie mir vorm Einschlafen ins Ohr: »Er ist überall, auch hier. Du sehen, wir leben 120 Jahr!« Woher sie die Idee mit den 120 Jahren hatte, lernte ich erst, als ich erwachsen war: der jüdische Spruch, einander Glück und Wohlergehen zu wünschen für die nächsten 120 Jahre.

Dann dieser furchtbare Marsch von einem Lager in ein anderes, mitten im Winter – die Russen kamen langsam näher. Der war einfach zu viel für sie. Zwei Tage zerrte sie mich hinter sich her durch den Schnee und die Kälte. Sie hatte altes Zeitungspapier zwischen unsere Fetzenkleidung gewickelt, auch um die Füße, aber es half alles kaum. Viele Frauen blieben einfach liegen im Schnee. Auch die Wachleute hatten inzwischen Angst. Sie schrien kaum noch und keine der Liegengebliebenen wurde erschossen.

Wir – Mama Rita und ich und vielleicht noch dreißig oder vierzig andere Frauen und Kinder – erreichten das neue Lager. Sogar etwas Holz für einen alten Kanonenofen in der Baracke gab es. Vielleicht stammte das Holz auch nur von einer anderen Baracke, die abgerissen worden war. Es war tatsächlich herrlich warm an diesem ersten Abend im neuen Lager. Mama Rita war ganz aufgekratzt, hängte alles zum Trocknen auf, strich mir über den kahl rasierten Kopf: »Bella mia, bella mia – va bene!« Sie sprach nur italienisch an diesem Abend. Bella mia – meine Schöne ...

In der Nacht wurde sie ungewöhnlich heiß. Ich dachte erst, dass es nur von der Wärme des Ofens kam. Aber dann begann sie zu schwitzen. Auch ich wurde feucht von ihrem Schweiß. Sie atmete schwer und wollte nicht wach werden, als ich sie vorsichtig schüttelte. Ich betete zu G_tt, wie sie es mir beigebracht hatte. Um sicher zu gehen, betete ich italienisch und deutsch: »Bitte, bitte, Mama ... 120 Jahre ...«. Dann blieb ich einfach neben ihr liegen. Ich war schon neun Jahre alt und dachte: Jetzt bin ich schon groß, jetzt muss ich sie gut festhalten. Irgendwann gegen Morgen muss ich doch eingeschlafen sein.

Als ich aufwachte, war sie kalt. So kalt hatte ich sie noch nie erlebt. Ihr Mund stand leicht offen, aber sie atmete nicht. Ihre Augen waren geschlossen, als ob sie schlief. Ich dachte: Sie schläft, ohne zu atmen, weil sie so erschöpft ist von dem Marsch. Ich dachte, es ist gut, dass sie so tief schläft, denn dann kommt sie wieder zu Kräften. Ich hatte schon so viele andere Frauen, andere Mütter, sterben sehen. Aber nicht meine Mutter, nicht Mama Rita. Sie würde niemals sterben. Wir beide glaubten doch an G_tt, den guten allmächtigen G_tt, der uns auch hier nicht allein lassen würde ...

---

* Obwohl sie sich als Atheistin bezeichnete, bestand Ruth W. darauf, dass der Name Gottes, wie bei frommen Juden üblich, nicht ausgeschrieben, sondern als »G_tt« notiert wird.

Bis heute weiß ich nicht genau, wann ich wirklich begriff, dass Mama Rita tot war, gestorben in meinen dünnen kindlichen Armen in jener Nacht nach dem eisigen Marsch. Meine letzte Erinnerung ist, wie mich andere Frauen von ihr fortzerrten. Um nichts in der Welt wollte ich sie loslassen, alleinlassen. Sie hatte mich auch niemals in den Jahren meiner Kindheit alleingelassen. Ich weiß nicht, was mit ihrem Leichnam geschah. Ich heulte hemmungslos wie ein kleines Kind, obwohl ich doch schon neun, beinah zehn war. Bis mich eine andere Frau schlug und anschrie, dass ich endlich ruhig sein solle – »um G_ttes willen«, schrie sie – in Deutsch und schlug mich, bis ich still war.

An die Wochen danach habe ich kaum noch Erinnerungen. Wie das Lager wenig später von den Russen befreit wurde. Verschiedene Hände, grobe Hände, kalte Hände, warme Hände, reichten mich weiter, zogen mich an, fütterten mich. Die Stimmen, die zu mir sprachen, hörte ich nicht oder wollte sie nicht hören.

Irgendwann wurde es warm, blieb warm. Warm und weiß. Ich war in einem Saal mit weißen Betten und anderen Kindern. Frauen sprachen in einer fremden Sprache mit mir. Im Bett neben mir lag ein Mädchen mit dunklen langen Haaren. Noch nie hatte ich so lange Haare gesehen. Stundenlang betrachtete ich ihre Haare.

Es muss Wochen, vielleicht auch Monate später gewesen sein. Ich ging bereits allein zur Toilette und wurde nicht mehr gefüttert. Ich zog mich selbstständig an, auch wenn es nur eine Unterhose und ein Hemdchen, beides aus grober Baumwolle, und ein einfacher blauer Kittel waren. Die Farbe des Kittels mochte ich. Er war sauber und roch gut. Das meiste, was die weiß gekleideten Frauen zu mir sagten, verstand ich noch immer nicht. Aber doch schon ein paar Worte. »Boker tov!«, riefen sie jeden Morgen, wenn sie die Gardinen zurückzogen und grelles Sonnenlicht schon in aller Frühe hereinfiel.

Die erste Frau, die ich verstand, kam ebenfalls an solch einem frühen Morgen, als ich gerade aufstehen wollte, um zur Toilette zu gehen. Sie war nicht weiß gekleidet, sondern ganz in schwarz. Sie war nicht alt und nicht jung. Eine der weiß gekleideten Frauen führte sie an mein Bett. Da stand sie und schaute mich an. Ich fühlte mich sehr unbehaglich. Sie lächelte nicht. Sie stand wie erstarrt. Ich schaute zu Boden, weil ich ihrem Blick nicht standhalten konnte.

Dann sagte sie leise auf Deutsch: »Ruth, hörst du mich? Ich bin deine Mutter ...«. Da begann sie zu weinen. Die weiß gekleidete Frau stützte sie, weil sie immer mehr weinte. Sie wurde richtig geschüttelt vom Heulen. Mama Rita hatte niemals so geheult. Ich wäre am liebsten weggelaufen, aber ich traute mich nicht. Ich blieb bewegungslos sitzen.

Schließlich kam eine andere weiß gekleidete Frau mit einem kleinen Koffer und gab ihn meiner Mutter. Sie trocknete sich die Tränen, nahm den Koffer und sagte leise zu mir: »Komm, mein Kind, wir gehen ...«. Ich war ihr dankbar, dass sie mich nicht berührte oder gar umarmte. Ich sagte, dass ich erst aufs Klo müsse und mich waschen und anziehen müsse. Und ob sie hier auf meinem Bett warten würde. Ich sprach ebenfalls Deutsch, denn ich wusste nicht, ob sie Italienisch konnte. Meine Mutter nickte und setzte sich mit dem kleinen Koffer aufs Bett.

Als ich fertig war, gingen wir beide aus dem hellen Haus mit den vielen anderen Kindern. Das Mädchen mit den langen Haaren winkte zum Abschied. Ich habe leider ihren Namen vergessen. Die Frau, die sagte, dass sie meine Mutter sei, und ich gingen zu einer Bushaltestelle. Zum ersten Mal in meinem Leben fuhr ich mit einem großen Bus.

Nachdem wir ausgestiegen waren, gingen wir still nebeneinander eine holprige Straße hinauf und blieben schließlich vor einem großen Haus mit vielen Wohnungen stehen. Mutter wohnte im ersten Stock. Es gab dort zwei Zimmer, ein Klo und eine kleine Küche mit einer abgetrennten Dusche. Mutter machte eine Suppe, die wir schweigend aßen.

Später zeigte sie mir das Foto eines Babys und sagte, dass ich das sei. Ich konnte es nicht glauben, weil es so anders aussah als ich. Sie zeigte mir auch das Foto eines jungen Mannes und eines kleinen Jungen. »Dein Vater und dein Bruder.« Sie sprach die Worte ohne jede Emotion. »Wo sind sie jetzt?«, fragte ich. Es war die einzige Frage, die ich an diesem Tag an sie richtete. Mutter antwortete: »Sie sind nicht mehr.« Ich verstand nicht, was sie damit meinte, aber wieder traute ich mich nicht zu fragen.

Am Abend entzündete Mutter zwei Kerzen. »Es ist Sabbat«, sagte sie. Von Mama Rita wusste ich, was dies bedeutete. Sie hatte mir vom Abendfrieden am Sabbat erzählt und dass man da eigentlich zwei Kerzen anzünden müsse, auch wenn wir die im Lager natürlich niemals hatten. Dann sprach Mutter das vertraute Sabbatgebet, das ich auch von Mama Rita kannte.

Aber ich sprach es nicht mit. Das hatte ich nur mit Mama Rita getan. Mir schien es wie Verrat, es mit jemand anderem zu tun. Mutter merkte, dass ich nicht mit ihr betete, aber sie ließ mich gewähren.

Ich betete nur noch ein einziges Mal in meinem Leben. Das war gut zehn Jahre später, kurz nach meinem zwanzigsten Geburtstag. Ich arbeitete inzwischen als Sekretärin in einer kleinen Firma, sprach perfekt Iwrit und hatte gerade meinen ersten Mann kennen gelernt. Es war wenige Wochen, bevor wir heiraten wollten, als Mutter ohne jede Vorwarnung frühmorgens an einem Herzschlag starb, gerade 42 Jahre alt.

Ihre Beerdigung fand noch am gleichen Tag statt. Es waren nur wenige Menschen gekommen, eine Nachbarin und ein Kollege von Mutter. Ich bat den Rabbi, selbst das Kaddisch für Mutter sprechen zu dürfen. Ich wartete seine Genehmigung nicht ab, sondern begann einfach. Ich nannte ihren Namen und dann sagte ich die einzige Zeile, die ich als Kind noch im Lager in Hebräisch gelernt hatte: »Meine Hilfe kommt *vom EWIGEN, dem Schöpfer des Himmels und der Erde. Der Frieden schafft in seinen Höhen, er schaffe Frieden unter uns und über ganz Israel.«*

Als ich es gesagt hatte, begann ich es noch einmal. Jetzt für Mama Rita und ich sagte auch laut: »Für Mama Rita!« Niemand verstand es, aber das machte nichts. Auch sonst hatte ich viele religiöse Gesetze verletzt: Das Kaddisch muss eigentlich vom Sohn gesprochen werden, nicht von der Tochter. Und es müssen mindestens zehn fromme Männer anwesend sein. Nach der Trauerfeier nahm mich der Rabbi beiseite und fragte leise: »Also glaubst du doch?« – »Nein«, antwortete ich ehrlich, »das habe ich für meine beiden Mütter getan.« – »Du hattest zwei Mütter?« Ich nickte und ging ohne ein weiteres Wort zum Ausgang des Friedhofs.

Seit jenem Morgen, an dem Mama Rita starb, glaube ich nicht mehr daran, dass es einen G_tt gibt. Ich bin überzeugte Atheistin. Es kann ihn nicht geben.

<hr />

Bertrand Russell (1872-1970): »Der Welt frei ins Antlitz blicken ...«

Formt eine Überzeugung sich eher aufgrund von Glauben oder Wissen? Sind Lebenserfahrung und rationales Abwägen voneinander unabhängig oder miteinander verwoben?

Als einer der klügsten Denker aller Zeiten, der sich gleichzeitig lebenslang als Humanist und Pazifist engagierte, gilt der englische Mathematiker und Philosoph Bertrand Russell. Die von 1910 bis 1913 veröffentlichten Bände der gemeinsam mit einem Kollegen geschriebenen »Principia Mathematica« gelten bis heute als Grundlagenwerk der modernen Mathematik. Für sein philosophisches Gesamtwerk, in dem er sich gegen überkommene Moral und für weltweiten Frieden aussprach, erhielt er 1950 den Nobelpreis für Literatur.

So sehr sein Werk vor allem gegen Ende seines 97-jährigen Lebens auch mit Auszeichnungen und Preisen belohnt wurde, so sehr wurde er zeitlebens für seine mutig vorgetragenen Ansichten auch angefochten, ja attackiert, entlassen und sogar verhaftet.

Geboren wurde Bertrand Russell 1872 in eine angesehene Adelsfamilie: Sein Großvater war britischer Premierminister und zum Grafen (Earl) ernannt worden. Beide Eltern verstarben früh und ab dem vierten Lebensjahr wurde er von seiner Großmutter aufgezogen, einer christlichen Dame, die gleichzeitig fortschrittliche Ansichten in Bezug auf die Emanzipation der Frau, die Wissenschaften und soziale Gerechtigkeit vertrat. Er beschrieb später seine Kindheit und Jugend als einsam, da er ausschließlich von Privatlehrern auf dem Gut der Großmutter unterrichtet wurde und so auch kaum Kontakt zu Gleichaltrigen hatte.

Dies änderte sich erst, als er mit achtzehn Jahren an der Universität von Cambridge das Studium der Mathematik begann. Während des Studiums verliebte er sich in eine junge Amerikanerin, die Mitglied der pazifistischen Quäker war. Seine Familie war gegen diese Beziehung und vermittelte ihm eine Arbeit an der britischen Botschaft in Paris. Bertrand Russell kehrte jedoch bald aus Frankreich zurück und heiratete die Frau, die er liebte. Er war 22 Jahre alt.

Noch während er als junger Professor an seiner »Principia Mathematica« arbeitete, traf er 1911 in Cambridge den damals erst 22-jährigen, aus Österreich stammenden Philosophen Ludwig Wittgenstein (1889-1951), der ihn nachhaltig als differenzierter Denker beeindruckte und mit dem ihn eine lebenslange Freundschaft verband. Ludwig Wittengenstein erlangte tatsächlich Weltruhm mit seinem 1921 veröffentlichten Buch »Tractatus logico-philosophico«, in dem er versuchte, Philosophie logisch zu betrachten. Seine Homosexualität war unter Kollegen kein Geheimnis, wurde aber erst lange nach seinem Tod öffentlich bekannt.

Bertrand Russell aber nahm kein Blatt vor den Mund und kritisierte bereits 1929 die Doppelmoral der christlichen Gesellschaften in seinem Buch »Marriage and Moral« (deutsch: Ehe und Moral), worin er sich auch für eine tolerante Haltung gegenüber homosexuellen Männern und Frauen einsetzte. Bereits vor Ende des 19. Jahrhunderts hatte er sich öffentlich für das Frauenwahlrecht engagiert. Als er 1940 an der Universität von New York eine Professur zugesagt bekommen hatte, wurde ihm diese kurz darauf wieder entzogen. Ein Gericht bekräftigte die Entscheidung der Universität, da er »die Moral der Studenten gefährde, indem er Ehebruch und die Kriminalität der Homosexualität befürworten« würde.

Noch gravierender waren die Konsequenzen, die er für sein pazifistisches Engagement zu tragen hatte. Als er sich zu Beginn des Ersten Weltkrieges 1914 öffentlich gegen den Krieg und für die Unterstützung von Kriegsdienstgegnern in England und den USA aussprach, wurde ihm seine Professorenstelle in Cambridge gekündigt. Wenig später verurteilte ihn ein Gericht wegen seiner Reden und Aufsätze für den Frieden sogar zu einer sechsmonatigen Gefängnisstrafe, die er trotz des gesellschaftlichen Skandals mit erhobenem Kopf antrat: »Nur so konnte ich meine Selbstachtung wahren ... Im Gefängnis bekam ich Gelegenheit, über Dinge nachzudenken, die weniger schmerzlich waren als die allgemeine Zerstörung.«

Trotzdem blieb Bertrand Russell auch Realist. Immer wieder versuchte er, sich selbst ein Bild von aktuellen gesellschaftlichen und politischen Situationen vor Ort zu machen und besuchte zum Beispiel noch vor der Jahrhundertwende die Anführer der neuen Sozialdemokratie in Deutschland, unter ihnen August Bebel (1840-1913). So sehr er anfangs mit sozialistischen Ideen der Gerechtigkeit für alle Menschen sympathisierte, so sehr wurde er zu einem Gegner des Kommunismus, nachdem er 1920 die im Aufbau befindliche Sowjetunion besucht und dabei auch den führenden Politiker Wladimir Iljitsch Lenin (1870-1924) getroffen hatte.

Kurz nachdem Adolf Hitler 1939 den Zweiten Weltkrieg mit dem Überfall auf Polen begonnen hatte, erklärte Bertrand Russell 1940, dass er im Kampf gegen Nazideutschland seine »pazifistische Einstellung nicht beibehalten« könne. Nach dem Abwurf der ersten Atombomben auf Japan 1945 begann sein Engagement gegen nukleare Bewaffnung, das bis zu seinem Tod andauern sollte. Gemeinsam mit Albert Einstein (1879-1955) verfasste er kurz vor dessen Tod 1955 ein Manifest, in dem sie alle Wissenschaftler in der Welt zur Forschung für den Frieden aufriefen.

Durchgehend blieb in seinem Leben das systematische Durchdenken der Frage nach der Wirkung von Gott und Religion. Obwohl er sich selbst nicht als Atheisten, sondern als Skeptiker bezeichnete, zählt sein 1927 zuerst veröffentlichter Aufsatz »Warum ich kein Christ« bin, zu den »Klassikern«des Atheismus. [24]

Angst als Grundlage der Religion:

Die Religion stützt sich vor allem und hauptsächlich auf die Angst. Teils ist es die Angst vor dem Unbekannten und teils ... der Wunsch zu fühlen, dass man eine Art großen Bruder hat, der einem in allen Schwierigkeiten und Kämpfen beisteht. Angst ist die Grundlage des Ganzen – Angst vor dem Geheimnisvollen, Angst vor Niederlagen, Angst vor dem Tod. Die Angst ist die Mutter der Grausamkeit, und es ist deshalb kein Wunder, dass Grausamkeit und Religion Hand in Hand gehen, weil beide aus der Angst entspringen.

Wir beginnen nun langsam, die Welt zu verstehen und sie zu meistern, mit Hilfe einer Wissenschaft, die sich gewaltsam Schritt für Schritt ihren Weg gegen die christliche Religion, gegen die Kirchen und im Widerspruch zu den überlieferten Geboten erkämpft hat. Die Wissenschaft kann uns helfen, die feige Furcht zu überwinden, in der die Menschheit seit so vielen Generationen lebt. Die Wissenschaft, und ich glaube auch unser eigenes Herz, kann uns lehren, nicht mehr nach einer eingebildeten Hilfe zu suchen und Verbündete im Himmel zu ersinnen, sondern vielmehr hier unten unsere eigenen Anstrengun-

gen darauf zu richten, die Welt zu einem Ort zu machen, der es wert ist, darin zu leben, und nicht zu dem, was die Kirchen in all den Jahrhunderten daraus gemacht haben.

Was wir tun müssen:

Wir wollen auf unsern eigenen Beinen stehen und die Welt offen und ehrlich anblicken – ihre guten und schlechten Seiten, ihre Schönheit und ihre Hässlichkeit; wir wollen die Welt so sehen, wie sie ist, und uns nicht davor fürchten. Wir wollen die Welt mit unserer Intelligenz erobern und uns nicht nur sklavisch von dem Schrecken, der von ihr ausgeht, unterdrücken lassen.
Die ganze Vorstellung von Gott stammt von den alten orientalischen Gewaltherrschaften. Es ist eine Vorstellung, die freier Menschen unwürdig ist. Wenn man hört, wie sich die Menschen in der Kirche erniedrigen und sich als elende Sünder usw. bezeichnen, so erscheint das verächtlich und eines Menschen mit Selbstachtung nicht würdig.

Wir sollten uns erheben und der Welt frei ins Antlitz blicken. Wir sollten aus der Welt das Bestmögliche machen, und wenn sie nicht so gut ist, wie wir wünschen, so wird sie schließlich immer noch besser sein als das, was die andern in all den Zeitaltern aus ihr gemacht haben. Eine gute Welt braucht Wissen, Güte und Mut, sie braucht keine schmerzliche Sehnsucht nach der Vergangenheit, keine Fesselung der freien Intelligenz durch Worte, die vor langer Zeit von unwissenden Männern gesprochen wurden.

Sie braucht einen furchtlosen Ausblick auf die Zukunft und eine freie Intelligenz. Sie braucht Zukunftshoffnung, kein ständiges Zurückblicken auf eine tote Vergangenheit, von der wir überzeugt sind, dass sie von der Zukunft, die unsere Intelligenz schaffen kann, bei Weitem übertroffen wird.

Ein einziges Leben – »... das kann gar nicht kostbarer werden«

Als der junge Schriftsteller Ronald M. Schernikau (1960-1991), Kommunist und offen homosexuell lebend, erfährt, dass er unheilbar an Aids erkrankt ist, zu einer Zeit, als es noch keine Medikamente gab, um die Krankheit von einer tödlichen in eine chronische zu verwandeln, sagt er in einem Radio-Interview, sechs Wochen vor seinem Tod [25]:

»Ich werde sterben. Aber wir alle werden sterben. Vielleicht wache ich morgen früh auf, habe hohes Fieber, komm´ ins Krankenhaus und bin in zwei Wochen tot. Vielleicht wache ich aber auch erst in fünf Jahren auf. Wer kann das sagen?« Rückfrage der Interviewerin: »Und wird das, was an Leben dir jetzt gegeben ist, möglich ist, dadurch kostbarer als Vorheriges?« – »Mein Leben ist kostbar, das kann gar nicht kostbarer werden.« In der Abschrift des Interviews ist hinzugefügt: Er lacht.

Die weltberühmte Sterbeforscherin Elisabeth Kübler-Ross (1926-2004) macht 1969 in ihrem Standardwerk »On Death and Dying« (»Interviews mit Sterbenden«) einen Vergleich von sterbenden Patienten, die sich als religiös verstehen, mit solchen, die sich als nicht-gläubig beschreiben [26]:

> Religiöse Patienten unterscheiden sich nur wenig von jenen ohne Religion. Der Unterschied ist vielleicht auch deshalb schwer festzustellen, da wir nicht genau definiert haben, was wir unter einer »religiösen Person« verstehen. Trotzdem können wir sagen, dass wir prinzipiell auf nur wenig wahrhaft gläubige Patienten trafen. Die wenigen, denen ihr Glauben eine echte Hilfe [im Angesicht des Todes] war, sind am ehesten zu vergleichen mit jenen wenigen Patienten, die sich als wahrhafte Atheisten verstanden. Die Mehrzahl der Patienten war irgendwo dazwischen, mit einer gewissen Art Glauben, der aber nicht ausreichte, um sie von inneren Konflikten und tiefer Angst zu befreien.

Vor der Zeit?
Jung sterben

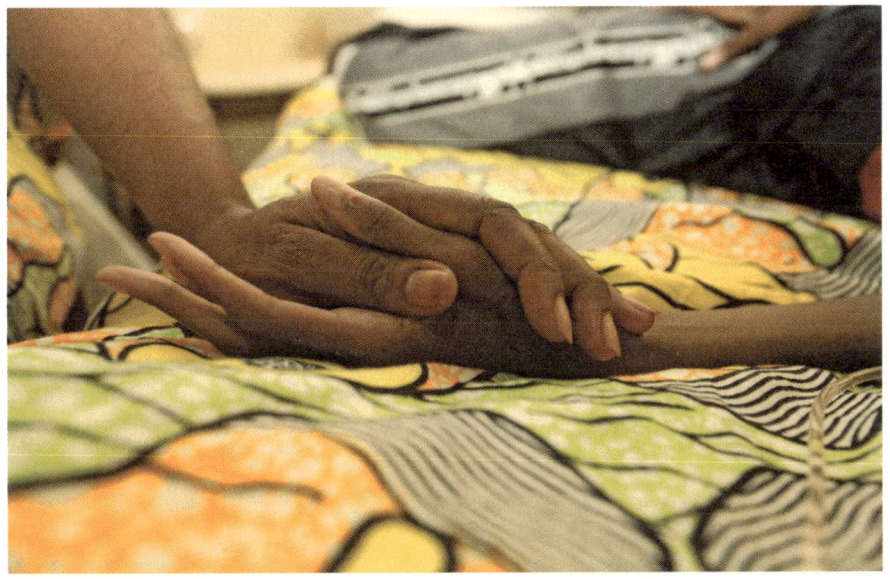

Abschied von einem jungen Menschen. Allein in Südafrika sterben pro Tag etwa 500 Kinder, weil die Versorgung mit aidshemmenden Medikamenten unzureichend ist.

Trauer und Sterben bei Kindern

Das Sterben eines Kindes. Bevor das Leben richtig begonnen hat. Bei der Geburt, als Baby, als Kleinkind, als Mädchen oder Junge mit Geschwistern oder Freundinnen und Freunden in der Schule, als Jugendlicher oder junger Erwachsener. Jung sterben – für jede Mutter, jeden Vater das Schlimmste, was geschehen kann.

Wie können Eltern nach dem Verlust eines Kindes weiterleben? Wie kann man stark bleiben für mögliche andere Kinder, den Partner ... und für sich selbst? In Industrienationen wird geschätzt [27], dass etwa 80 Prozent aller Eltern den Tod eines Kindes auf Dauer nicht gemeinsam verarbeiten können, sondern dass sie sich irgendwann trennen. Für arme Länder gibt es keine derartigen Statistiken.

Es gibt unheilbare Krankheiten, Unfälle und Gewaltverbrechen, die Kinder in wirtschaftlich stabilen Ländern treffen können. Und es gibt die vielen tausend Kinder, die jeden Tag nur deshalb sterben, weil sie arm geboren wurden – in unhygienischen Verhältnissen, an Hunger leidend und ohne Chance auf die einfachste medizinische Versorgung bei Krankheiten, die längst heilbar sind. Rund vierzigtausend Kinder. Jeden Tag.

Die einschlägige Literatur zur Begleitung eines sterbenden oder trauernden Kindes ist eindeutig [28]: Ehrlichkeit ist wichtig. Das Beantworten aller Fragen ohne Scheu, denn jedes Kind fragt nur, wozu es bereit ist, auch die Antwort zu erhalten, so schwer oder schmerzlich sie auch sein mag. Verleugnen oder gar gut gemeintes Lügen wird das Vertrauen eines Kindes in den Erwachsenen auf Dauer beschädigen.

Für die Trauerarbeit der Eltern eines verstorbenen Kindes, aber auch bei einem Kind, das einen Elternteil oder einen Bruder bzw. eine Schwester verloren hat, ist wichtig, dass viel, uneingeschränkt viel Zeit gegeben wird. Zeit zum Stillsein, Zeit für die Verzweiflung, aber auch Zeit für Wut über das Verlassensein und den Verlust. Und irgendwann hoffentlich auch Zeit für das vorsichtige Zulassen von Trost und für die Erinnerung an gute gemeinsame Erlebnisse.

Die fünf Phasen der psychischen Verarbeitung des Sterbeprozesses, wie sie von Elisabeth Kübler-Ross entwickelt wurden und heute international anerkannt sind, treten nicht immer nacheinander, sondern zuweilen auch in anderer Reihenfolge oder einander abwechselnd auf. Was sie in ihrer ärztlichen Arbeit mit sterbenden Patienten erlebt hat, gilt in ähnlicher Weise für die meisten Formen von Trauerarbeit:

- *Nicht-wahr-haben-Wollen*: Die erste Information über den drohenden Tod ist so schrecklich, dass die Wahrheit nicht akzeptiert werden kann und zum Beispiel nach Irrtümern des Arztes gesucht wird.
- *Zorn*: Wenn die Wahrheit als unausweichlich erfahren wird, kommt es oft zuerst zu Gefühlen des Unrechts (»Warum gerade ich?«) oder auch des Neides auf andere, die nicht betroffen sind.
- *Verhandeln*: Es wird versucht, das Unausweichliche »weniger schlimm« zu machen und jeden Hoffnungsstrahl zu packen wie zum Beispiel die Entwicklung neuer Medikamente.
- *Depression*: Die Wirklichkeit ist angekommen, aber sie kann noch nicht angenommen werden. Man fühlt nur noch Verzweiflung und keinerlei Hoffnung mehr. Alles ist dunkel und schmerzt.
- *Akzeptanz*: Wenn man auf dem tiefsten Grund angekommen ist, kann man nicht mehr tiefer sinken. Gleichwohl ist zum ersten Mal wieder Boden unter den Füßen spürbar. Langsam kann die Realität angenommen werden und nicht nur negative, sondern auch positive Momente der eigenen Geschichte.

In Deutschland sterben pro Jahr etwa 1600 Kinder an unheilbaren Krankheiten [29]. Beinahe fünf Kinder jeden Tag. Jedes einzelne Schicksal so schwer, so voller Leid.

In Südafrika, einem Land mit rund halb so viel Einwohnern wie Deutschland, sind es etwa 250.000 Kinder pro Jahr, davon allein 176.000 an den Folgen von Aids. Fünfhundert Kinder pro Tag.

Die Folgen von Aids für Kinder und ihre Eltern in Südafrika

Keines dieser 500 Kinder müsste noch an den Folgen von Aids sterben. Nicht ein einziges. Und auch nicht die oft so jungen Eltern, die ihre Kinder nach dem eigenen Tod im besten Fall bei den Großeltern zurücklassen. Oft genug aber haben diese Kinder keine andere Wahl, als sich allein durchzuschlagen – als kleine Bettler oder Prostituierte in den großen Städten. Oder in Dörfern in so genannten »kindgeführten Haushalten«, wo die oder der Älteste häufig gerade dreizehn oder vierzehn Jahre alt ist. Knapp anderthalb Millionen Kinder leben heute in Südafrika, die ihre Eltern durch Aids verloren haben. Viele von ihnen sind selbst HIV-positiv.

Aids ist auch in den wohlhabenden Ländern noch immer eine ernste Krankheit. Aber bei guter Ernährung und sorgfältiger Einnahme der ARV-Medikamente kann sie in der Regel von einer tödlichen Krankheit in eine chronische verwandelt werden. In Südafrika haben nur knapp 30 Prozent aller Erwachsenen und nur knapp 20 Prozent aller Kinder Zugang zu dieser Medizin. Die anderen 70 und 80 Prozent sterben, weil sie arm sind – und arm gehalten werden.

Dabei ist Südafrika das Land auf dem afrikanischen Kontinent, das südlich der Sahara zu den wirtschaftlich reichsten gehört. Es gibt dort medizinische »Erste-Welt-Versorgung« für wenige Wohlhabende und Hunger, Not und Krankheiten für Millionen andere, oft dicht nebeneinander, manchmal nur durch ein paar Straßen und hohe Sicherheitsmauern getrennt. Es ist das Land der Fußball-Weltmeisterschaft 2010 und es ist das Land, in dem nach wie vor weltweit und relativ zur Bevölkerungszahl die meisten Kinder und jungen Eltern an den Folgen von Aids sterben.

Etwa 70 Prozent aller Todesfälle der Altersgruppe der 15-49-Jährigen geschehen heute in Südafrika als Folge von Aids. Und jeden Tag infizieren sich rund 2000 überwiegend junge Leute neu mit dem HI-Virus. Wird dieser Kreislauf von Diskriminierung der Infizierten und Verleugnung des Ausmaßes der Krankheit nicht durchbrochen, wird gut die Hälfte der heute 15-jährigen Jugendlichen nicht als alte Menschen eines natürlichen Todes sterben. Die allgemeine Lebenserwartung liegt bereits jetzt bei 54 Jahren, so alt wie ich heute bin beim Schreiben dieser Zeilen.

Ich kam vor dreizehn Jahren das erste Mal ins südliche Afrika, zuerst nach Namibia. In Südafrika begegnete ich Erzbischof Desmond Tutu (*1931), der damals die Anhörungen der Wahrheitskommission leitete, die die schwere Aufgabe hatte, die Verbrechen der Apartheid aufzuarbeiten. Eingeführt hatte mich die frühere Vizepräsidentin der Frauenorganisation Black Sash, Karin Chubb (*1943), die meine Lesungen im Land mit vorbereitet hatte. Karin und ich fassten den Entschluss, die Aussagen von Kindern und Jugendlichen zu dokumentieren, die berichteten, wie sie selbst oder ihre Eltern von den Sicherheitskräften der weißen Minderheitsregierung bis 1994 verfolgt oder gefoltert wurden. Einige hatten auch die Ermordung der eigenen Eltern miterlebt. Aber auch Aussagen von weißen Kindern und Erwachsenen wurden aufgenommen, die unschuldig Opfer von Anschlägen geworden waren. Und schließlich gab es ein Gesetz, nachdem Täter Amnestie beantragen konnten, wenn sie zur Aufklärung von Verbrechen beitragen würden.

Die Einnahmen aus dieser Arbeit und den Veröffentlichungen [30] wollten wir in ein Projekt geben, das zur Heilung des Landes von den Wunden der Vergangenheit beitragen würde.

Vor knapp einem Jahrzehnt, Anfang 2001, haben wir HOKISA in Kapstadt gegründet – eine kleine Organisation mit dem Ziel, ein Modellprojekt zur Versorgung von Kindern und Jugendlichen in Armensiedlungen, den so genannten Townships, zu schaffen. Keine institutionalisierten Heime, sondern kleine familienähnliche Einrichtungen mit medizinischer Basisversorgung, getragen von der lokalen Bevölkerung. HOKISA ist kein afrikanisches Wort. Es steht für die englische Abkürzung von Homes for Kids in South Africa (deutsch: ein Zuhause für Kinder in Südafrika) [31].

Zur Eröffnung des ersten HOKISA-Hauses im Township Masiphumelele bei Kapstadt kam am Welt-Aidstag 2002 Erzbischof und Friedensnobelpreisträger Desmond Tutu. Als er in seiner Predigt davon sprach, dass Jesus sich heute vor die Aidskranken stellen würde und sich nicht scheuen würde, öffentlich zu sagen, wenn er HIV-positiv wäre, berichteten mehrere Tageszeitungen am folgenden Tag aufgebracht: »Tutu sagt: Jesus hat Aids!«

Die Erzieherinnen und Erzieher der Kinder bei HOKISA kommen selbst aus dem Township. Sie sind die besten Botschafter, wenn es darum geht zu zeigen, dass es auch anders sein kann – ohne Diskriminierung, Angst und Verschweigen. Dass keine Kinder mehr an Aids sterben müssen. Oder wie Mütter und Väter sich und ihre Kinder vor HIV-Infektionen schützen können. Und wie alle gemeinsam die Verantwortung für jene tragen können, die nicht rechtzeitig Medikamente erhalten haben, die bereits schwer krank sind – und sterben werden.

⁓

Die Notwendigkeit, Zeit zu haben und zu geben. Den Kindern die Wahrheit zu sagen und einen positiven Abschied von den sterbenden Eltern zu ermöglichen. Kindgemäße Trauerrituale zu entwickeln. Neue Ideen von Fürsorge und Familie durchzusetzen, selbst wenn die jungen Mütter oft von den eigenen Partnern, ja Ehemännern verstoßen oder gar misshandelt werden, sobald herauskommt, dass sie HIV-positiv sind. Angesteckt genau von jenen Männern, die sich weigern, sich testen zu lassen, bevor sie selbst sterbenskrank sind. Die Aids als ein »Frauenproblem« abtun.

Das ist die eine Seite: Die des Zorns, der Ohnmacht, der Verlassenheit. Demgegenüber steht die ungleich stärkere Seite des Lebenswillens der Kinder und Jugendlichen, der Freude am Spielen, am Tanzen, am Singen, wie alle anderen jungen Leute auf dieser Welt auch. Die nächste Geburtstagsfeier, der beste Freund oder die beste Freundin, das gewonnene Fußballspiel. Ihre Ideen, einander in der Trauerarbeit zur Seite zu stehen, ohne jemals von den fünf Phasen des Trauerns gehört zu haben.

Ayanda ist so ein Junge. Gerade zehn Jahre war er, als er zu uns kam. Der folgende Bericht widerspricht vielem, was wir über die nötigen Bedingungen für Trauerarbeit wissen: Eine junge verstoßene Mutter, gerade 29 Jahre alt, die in ihrer Verzweiflung und Wut keinen Trost für ihren ältesten Sohn hat. Ein Junge, selbst noch ein Kind, der trotz allem Schmerz und aller Erstarrung nicht aufhört, an seine kleine Schwester, noch ein Baby, zu denken. Andere Kinder, die ihre Erfahrungen des Umgangs mit Tod und Sterben freundschaftlich teilen. Die Ayanda nicht ausstoßen, sondern aufnehmen, einfach so.

⸺⸺⸺ ∞ ⸺⸺⸺

Ayanda (*1995) – ein Junge in Südafrika [32]

Es ist ein kalter Winterabend. Winter am Westkap Südafrikas bedeutet Sturm und Regen, oft tagelang, bis alles überschwemmt ist, zumindest in den Armensiedlungen. »Kap der Stürme« nannten die ersten portugiesischen Seefahrer die Südspitze des Kontinents lange bevor die Niederländer, in ihrem Wunsch, Siedler anzulocken, es lieber in »Kap der guten Hoffnung« umtauften.

So ein Abend ist es. Ein paar Strommasten sind umgeknickt, selbst die Straßenlampen auf der Hauptstraße haben ihren Dienst aufgegeben. Teile von Wellblech und schwerem Karton wehen davon, als wäre es Papier. Nach draußen geht nur, wer absolut muss.

Der Anruf aus dem Kreiskrankenhaus kommt mitten in der Nacht: »Frau Z. liegt im Sterben. Sie möchte ihren Jungen noch mal sehen ... können Sie kommen?«

Ayanda ist erst ein paar Tage bei uns im Kinderhaus. Er ist noch fremd, ein schüchterner ruhiger Junge, der noch keine Freunde gefunden hat. Gleichwohl respektieren die anderen seine Verschlossenheit. »Ayandas Mama geht es schlecht«, sagt die kleine Yolisa, die mit ihren elf Jahren nur ein Jahr älter ist als er. Die anderen wissen, was das bedeuten kann. Einige haben es selbst miterlebt. Wenn die eigene Mutter stirbt, der Vater nicht mehr zurückkommt. So viel Schmerz, so viel, dass man wie betäubt ist.

Ayanda schläft noch nicht. »Wir fahren ins Krankenhaus, magst du mitkommen?«, fragt eine Erzieherin. Ayanda schüttelt den Kopf. Er muss das selbst entscheiden. Wir brechen ohne ihn auf. Wegen des Unwetters können wir nur langsam fahren. Als wir endlich ankommen, liegt Frau Z. in tiefem Schlaf. »Tut mir leid«, sagt die Nachtschwester, »wir mussten ihr mehr Schmerzmittel geben.«

Zwei Tage bleibt Frau Z. unansprechbar. Sie hat selbst bei der Krankenhaus-Sozialarbeiterin darauf gedrungen, dass der Junge bei uns aufgenommen wird. Es soll noch ein kleines Mädchen geben, noch kein Jahr alt. Ayandas kleine Schwester. Niemand weiss, wo sie ist. Am dritten Tag ist ein Krankenpfleger am Telefon: »Können Sie noch mal kommen? Es geht auch um ein paar Papiere, die unterschrieben werden müssen.«

Dieses Mal kommt der kleine Ayanda mit. Von sich aus hat er den Entschluss gefasst, er hat beide Hände zu Fäusten in den Taschen seiner Windjacke geballt. Während der Fahrt schaut er starr aus dem Autofenster, sagt kein Wort.

Dieses Mal ist die Mutter wach, aber in schlechter Stimmung. Sie streitet mit einer Schwester, als wir eintreffen. »Ich will nach Hause!«, ruft sie mit heiserer Stimme. Es ist deutlich, dass sie hohes Fieber hat. »Das ist doch kein Knast hier, ich will raus ...«. Sie ist so viel jünger, als ich sie in Erinnerung habe: Sie war eine der vielen Patientinnen, die in der Tagesklinik schon immer ab sieben Uhr morgens anstanden.

Dann sieht sie ihren Jungen im Türrahmen. Ihre Gesichtszüge schwanken zwischen Schmerz und Wut. Schließlich dreht sie ihren Kopf zur Seite. Als unsere Erzieherin sich zu ihr hinunterbeugt, ruft sie plötzlich lauter als nötig: »Ayanda ist ein ungezogener Junge ... er stiehlt und macht, was er will ...«. Jeder hört ihre Worte, auch Ayanda. Mehr sagt sie nicht. Aus dem Zimmer, das Ayandas Mutter mit neun anderen Patientinnen teilt, winkt uns die Schwester zu, dass wir besser gehen sollen.

Am nächsten Tag, ganz früh, ist Frau Z. tot. Als wir es Ayanda nach der Schule mitteilen, zeigt er lange keine Regung. Ein anderer Junge bleibt bei ihm im Zimmer. Nur so, damit er nicht allein ist.

Am Abend vor dem Einschlafen sagt er: »Ich habe noch eine Baby-Schwester. Sie wurde von einer Verwandten mitgenommen, als Mutter zusammenbrach. Die wollte sie aber nicht behalten. Bitte – können wir Portia suchen?«

»Hast du eine Idee, wie wir sie finden können?«

»Ja«, sagt Ayanda, »sie sieht mir sehr ähnlich. Aber sie ist noch ein Baby, ganz klein noch ...«.

Die Beerdigung von Ayandas Mutter findet auf einem Armen-Friedhof am Samstag statt. Es gibt keine Verwandten, nur uns, Ayanda und einen Pastor, der manchmal aushilft. Wo Ayandas Vater ist, weiß niemand. Die Krankenschwester hatte einmal erwähnt, dass Ayandas Mutter sich geweigert hätte, seinen Namen anzugeben: »Sie wollte nichts mehr von ihm wissen, nachdem er sie aus dem Haus gejagt hatte.«

In den kommenden Wochen rufen wir bei allen Kinderheimen in Kapstadt und der Umgebung an, ob dort vor Kurzem ein kleines Mädchen, höchstens ein paar Monate alt, mit dem Namen Portia abgegeben worden sei. Meist sind die richtigen Namen bei Findelkindern nicht bekannt. Mehrfach machen wir uns auf den Weg, aber jedes Mal sagt Ayanda ohne Zögern: »Das ist sie nicht!«

Nach zwei Monaten fahren wir wieder einmal los, ohne viel Hoffnung. Als sich Ayanda in dem großen, von Nonnen geführten Haus über ein Bettchen beugt, ruft er aufgeregt: »Portia ... sie ist es ! Siehst du, sie sieht genauso aus wie ich!« Es ist das erste Mal, dass ich ihn lächeln sehe, seit er zu uns gekommen ist. Eine freundliche Sozialarbeiterin, die uns kennt, klärt alle Formalitäten noch am gleichen Tag.

Ayanda bleibt ein ernster Junge, aber er lässt jetzt ab und zu erkennen, was er mag und was ihm wichtig ist. Er liebt Kwaito-Musik und er kann gut tanzen, aber am wichtigsten ist ihm seine kleine Schwester. Portia ist ein unbeschwertes Mädchen, die viel lacht und eine Freundin findet, als sie noch kaum laufen kann. Ihr Frohsinn ist Medizin für Ayanda.

Beide Kinder sind HIV-negativ. Ihre Mutter war noch nicht HIV-infiziert, als Ayanda geboren wurde – und bei Portia hatte sie rechtzeitig ARV-Medikamente bekommen.

Heute ist Ayanda vierzehn und Portia geht das erste Jahr in den Kindergarten. Niemals hat Ayanda gestohlen. Von allen Kindern bei uns spielt er am besten auf der Heimorgel, ohne je Unterricht gehabt zu haben. Nicht nach Noten, er spielt frei improvisierten Jazz, fantastische Harmonien.

Vor zwei Wochen haben Betrunkene auf dem Armen-Friedhof mehrere Holzkreuze umgetreten. Dabei ist auch das von Ayandas Mutter zerbrochen. Ich nehme es mit nach Hause und frage ihn, ob er mithelfen will, es zu reparieren. Er nickt. Wir leimen es, streichen es an und lassen ein neues Namensschild mit Geburts- und Sterbedatum machen. Als es fertig ist, fahren wir mit einigen anderen Kindern zum Friedhof, um es neu einzusetzen. »Portio soll auch mit!«, sagt Ayanda. Sie kommt immer gern mit ihrem großen Bruder mit, egal wohin.

Als wir das Kreuz mit schweren Steinen gut in den Boden gesetzt haben, sagt Ayanda: »Ich bete.« Dann betet er laut in Xhosa. Zum ersten Mal. Er hält Portia dabei fest an der Hand. Die anderen Kinder haben die Hände gefaltet und die Augen fest geschlossen.

⌘

Drei Jahre bevor ich Karin Chubb, die spätere Mitgründerin von HOKISA, im Mai 1997 in Kapstadt kennen lernte, hatte sie selbst ein Kind verloren, ihre einzige Tochter. Nicht durch Aids, sondern durch einen schweren Verkehrsunfall, bei dem sie nebeneinander im Auto saßen. Kathy* war zu dem Zeitpunkt kein Kind mehr, sondern eine junge Frau, gerade ein Jahr verheiratet und am Anfang ihrer ärztlichen Karriere.

Die Mutter, Karin Chubb, ist heute pensionierte Universitätsdozentin. Geboren wurde sie 1943 in Namibia als Kind deutsch-jüdischer Einwanderer. 2009 erinnert sie sich an den schrecklichsten Tag ihres Lebens – und berichtet, wie Kathy weiter ihren Platz im Leben der Familie hat. Auch viele Jahre nach ihrem Tod.

»Kathy war so beliebt als jüngste Ärztin im Township-Krankenhaus!«

15. April 1994. Wiedersehen mit meiner Tochter Kathy am Flughafen der namibischen Hauptstadt Windhoek.

Strahlende Augen, Lachen, denn sie sah mich wieder mal zuerst, obwohl sie nach vielen Stunden Nachtdienst als junge Assistenzärztin sofort zum Flughafen gefahren war, um mich abzuholen. Seit einigen Monaten arbeitete sie hier im Krankenhaus des größten Townships Katutura, mit dreiundzwanzig die Jüngste im Ärzteteam.

Beide freuten wir uns auf ein paar Ferientage und auch darauf, dass sie mir stolz ihre erste Wohnung im Ärztehaus zeigen konnte, in der sie und ihr junger Ehemann Peter vor drei Wochen ihren ersten Hochzeitstag gefeiert hatten. Ich war davor in München zu einer Fortbildung gewesen und hatte meinen Heimflug nach Kapstadt so gelegt, dass ich ein paar Tage auf Zwischenstation in Windhoek sein konnte.

»Ich hab eine tolle Überraschung für dich!«, sprudelte sie am Steuer ihres geliebten knallroten Autos los. »Du wolltest doch so gern den neuen Wildpark am Waterberg sehen – ich habe eine Hütte für uns gebucht, heute Nachmittag fahren wir los, wenn Peter aus der Schule kommt ... was sagst du dazu?«

Antworten konnte ich nicht mehr. Frontalzusammenstoß auf offener Straße.

Keiner der anderen Beteiligten war ernsthaft verletzt, auch ich hatte nur Prellungen. Kathy starb 26 Stunden später an schweren Kopfverletzungen, ohne das Bewusstsein wiederzuerlangen.

Sie starb in dem Krankenhaus, wo sie vor fast vierundzwanzig Jahren geboren wurde. Mein Mann flog noch am gleichen Tag von Kapstadt zu uns. Wir beide und ihr verzwei-

---

* Dr. Katherine Chubb, 28. Mai 1970 - 16. April 1994.

felter junger Ehemann Peter verbrachten die ihr noch verbleibende Zeit auf der Intensivstation, streichelten Kathy und sprachen leise zu ihr. Stundenlang. Bis man alle Apparate abschaltete, ihr das Laken über den Kopf zog und ihr Körper uns genommen wurde.

Ich frage mich heute manchmal: Was geschah dann mit ihr? Warum musste ich sie Fremden überlassen? Warum konnte ich nicht mehr für sie tun, sie auch dann noch liebevoll versorgen, als ihr Herz zu schlagen aufgehört hatte?

Vor ihrem Sarg verabschiedeten wir uns in der kleinen anglikanischen Kirche in Windhoek. Dort war sie, drei Monate alt, von Bischof Colin Winter*, der zu unserem Bekanntenkreis gehörte, getauft worden. Es schmerzte uns alle, als Bischof Winter damals nur wenig später wegen seines Einsatzes für streikende schwarze Wanderarbeiter ausgewiesen wurde.

Befreiung war ein großes Thema in unserem Haushalt in Kapstadt. Während Kathys Schul- und Studienzeit gingen Aktivisten bei uns ein und aus, das Telefon läutete andauernd, Abende und Wochenenden gehörten oft nicht der Familie, sondern meiner Mitarbeit im Black Sash, einer Organisation weißer Frauen in Südafrika, die sich gegen Apartheid und für Menschenrechte engagierte, so auch für die Freilassung von Nelson Mandela und anderen politischen Gefangenen.

Ich sehe noch die alte Mama Zihlangu, ANC-Führerin im Untergrund, die sich bei uns sicher genug fühlte, um andere Aktivisten zu treffen, auf Kathy einreden: »Du musst eine gute Ärztin werden, für uns alle! Wir brauchen dich!« Sie war alt und krank zu der Zeit und öfter Patientin im Groote Schuur Krankenhaus, wo Kathy ihre medizinische Ausbildung machte. Wie sie strahlte, wenn sie »ihre« Kathy im weißen Kittel im Krankensaal auf sich zukommen sah!

Unser Haus nahe der Kapstädter Uni, mit vollem Kühlschrank und meistens abwesender Hausfrau, war der ideale Treffpunkt für Mitstudenten von Kathy und ihrem jüngeren Bruder Anthony. Oft kam ich von der Uni nach Hause in eine voll besetzte Küche, wo entweder lebhafte Diskussionen und Lachen oder angestrengte Konzentration vorherrschten. Kaffee gab's immer. Essen auch.

Bei der späteren Trauerfeier in Kapstadt amtierte ein Freund der Familie, der Kathy und Peter auch getraut hatte. Danach kam ihre beste Freundin Hilary mit zu uns nach Hause, wie sie es schon so oft getan hatte, als Mitschülerin und Mitstudentin, auch als Brautjungfer bei der Hochzeit vor 13 Monaten. Ich deckte wie gewohnt den

---

* Colin Winter, seit 1968 anglikanischer Bischof der Diözese Damaraland, heute Namibia, der sich bald gegen die rassistische Besatzungspolitik Südafrikas engagierte und als »Kommunist« 1972 ausgewiesen wurde. Er starb neun Jahre später in London mit nur 53 Jahren an einem Herzinfarkt.

Abendbrottisch und bat alle, sich zu setzen. Betretenes Schweigen trat ein, bis Anthony leise ein Gedeck abräumte und wieder in den Schrank stellte.

Kathy starb kurz vor den ersten demokratischen Wahlen in Südafrika. Diesen war eine jahrelange Vorbereitung vorausgegangen, wobei auch der Black Sash eine wichtige Rolle spielte. Kathy hat Nelson Mandelas erste Ansprache am 11. Februar 1990 mit uns angehört, vor der City Hall in einer bunten Menschenmenge in Kapstadt. Die Explosion der Freude, als Nelson Mandela am 10. Mai 1994 erster demokratisch gewählter Präsident Südafrikas wurde, hat sie nicht mehr erlebt.

Eine Zeile aus einem Gedicht von Nelly Sachs (1891-1970) geht mir oft durch den Sinn:

> *Immer*
> *dort wo Kinder sterben*
> *werden Stein und Stern*
> *und so viele Träume heimatlos.*

Kathy erfüllte sich ihren Lebenstraum, Ärztin zu werden. Dass sie schon als Kind aus Spaß feine Scherenschnitte oder Stickereien machte und in der Schule Urkunden in Kunstschrift anfertigte – das alles brachte ich erst sehr spät mit ihrem chirurgischen Geschick in Verbindung. Als Eltern lernen wir, dass wir Entwicklungen zwar begleiten und beobachten dürfen, sie aber weder steuern können noch oft verstehen, wohin sie wirklich zielen.

Vielleicht war es ihre intensive Lebensfreude und Lebensbejahung, die sie am meisten dazu befähigte, Ärztin zu werden. Als Studentin sprach sie manchmal von Mitstudenten, die »bloß paukten, um die Professoren zu beeindrucken«, sich aber um die Gespräche mit Patienten eher drückten.

In Windhoek war sie bei den Krankenschwestern beliebt, weil sie in ihren tiefen Kitteltaschen immer irgendwelche Süßigkeiten dabeihatte, die sie einer Schwester zusteckte, die etwas besonders gut gemacht hatte, oder die vielleicht nur sehr müde aussah. Hinter dem Rücken des Chefarztes natürlich! Obwohl der Gottesdienst in Windhoek nirgends bekannt gemacht wurde, drängten sich hinten in der Kirche einige ärmlich gekleidete, barfüßige Menschen. Sie erzählten bescheiden, dass »Dr. Kathy« ihnen in Katutura geholfen habe, und sie doch kommen mussten, um sich von ihr zu verabschieden. Auch die Schwestern hatten einen kleinen Chor gebildet, um für Kathy zu singen.

So viele Erinnerungen als wir, zwei oder drei Tage nach ihrem Tod, über ein angemessenes Gedenken sprachen. Uns waren zwei Dinge klar: Kathy gehört nicht in ein Grab, nicht auf den entsetzlich verwahrlosten, dreckigen Friedhof in Kapstadt, der an ein

Industriegebiet grenzt und den niemand je aufsuchen will. Zweitens war uns klar, dass wir ein lebendiges Gedenken einrichten würden, um ihre Ideale weiterzutragen.

Als Familie kamen wir überein, an der Universität Kapstadt einen Preis in ihrem Namen zu begründen, dessen Verleihung jedes Jahr eng an ihre Werte und ihr Dasein in der von ihr so geliebten Fakultät erinnerte. Kriterien waren: bewiesenes Interesse an Kinderheilkunde und Chirurgie und Hingabe an die Medizin allgemein. Die besten Noten waren nicht ausschlaggebend, wohl aber das Urteil der Kommilitonen, die mit den Professoren gleiche Mitsprache haben bei der Entscheidung. Der Preis sollte, bei sonst gleichen Voraussetzungen, an eine Frau gehen. Dies hat sich bewährt. Mein Mann und ich sind jedes Jahr bei der Preisverleihung der medizinischen Fakultät dabei, und wir durften den Preis bis jetzt vierzehn jungen Frauen überreichen, von denen jede einzelne uns für die Zukunft Mut macht.

Kathys Asche haben wir mit einem einheimischen Yellowwood-Baum in die Erde gegeben an den Hängen des Tafelberges. Nur nahe Freunde wissen um den Baum, der durch nichts gekennzeichnet ist. In den ersten Jahren haben wir uns an Kathys Todestag dort mit ihren und unseren Freunden getroffen und Wein getrunken, von Kathy erzählt, Wärme geteilt. Auch jetzt geht Peter mit seiner uns lieben zweiten Frau und den beiden kleinen Töchtern manchmal noch zu Kathys Baum. Dort können die Kinder herumtoben, oder man kann in seinem Schatten liegen und ein Buch lesen, Vögel beobachten, träumen ...

Noch ehe wir von Windhoek nach Kapstadt zurückkehrten, hatte Peter, der sonst ohne Familie in Südafrika war, beschlossen, ein Stipendium für die USA nicht zu nutzen, sondern mich gefragt: »Kann ich nach Hause kommen, zu euch?« Wir überlebten gemeinsam als Familie – aber dabei auch jeder allein. Trauer ist vor allem einsam.

Mein Mann und ich hielten uns weiter an den Händen, und ließen doch unsere Verzweiflung, unsere Wut, unsere Zerrissenheit auch aneinander aus. Das haben wir, bis jetzt, gemeinsam überstanden – die Bande sind nicht zerbrochen, bisher haben sie jeder Belastung standgehalten. Dass viele Ehen auseinandergehen in dieser Zerreißprobe, kann ich jetzt verstehen. Der Tod eines Kindes kann alles Bindende zerstören. Nicht einmal die Sprache hat ein Wort für das Unsägliche. Wenn der Mann stirbt, ist man Witwe – ein Kind ohne Eltern ist ein Waisenkind. Eine Mutter oder ein Vater, die ein Kind verloren haben, sind ein wortloser Widerspruch.

Sechs Jahre nach Kathys Tod schloss ihr Bruder Anthony seine Doktorarbeit ab. Auf der ersten Seite der Arbeit hatte er eine Widmung drucken lassen:

Für meine Schwester Kathy

Unsere gemeinsame Zukunft
voll schöner Erinnerungen,
die wir nie haben werden,
werde ich nie vergessen.

Jung sterben – als Kinder oder als Eltern. Den Tod erleben – des eigenen Kindes oder von Vater oder Mutter, Schwester oder Bruder. Der Umgang mit solch schweren Erfahrungen kann einen den Rest des Lebens belasten, aber auch, wie im Falle von Kathys Familie, ein Weiterleben ermöglichen, wo die oder der Verstorbene in allen Erinnerungen lebendig bleibt, auch und gerade in den Erinnerungen an frohe und gute gemeinsame Zeiten.

Kinder können uns immer wieder überraschen, wie viel innere Heilung geschehen kann, wenn nur der entsprechende Raum ermöglicht wird. Oft sind sie stärker, fast immer direkter im Umgang mit Sterben und Tod als viele Erwachsene.

Ein gelebtes Leben?
Alt sterben

Altsein – »Blütezeit der Seele«, wie der römische Philosoph Seneca behauptete?

Was ist ein »gelebtes« Leben? Wann ist man alt? Welche Menschen können im Alter loslassen, das allmähliche Schwächerwerden und Schwinden der Attraktivität annehmen und mit anderen Erfahrungen ersetzen? Und irgendwann auch den bevorstehenden Tod akzeptieren? Welche Menschen sind demgegenüber eher enttäuscht »vom Leben« und von zunehmender Einsamkeit, verletzt durch Rücksichtslosigkeiten anderer und bitter über das nahende Ende?

Welche Ideen sind mit würdigem und unwürdigem Alter und Sterben verbunden? Hilft es, Achtung zu schaffen über Worte wie Senioren (für alte Menschen) oder Senioren-Residenz (für Altersheim)? Kann es gar nötig sein, sich zu organisieren, zum Beispiel als »Graue Panther«?

Ist es möglich, sich als jüngerer Mensch auf das Alter vorzubereiten? Wie wurden früher (und werden anderswo) alte Menschen angesehen? Wo und wie sollen alte Menschen leben, vor allem auch, wenn sie zunehmend auf die Hilfe anderer angewiesen sind? Welche Rolle spielen hierbei Armut und Wohlstand?

Fakten zum Leben und Sterben alter Menschen in Deutschland

Bekannt ist, dass in den wohlhabenden Ländern die Gruppe der alten Menschen wesentlich höher ist als die der jüngeren – Tendenz weiter zunehmend. In Deutschland zum Beispiel sind heute rund 25 Prozent der Bevölkerung 60 Jahre und älter, im Jahr 2050 werden es knapp 40 Prozent der Bevölkerung sein [33]. In weniger wohlhabenden Ländern ist es in der Regel die Gruppe der Kinder und Jugendlichen, die den größten Anteil in der Bevölkerung ausmacht. So sind zum Beispiel in Südafrika heute rund 50 Prozent der Bevölkerung jünger als 15 Jahre, älter als 60 Jahre sind weniger als 15 Prozent.

Tragisch sind hierbei in Deutschland im Hinblick auf den einzelnen Menschen vor allem zwei Entwicklungen:

- Die Gruppe der »bettlägerig Hochbetagten«, jener alten Menschen, die dauerhaft auf Pflege angewiesen sind, wächst überproportional.
- Je länger Menschen leben, desto einsamer sind sie oft, nicht nur wegen des Verlusts eines Lebenspartners, sondern auch weil es kaum noch Möglichkeiten gibt, neue Kontakte zu knüpfen.

Besonders weit klaffen Wunsch und Wirklichkeit auseinander, wenn gefragt wird, wo Menschen am liebsten sterben möchten: Gut 80 Prozent sagen, dass sie daheim sterben wollen. De facto jedoch sterben demgegenüber heute in Deutschland rund 80 Prozent der Menschen in Krankenhäusern, Pflegeheimen und anderen Institutionen.

Der deutsche Sterbeforscher Reimer Gronemeyer (*1939) konstatiert unter der Überschrift »Der Tod, der nicht mehr kommen darf«[34]:

> *Zwei Drittel der Krankenhausaufwendungen, die ein Mensch in Deutschland heute verursacht, fallen in seinen letzten Lebensmonaten an. Sterben ist so teuer wie noch nie. Aber ob das den Betroffenen dient, ist dabei sehr fraglich ...*
>
> *Sterben wird zunehmend in ein palliatives Komplettangebot eingebettet: Die Familie tritt zurück, weil sie sich die Betreuung von Angehörigen am Lebensende kaum noch zutraut. Lokale Traditionen im Umgang mit Sterben und Tod sind sowieso längst verkümmert – und wo sie noch vorhanden wären, tut das Spezialangebot Palliative Care nicht selten ein Übriges, um Traditionen zum Erliegen zu bringen ... – der Tod wird zu einer Aufgabe, die das Individuum mit seinen Experten bewältigen muss.*
>
> *Der Tod kommt nicht mehr. Wir ... versuchen, den Tod mit Hilfe medizinischer Experten zu bekämpfen oder ihn durch eine Patientenverfügung zu kontrollieren.*

In Deutschland sterben gegenwärtig pro Jahr rund 850.000 Menschen. Als häufigste Todesursache werden zuerst Kreislauferkrankungen mit etwa 45 Prozent angegeben und an zweiter Stelle verschiedene Formen von Krebs mit mehr als 25 Prozent. Bei Menschen über 65 Jahre sterben rund 90 Prozent an einem Versagen des Herzens bzw. des Kreislaufes.

Die durchschnittliche Lebenserwartung liegt heute bei Männern bei 72,2 Jahren und bei Frauen bei 78,7 Jahren – Frauen leben also im Durchschnitt etwa 6,5 Jahre länger.

Zeit ist jedoch keine Qualität an sich. Was macht Lebenszeit zu einem positiv erfahrenen Wert, zu einem geduldig ertragenen Wartestand oder zu einer einzigen Qual? Ab wann ist man alt?

Traditionell wird das Ende des aktiven Berufslebens als Altersgrenze anerkannt – man erreicht das Pensionsalter, bekommt Ermäßigung bei Bahn und Bus und ist plötzlich mehr als je zuvor von anderen abhängig, im besten Fall von einer Rentenanstalt, die die ein Berufsleben lang aufgebaute Rente auch wirklich auszahlt bis zum Tod.

Diejenigen, die noch körperlich fit sind im siebten und achten Lebensjahrzehnt und über ausreichend Geld verfügen, werden umworben wie nie zuvor – als die »jungen Alten«, die die Freiheit haben, zwischen verschieden teuren Reiseangeboten, Wellness-Parks, Restaurants und allen möglichen Kulturveranstaltungen zu wählen. Die Angebote setzen auf die »jung Gebliebenen«. Das Ziel ist, so lange wie möglich jung und fit zu sein, mit allen Mitteln gegen Falten vorzugehen, sich flott zu kleiden und bereit zu sein zu jedweder körperlichen Ertüchtigung.

All das ist nicht verwerflich, jedoch hilft es nur begrenzt zu übertünchen, dass Alter eben auch bedeutet, eher erschöpft zu sein und anfällig für Krankheiten, die vor allem mit der Abnutzung des Körpers zu tun haben. Und noch viel wichtiger: Es gibt kaum Räume, wo Altsein als positiver Wert erfahren werden kann – ein alter Mensch als jemand mit einem anderen Zeitgefühl, mit mehr Ruhe, mehr Abstand, auch mit mehr Freiheiten. Und vielleicht am wichtigsten: Räume, in denen es zu Begegnungen mit Jüngeren kommt, bei denen verschiedene Generationen einander etwas geben können.

Vor zweitausend Jahren hat der römische Philosoph, Staatsmann und Dichter Seneca (4 v. Chr. - ca. 65 n. Chr.) das eigene Altwerden als die »Blütezeit seiner Seele« bezeichnet:

> Nicht empfinde ich in meiner Seele des Alters Einbuße, obwohl ich sie empfinde am Körper. Spannkräftig ist die Seele und freut sich, dass sie nicht mehr viel zu schaffen hat mit dem Körper ... Sie frohlockt und beginnt mit mir ein Streitgespräch über das Alter: das sei ihre Blütezeit.

In seinem Roman »Erinnerung an meine traurigen Huren«[35] lässt der kolumbianische Literatur-Nobelpreisträger Gabriel Garcia Marquez (*1927) seine Hauptperson, einen Neunzigjährigen, über das »Risiko des Lebens« und achtzigjährige »Jungs« lachen:

> Sexuell hat mir mein Alter nie große Sorgen gemacht, denn meine Manneskraft hing weniger von mir ab als von den Frauen, und sie wissen, worauf es ankommt, wenn sie wollen. Heute lache ich über die Jungs, die erschrocken ob derlei Missgeschick mit achtzig einen Arzt aufsuchen und nicht wissen, dass es mit neunzig noch ärger wird, aber nicht mehr so wichtig ist: Es ist das Risiko, wenn man noch lebt.

Irgendwann helfen weder Kosmetik noch Gebiss-Haftpulver oder Senioren-Fitnessprogramme. Ist man erst mal alt und gebrechlich und auf die Pflege und Hilfe anderer angewiesen, kann das lange, zuweilen gegen den Willen des Patienten ausgedehnte Warten auf den Tod ein teurer und einsamer Vorgang werden.

Demgegenüber immer billiger, vor allem aufgrund ausreichender Marktkonkurrenz, wird die schnelle und unkomplizierte Entsorgung des Toten, wenn erst mal alles vorbei ist: Selbst auf Abstand können Beerdigungen vorbereitet, Grabredner beauftragt und die Grabpflege geregelt werden, maßgeschneidert für die vielen, die in Zeiten der flexiblen Arbeitsplätze unmöglich noch regelmäßig im Heimatort das elterliche Grab versorgen können. Trauer wird mehr und mehr zur formalen Regelung und zur Darstellung von Haben, als dass noch Gefühl und Ausdruck von Sein die wesentliche Rolle spielten.

Professionelle Bestattungsunternehmen formulieren das selbstverständlich einfühlsamer. Diejenigen aber, die bewusst Zeit geben und zu persönlichem Abschied ermutigen, werden schnell als »alternativ«, »spirituell« und nur für bestimmte »Minderheiten zuständig« abqualifiziert.

So muss es jedoch nicht sein. Auch das Leben als alter und »hochbetagter« Mensch muss nicht nur »Warten auf den Tod« sein, sondern kann eigene Wärme, menschliche Nähe und das Verwirklichen persönlicher Interessen bis zuletzt ermöglichen. Selbst wo Altersdemenz oder andere Formen des geistigen und körperlichen Abbaues keine sprachliche Kommunikation mehr ermöglichen, hat die Hospizbewegung gelehrt, dass es menschliche Begleitung eines Sterbenden geben kann, die jenseits von Abschieben oder kommerziellem Gewinn stattfindet. Und es gibt inzwischen auch in verschiedenen Ländern des Westens wieder Ansätze, persönliche Rituale des Trauerns, unorthodoxe Beerdigungen und individuelle Grabgestaltungen zuzulassen. Als Beispiel kann die in Nordrhein-Westfalen von Fritz Roth (*1949) gegründete Trauerakademie gelten [36].

Wie lebendig und in beständigem Kontakt mit Jüngeren ein alter Mensch seinen Alltag selbstbewusst und in Würde gestalten kann und dabei trotzdem das bevorstehende Lebensende nicht verdrängen muss, hat mich zum ersten Mal in meinem Leben ein neunzigjähriger Arzt vor über zwei Jahrzehnten in Israel gelehrt.

Der »kleine Doktor« in Israel: Arabisch lernen mit neunzig

Über zwanzig Jahre ist es her, eine Woche im Frühjahr 1989. Er kann unmöglich heute noch leben.

Begegnet ist mir der »kleine Doktor« in einem Dorf am Roten Meer, ganz im Süden Israels, in unmittelbarer Nähe des Badeortes Eilat. Mehr als einen Monat hatte ich ohne einen freien Tag über die erste Intifada, den Aufstand der Palästinenser in den besetzten Gebieten, für ein Buch recherchiert. So viel Leid, so viel Verzweiflung, so viel Hass zwischen Juden und Moslems, zwischen Israelis und Palästinensern. Eine meiner israelischen Bekannten war bei einem Attentat auf einen Supermarkt in Haifa schwer verletzt worden. Ein palästinensischer Junge, der mir als Fremdenführer in einem Flüchtlingslager bei Nablus geholfen hatte, war vor meinen Augen von Soldaten brutal verprügelt worden, während ich selbst festgenommen wurde.

Nach meiner Freilassung wollte ich für ein paar Tage einfach weg von allem. Ich hatte ein billiges Auto gemietet und war noch vor Sonnenaufgang von Jerusalem in Richtung Süden, Richtung Rotes Meer, aufgebrochen. Es wurde mit einem Schlag heiß, sobald die Sonne aufgegangen war. Ich kam gut voran, das Autoradio spielte viel zu laut und ich merkte erst, dass der Motor zu viel Öl verloren hatte, als es plötzlich aus der Motorhaube zu qualmen anfing und kurz darauf das Getriebe knallte und ich mit viel Glück im letzten Moment das Fahrzeug zum Halten bringen konnte, ohne gegen die Felsen auf der rechten Seite zu prallen. An Weiterfahren war nicht zu denken. Bis Eilat war es noch gut eine Stunde.

Mehrere Laster donnerten vorbei, riesige Staubwolken hinter sich lassend. Schweiß lief mir übers Gesicht. Um diese Zeit des Tages gaben die Felsen kaum Schatten. Immer wieder fuhren Autos in hohem Tempo vorbei, ohne auf meinen ausgestreckten Arm zu achten.

Schließlich näherte sich ein alter Mercedes Benz, der mir zunächst nur deshalb auffiel, weil er deutlich langsamer als alle anderen Autos fuhr – und dann, weil ich keinen Fahrer hinterm Lenkrad entdecken konnte. Ja, das Auto schien leer und wie von Geisterhand gesteuert. Erst als es höchstens noch zehn Meter weg war, erkannte ich die Spitze eines kahlen Schädels knapp über das Armaturenbrett ragen. Tatsächlich hielt der Wagen einen Moment später neben mir.

Als die staubige Scheibe auf der Fahrerseite herunterging, sah ich einen ungewöhnlich kleinen alten Mann, der kaum übers Lenkrad schauen konnte und mich freundlich musterte: »Shalom, shalom ... ich habe keine Ahnung von Autos, aber ich kann dich mitnehmen, wenn du nach Eilat willst!«

Ich strahlte ihn an, packte meinen Rucksack und sprang auf den Beifahrersitz. Er reichte mir eine Wasserflasche und sagte freundlich: »Ich kann nur Menschen reparieren.«

Während der Fahrt erzählte er mir, dass er in Eilat und Umgebung der »kleine Doktor« genannt werde: »Meine Eltern sind aus Russland, ich bin aber schon hier geboren, lange, lange bevor Israel gegründet wurde.«

Als wir in Eilat ankamen, bestand er darauf, dass ich bei ihm wohnen solle. »Ich möchte wissen, was in den Gebieten los ist, ganz egoistisch. Du kannst hier umsonst wohnen, musst mir aber erzählen von Nablus.« Ich war neugierig geworden und willigte spontan ein.

Er hatte eine bescheidene Parterrewohnung, die er allein bewohnte. »Meine Frau ist vor fünfundzwanzig Jahren gestorben, da wollten wir gerade beide in Rente gehen. Dann habe ich aber noch fünfzehn Jahre weitergemacht mit meiner Praxis, bis zu meinem achtzigsten. Hätte sie auch gemacht. Wir liebten beide unseren Arztberuf. Schau mal, das ist unser Hochzeitsfoto!«

Ich erkannte ihn nicht auf dem Foto – ein junger Mann mit dichten dunklen Locken neben einem schlanken Mädchen, das lachte und sicher einen Kopf größer war als er.

Er zeigte mir das kleine Gästezimmer, das angenehm kühl war und voller Sportlerposter hing. »Von meinen Matheschülern, die Poster. Zwei von denen übernachten hier manchmal, wenn es zu spät wird und der Bus zu ihrem Dorf nicht mehr geht.«

Nachdem ich geduscht hatte, wollte ich ihn zum Essen einladen. Aber er hatte schon Spiegeleier gemacht. »Du musst nicht denken, dass ich einsam bin und deshalb jemanden zum Reden brauche: Dreimal in der Woche gebe ich Nachhilfe in Mathe, das war schon immer meine Leidenschaft, Algebra und Arithmetik – an arabische Schüler. Die haben hier ja sonst keine gute Schule.«

Ich schaue ihn freudig überrascht an: »An arabische Schüler?«

»Ja«, antwortet er. »Die jungen Leute wissen gar nicht mehr, dass es hier Zeiten gab, wo wir gut zusammengewohnt haben – Juden und Araber. Selbst mein Sohn, der ein hohes Tier beim Militär ist, mag das nicht hören und erzählt mir seit Jahren, dass meine Schüler mich einmal umbringen werden. Ach, meschugge ist der.«

»Und hier in Eilat – Ihre jüdischen Nachbarn?«

»Die erlauben mir alles! Meine Frau und ich haben einige von denen zur Welt gebracht, ja deren Eltern sogar und so viele Kinder betreut, als wir hier noch keine Klinik hatten. Die mich von damals kennen, bei denen darf ich alles ... Und die wissen: Es gibt den hippokratischen Eid: Als Arzt muss man jedem helfen ... und als Mensch erst recht.«

Ich blieb eine Woche beim »kleinen Doktor«. Er war immer schon lange wach, bevor ich aufstand. Abends hörte er sich meine Berichte von der Westbank an, fragte nur selten nach und schüttelte oft den Kopf. Einmal vorm Schlafengehen sagte er: »Ich bin froh, dass ich schon so alt bin. Ich will das nicht mehr sehen: Diese Feindschaft zwischen uns Semiten – den Israelis und Palästinensern. Das ist unser gemeinsames Land, schon immer gewesen.«

Einmal stand ich früher auf als sonst, um den Mietwagen aus der Werkstatt zu holen und hörte, wie er langsam und laut sich einen Text selbst vorlas – in Arabisch. »Können Sie Arabisch?«, fragte ich ihn überrascht. »Nein, ich lerne es«, antwortete er. »Ich wusste gar nicht, wie wunderbar die arabische Grammatik ist – logisch aufgebaut wie Algebra. Ein reines Vergnügen ...«. Dann vertiefte er sich wieder in sein arabisches Lesebuch, ein Kinderbuch.

Mehrfach begegnete ich seinen arabischen Schülern, wenn ich am frühen Abend vom Strand heimkam. Einmal fragte mich einer von ihnen, höchstens siebzehn oder achtzehn, in Englisch: »Schreiben Sie wirklich über die Intifada?« Als ich nickte, nahm er meine Hand und sagte: »Danke!« Kaum war er mit seinen Freunden weg, erklärte der »kleine Doktor«: »Yazir hat schon im Militärgefängnis gesessen, nicht weit von hier.«

Erst an meinem letzten Abend ließ er sich zu einem Restaurantbesuch überreden. Er aß kaum etwas. »Manchmal will mein Magen nicht«, meinte er entschuldigend. »Ich weiß es noch nicht lange. Magenkrebs.« Als ich erschrocken aufschaute, lachte er: »Na, darf ich auch etwas haben ... mit neunzig?«

»Aber wer wird für Sie sorgen, wenn es schlimm wird?«

»Es wird gut bis zuletzt sein. Dann werde ich noch einmal Mathe unterrichten, Yazir die Wagenschlüssel geben und den Brief, der ihn zum Eigentümer macht. Und ein letztes Mal meine arabische Lieblingsgeschichte lesen.«

Als ich langsam verstehe, nimmt er meine Hand und sagt mit dem ihm eigenen Lächeln: »Und du fährst morgen zurück nach Jerusalem und kommst nie wieder – versprochen?«

Er hatte kein Telefon mehr, seit er die Praxis geschlossen hatte, weil, wie er sagte, ihn das Läuten beim Lernen stören würde. So schrieb ich ihm noch zweimal einen Brief, um ihm für die Zeit zu danken, aber bekam niemals eine Antwort.

Gut ein Jahr später, als ich längst zurück in Deutschland war, fuhr ein Freund von mir zum Urlaub nach Eilat. Ich bat ihn, ein Geschenk für den »kleinen Doktor« abzugeben. Aber da wohnte bereits ein jüdisches Ehepaar aus New York in seiner ehemaligen Wohnung. Sie hatten noch nie vom »kleinen Doktor« gehört.

Humanismus in den Niederlanden: Alte Menschen als Lebenskünstler

Es geht auch anders: In den Niederlanden sterben rund 65 Prozent der Menschen daheim, auch viele mit schmerzhaften Krebsleiden oder die aus anderen Gründen dauerhaft versorgt werden müssen. Voraussetzung dafür ist ein grundsätzlich anderes Vertrauen in die eigenen Fähigkeiten sowohl der versorgenden Familienmitglieder als auch der alten oder schwer kranken Menschen selbst. Und nicht zu vergessen: Eine Umgebung von Nachbarn, Hausarzt und Sozialstation, die die häusliche Sorge ermutigt und unterstützt.

Es bedarf der Bereitschaft von mehr Menschen als nur den unmittelbar Betroffenen, um die Nähe zu einem schwer kranken oder alten und eventuell langsam sterbenden Menschen nicht nur als Belastung und Konfrontation mit eigenen Grenzen zu erleben, sondern als mögliche Bereicherung. In dem Amsterdamer Arbeiterviertel, in dem ich Anfang der 1990er-Jahre lebte, als ich gerade von Hamburg umgezogen war, gab es im zweiten Stock eine Familie, die ihre demente, hochbetagte Großmutter mit einer Selbstverständlichkeit pflegte, die der alten Dame – mit allen natürlichen Grenzen – in eigener Weise zugutezukommen schien. Ihre Tochter, selbst bereits Mitte fünfzig, berichtete:

Als wir das Pflegeheim nicht mehr bezahlen konnten und wir uns entschlossen, meine Mutter zu uns zu nehmen, sagte der Heimleiter: »Machen Sie sich nicht zu viel Sorgen wegen der Hauspflege, es wird nur noch ein paar Monate dauern!«

Jetzt lebt Oma schon sechs Jahre bei uns, und wir haben uns so an sie gewöhnt. Sie kann nicht mehr reden, und ich bin nicht sicher, ob sie mich als ihre Tochter überhaupt noch erkennt. Sie hat ihr eigenes Zimmer, und jeder in der Familie, auch die beiden fast erwachsenen Kinder, hat eine Aufgabe übernommen. Mein Sohn zum Beispiel trägt sie einmal die Woche herunter auf die Straße und schiebt sie im Rollstuhl herum. Meine Tochter füttert sie immer, wenn sie von der Arbeit heimkommt.

Und sie ist längst nicht den ganzen Tag im Bett wie im Pflegeheim. Hier ist ihr Stuhl, um auf dem Balkon die Sonne und die Vögel zu genießen. Das mochte sie früher immer gern. Und dort setzen wir sie abends hin, wenn wir gemeinsam fernsehen. Hin und wieder schnarcht sie lauter als der Nachrichtensprecher reden kann. Da müssen wir schon manchmal lachen ...

Seit letztem Jahr kann ich sie nicht mehr allein in die Wanne heben zum Baden. Da hilft die junge Frau von nebenan. Ich passe so lange auf ihre beiden Kleinen auf, die noch nicht zur Schule gehen. So haben wir alle was davon.

Doch auch in den Niederlanden können rund 35 Prozent der Menschen – aus verschiedenen Gründen – nicht daheim versorgt werden. Wie in anderen Industrieländern gibt es auch hier eine Vielfalt von Betreuungsangeboten, die rein kommerziell orientiert sind. Trotzdem – einige gehen bewusst neue und unkonventionelle Wege, die prinzipiell andere Ideen von Altsein zu verwirklichen suchen.

Vier Realitäten werden dabei grundsätzlich akzeptiert:

- Beinah alle westlichen Länder vergreisen zunehmend. Alte Menschen müssen in die Gesellschaft zurückgeholt werden und können und dürfen nicht weiter isoliert und an den Rand gedrängt werden.
- Nur in der Begegnung von alten und jungen Menschen liegt auch ein Schlüssel zur Lösung der finanziellen Herausforderungen: Kosten dürfen nicht durch schlechtere Versorgung gesenkt werden, sondern junge Unternehmer sind gefragt, Wohnkomplexe zu entwerfen, die sowohl alte Menschen optimal versorgen als auch Serviceleistungen für andere eröffnen.
- Religiöse und besonders christliche Werte dürfen nicht beherrschend in der Betreuung alter Menschen sein – auch andere weltanschauliche und zum Beispiel atheistische Überzeugungen sollen gleichermaßen geachtet werden.
- Besondere Aufmerksamkeit soll der Vielfalt gegeben werden: Minderheiten werden nicht als Problem, sondern als Gewinn gesehen: Ausländer, Behinderte, Homosexuelle sind ausdrücklich willkommen als Stimulanz gegen die geistige Vergreisung der Mehrheit.

Ein Beispiel sind die aus der Philosophie des Humanismus konzipierten Lebenslauf-Wohnkomplexe der landesweiten Organisation Humanitas, von denen es in den Niederlanden bislang zehn gibt, die insgesamt über sechstausend Bewohnerinnen und Bewohnern ein Zuhause bieten. Im Unterschied zu traditionellen Formen der Versorgung alter Menschen, in denen der Nachdruck häufig auf dem Helfen dort liegt, wo Schwächen wahrgenommen werden, ist hier der Ausgangspunkt das positive Bewahren und Stärken all dessen, was eben doch noch möglich ist.

Bei einem Besuch im Wohnkomplex Akropolis in Rotterdam 2009 erläutert der Direktor von Humanitas in den Niederlanden, Hans Marcel Becker (*1942), die wichtigsten Unterschiede zu früheren Altersheimen:

Schau dich erst mal um hier: Sieht es bei uns aus wie ein Altersheim oder gar wie ein Pflegeheim? Irgendwo weiße Wände, Geruch von Reinigungsmitteln oder bedrückende Stille?

Da, neben dem Restaurant, wo es immer eine Auswahl an verschiedenen Menüs gibt, ist unser Internetcafé, das auch Jugendliche aus der Umgebung gratis benutzen können. Der große Innenplatz – das Atrium – ist abends Treffpunkt zum Erzählen oder Spielen. Fernsehen kann ja jeder in der eigenen Wohnung. Oft gibt es auch Filmveranstaltungen oder Schriftsteller, Sänger und Musikern treten auf – Veranstaltungen, die gratis sind für die Akropolis-Bewohner, nur Besucher von außerhalb müssen Eintritt bezahlen und tun das auch gern. Da hinten ist der Eingang zum Ruheraum und auf den Fluren hat gerade eine neue Ausstellung eines marokkanischen Malers aus unserem Stadtteil begonnen. Skulpturen anderer Künstler findest du überall.

Der Papagei dort kann wirklich sprechen – arabisch und holländisch – und ist der Liebling einer Gruppe von Bewohnern aus dem zweiten Stock, die ihn auch selbstständig versorgen. Und die anderen Hunde und Katzen im Garten? Das sind Haustiere einzelner Bewohner, die sie entweder mitgebracht oder sich erst hier angeschafft haben.

Die zentralen Sätze unserer Humanitas-Philosophie lauten: Erst mal Ja sagen zu den Wünschen der Bewohner und nicht Nein! Du wirst überrascht sein, was alles möglich ist: Dreimal täglich warm baden? Na klar. Herrenbesuch übernachten lassen oder die beste Freundin? Wir freuen uns mit! Niemals mehr beten müssen oder am liebsten jeden Morgen und Abend? Bitte selbst entscheiden. Eigene Möbel mitnehmen? Gern, so viel Raum da ist! Enkelkinder eine Woche zu Besuch haben? Gern auch zwei Wochen! Pornofilme anschauen, ohne sich schämen zu müssen? Wir helfen beim Bestellen! Mit meiner Altherren-Schwulengruppe den Tagungsraum mieten? So oft wie gewünscht!

Unsere Erfahrung: Wenn alte Menschen die noch vorhandenen Fähigkeiten nicht einsetzen können, gehen sie verloren. Deshalb: Use it or loose it! Und viele können so viel mehr, als sie oft selbst wissen. Wir haben hier Leute von über achtzig Jahren aufgenommen, die schon viele Jahre als bettlägerig abgeschrieben waren und plötzlich darauf bestanden, zum Kursus Aktzeichnen geschoben zu werden oder auf keinen Fall das Konzert des indonesischen Pianisten versäumen wollten.

Es gibt eigentlich nur eine Grenze: die Schmerzgrenze. Wenn eine Bewohnerin oder ein Bewohner leidet, dann sind wir da. Wenn es Konflikte gibt, hören wir zu und ermutigen, sie selbst untereinander zu lösen.

Die ökonomische Grenze besteht nicht. Trotz allem scheinbaren Luxus, der offenen architektonischen Gestaltung der gemeinsamen Räume und der überdurchschnittlichen Größe und Ausstattung der individuellen Wohnungen, sind unsere Kosten pro Bewohner deutlich geringer als bei den meisten traditionellen Einrichtungen. Schlicht weil unsere Bewohner keine hilflosen Patienten sind, die von morgens bis abends versorgt und bewacht werden müssen, sondern in hohem Maße und im Rahmen der persönlichen Möglichkeiten jede Menge Eigenverantwortung übernehmen. Uns ist außerdem sehr wichtig, dass wir nicht eine Residenz für Reiche sind, sondern dass wir eine gute Mischung von Menschen mit mehr und weniger oder auch keinem Kapital haben. Nur dann gibt es die nötige gegenseitige Inspiration, ja auch Reibung, aber das ist doch auch Leben.

Die Welt draußen ist grau genug und voller Probleme. Vor denen verschließen wir uns nicht. Aber Lebensabend kann doch auch bedeuten, endlich Zeit zu haben, um die schönen Sonnenuntergänge in Ruhe und mit Freunden zu genießen — anstatt wie früher nur mit gehetztem Blick durch das Fenster des Wagens auf der Autobahn während der Heimfahrt vom Büro. Es kann auch bedeuten, endlich eigene Interessen ernst zu nehmen. Zu lesen, zu hören, zu sehen, zu fühlen, was man will. Sich auszuruhen, wenn man müde ist. Die Kunst des Lebens allem anderen voranzustellen. Es gibt kaum eine bessere Zeit im Lebenslauf als das Alter, um Lebenskünstler zu sein oder zu werden.

Dazu gehört auch, das Verhältnis von Personal und Bewohnern neu zu überdenken. Zu oft hört man von überlasteten Pflegern und unfreundlichen Schwestern. Das wichtigste Kriterium, um bei uns zu arbeiten, ist: Magst du ältere Menschen? Und hast du etwas Eigenes einzubringen wie zum Beispiel ein Instrument spielen, Goldfische züchten oder Marathon laufen? Dann hast du auch etwas zum Teilen mit anderen. Die fachliche Qualifikation ist auch wichtig, aber erst an zweiter Stelle. Für das neue Verhältnis zwischen Personal und Bewohnern habe ich den Begriff der »erweiterten Familie« geprägt: Dazu gehören bei uns in den Niederlanden de facto rund 6.000 Bewohnerinnen und Bewohner sowie ihre besuchenden Angehörigen und Freunde, gut 2.100 Angestellte, über 900 Freiwillige, die von Massagekursen bis Straßentheatervorstellungen so viel Wunderbares einbringen — und nicht zu vergessen: rund 300 Haustiere, vom Rotterdamer Straßenhund bis zum indonesischen Leguan.

Mein eigenes Steckenpferd ist unser Erinnerungsmuseum: Dort können Bewohner ihnen besonders lieb gewordene Dinge aus ihrem Leben, die sie gern mit anderen teilen wollen, ausstellen. Manche haben uns auch schon besonders wertvolle Stücke vererbt. Inzwischen kommen sogar Schulklassen, die sich mit bestimmten Phasen des letzten Jahrhunderts im Unterricht beschäftigen, zu uns, um sich zum Beispiel ein komplettes Wohnzimmer von 1950 anzuschauen — oder die Entwicklung von Fotoapparaten von 1920 bis heute.

Ich werde nie vergessen, wie mein damals achtzigjähriger Vater, als ich vor über zwanzig Jahren die Stelle als Direktor für Altersheime bei Humanitas antrat, grimmig meinte: »Ach je, du willst also diese Inseln des Elends verwalten?« Einen größeren Ansporn hätte er mir nicht mit auf den Weg geben können. Heute habe ich selbst die Pensi-

Derzeit haben die Humanitas Lebenslauf-Wohnkomplexe in den Niederlanden eine Warteliste von rund 12.000 Menschen. Hans Marcel Becker, der offen als homosexueller Mann lebt, hat für seine Pionierarbeit auf dem Gebiet der Altenpflege mehrere hohe Auszeichnungen erhalten, unter anderem hat ihn Königin Beatrix zum Offizier des Oranje-Nassau Ordens ernannt.

Hans Keilson (*1909): »Mit hundert mitten im Leben ...«

Das Leben von Hans Keilson war keineswegs immer leicht. Im Gegenteil: Der heute in den Niederlanden lebende, in Deutschland geborene jüdische Arzt, Psychoanalytiker und Schriftsteller hatte 1934 mit 24 Jahren gerade seine Medizinerausbildung abgeschlossen, als er Berufsverbot erhielt. Sein erster Roman, ein Jahr vorher erfolgreich veröffentlicht im renommierten S. Fischer Verlag, wurde verboten.

Bis 1936 schlug er sich als Sport- und Musiklehrer an jüdischen Schulen durch, dann ging er auf dringenden Rat seiner nichtjüdischen späteren Frau ins Exil nach Holland. Als die Niederlande ab Mai 1940 von der deutschen Wehrmacht besetzt wurden, entschloss sich der dreißigjährige Hans Keilson unterzutauchen, einen anderen Namen anzunehmen und im Widerstand als Arzt und Psychologe zu helfen, wo er konnte. Er überlebte den Krieg in verschiedenen Verstecken.

Nach dem Krieg blieb er in den Niederlanden und war einer der ersten Mitarbeiter der Organisation Le Esrat Hajeled (Hebräisch für: Zur Hilfe des Kindes), in der er sich für jüdische Kinder engagierte, die ihre Eltern im Holocaust verloren hatten. Da die niederländische Ärzte-Organisation sein deutsches Mediziner-Staatsexamen nicht anerkannte, studierte er erneut und absolvierte eine Ausbildung zum Facharzt für Psychiatrie. Jahrzehntelang unternahm er bahnbrechende Forschungen in Bezug auf traumatisierte Kinder, die ihre Eltern verloren hatten. Mit 69 Jahren promovierte er mit seiner Studie »Sequentielle Traumatisierung bei Kindern«, die heute international als Standardwerk gilt.

Sein Leben lang reflektierte er das Zeitgeschehen auch literarisch, wobei er bis heute in Deutsch als seiner Muttersprache publiziert. In den 1990er-Jahren begegnete ich seiner zweiten Frau, Marita Keilson-Lauritz (*1935), einer Literaturhistorikerin, mehrfach auf Fachtagungen, an die sich auch private Begegnungen in Amsterdam, wo sie an der Universität arbeitete, und in Bussum, wo sie und ihr Mann bis heute leben, anschlossen. Dort traf ich Hans Keilson auch erstmals persönlich und war beeindruckt von seinem intensiven Interesse am Leben anderer Menschen.

Erst in hohem Alter hat Hans Keilsons literarisches Schaffen und humanes Engagement auch in Deutschland angemessene Anerkennung gefunden. So erhielt er unter anderem das deutsche Bundesverdienstkreuz sowie von einer deutschen Universität eine Ehrendoktorwürde. 2005 erschien eine Gesamtausgabe seiner Werke in zwei Bänden. Bis zu seinem 98. Lebensjahr arbeitete er als Psychoanalytiker mit eigener Praxis in Bussum.

Im Dezember 2009 wurde Hans Keilson einhundert Jahre alt. Als ich beiden im Rahmen der Recherche für dieses Buch einige Zeit davor schrieb, antwortete zuerst seine Frau, Marita Keilson-Lauritz:

Hans könnte ich deine Seiten und deine Frage vorlegen. Aber wenn du erlaubst, überleg´ ich mir das noch ein wenig. Warum soll ich ihn auf den Tod ansprechen, wenn er noch so mitten im Leben steht? Es geht ihm eigentlich gut, wenn man von den Beschwerden beim Gehen und den sehr schlechten Augen absieht. Er freut sich unserer beiden neuesten Enkelinnen und sieht seinem 100. Geburtstag und dem rauschenden Fest mit Spannung entgegen.

Ein paar Tage später kommt eine persönliche Antwort von Hans Keilson, auf die Frage, was er heute, als Hundertjähriger, im Leben genießt:

Was mich ungeheuer fasziniert, ist – selbst alt geworden – zu sehen, wie meine jüngste Tochter, 1974 geboren, ein Mensch, den man als Kind gut kennt, eine erwachsene Frau und Mutter geworden ist.

Hans Keilson hat in seinem Roman »Der Tod des Widersachers«, dessen erste fünfzig Seiten entstanden, als er noch untergetaucht während des Zweiten Weltkrieges im holländischen Widerstand lebte, einen sehr persönlichen Text über Liebe, Tod und ewiges Leben geschrieben [38]:

Wohin mich die Wolke treiben würde …

Wenn man weiß, dass man nur noch drei Tage zu leben hat,
dann könnte die Liebe etwas sehr Einfaches sein,
man brauchte nicht mehr an das Morgen,
das Übermorgen zu denken.

Aber wenn man dies nicht weiß und vorausdenkt und voraussorgt,
dann wird es immer schwerer mit dem Leben und auch mit der Liebe.
Auch mit dem Tod geht es einem so.

Ich könnte mir denken, dass man selbst noch seinen verruchtesten Feind
ein wenig lieben kann, wenn man nur weiß,
dass er morgen oder übermorgen stirbt.

Darum ist der Gedanke an das ewige Leben so schwierig zu denken,
weil er der Liebe die Ewigkeit nimmt,
die nur in drei Tagen so ganz ewig ist.

Aber dennoch müsste die Liebe immer etwas Einfaches sein,
auch wenn man weiß,
dass es in zweiundsiebzig Stunden noch nicht vorbei ist
mit dem Leben und mit der Ewigkeit.

Sie müsste etwas Einfaches sein,
man darf sich nicht anstrengen wie bei einer Arbeit
oder wenn dich der Ehrgeiz einem Ziele zutreibt,
oder der Wille zu zeigen, was man alles kann.

Man müsste, als ob man auf einer Wolke säße,
in sie hineinsegeln,
so luftig und hoch
und ohne jede Schwere müsste man über Land und Wasser hinfahren,
kein Hindernis, das sich ihr entgegenstellt,
du lässt sie alle tief unter dir liegen, Grenzen, Berge, Flüsse,
alles ist hoch und leicht
um dich herum und in dir selbst.

So einfach müsste die Liebe sein.

Ich war bereit abzuwarten,
mich ihr ganz zu überlassen und abzuwarten,
wohin mich die Wolke treiben würde.«

Weshalb sterben Menschen?
Todesursachen

Flüchtlingsströme in verschiedenen Teilen Afrikas – unbeachtetes Sterben tausender Kinder und Erwachsener am Rande des Weges (hier in einem Flüchtlingslager in Darfur).

Lebenserwartung früher und heute

Pro Jahr sterben heute weltweit rund 58 Millionen Menschen – das sind pro Sekunde etwa zwei Menschen – irgendwo auf der Welt. Gleichzeitig werden pro Sekunde zwischen vier und fünf Kinder geboren. Insgesamt nimmt die Weltbevölkerung also vorerst weiter zu.

Eine Panik vor einer Übervölkerung unseres Planeten Erde sehen jedoch immer weniger Wissenschaftler als gerechtfertigt an: Nach Berechnungen von Ernährungsexperten der Vereinten Nationen (UNO) reichen die natürlichen Ressourcen unserer Erde im Prinzip aus, um bis zu 12 Milliarden Menschen mit Nahrung zu versorgen [39]. Gegenwärtig leben rund sechseinhalb Milliarden Menschen auf unserem Planeten. Die Vermutung vieler Experten ist, dass sich die Zahl der Weltbevölkerung bei etwa 9 Milliarden um 2050 stabilisieren wird.

Woran es demgegenüber mangelt, ist zweierlei:

- an einer gerechten Verteilung von Nahrung, sauberem Wasser sowie Zugang zu medizinischer Versorgung, Bildung und einem Dach über dem Kopf und
- dem sorgsamen Umgang mit begrenzten Energiequellen, der Entwicklung erneuerbarer, nicht verschmutzender Energie und der besseren Entsorgung von Müll und anderen allein von Menschen produzierten Schadstoffen.

Wie weit wir von einer auch nur annähernd gerechten Verteilung entfernt sind, wird unter anderem deutlich durch die schreckliche Tatsache, dass jeden Tag rund 100.000 Menschen verhungern – und alle drei Sekunden ein Kind an Hunger stirbt [40]. Ein schmerzvolles, unnötiges und von der Welt weitgehend ignoriertes Sterben.

Dem steht gegenüber, dass in reichen Ländern Menschen in zunehmendem Maße an so genannten Zivilisationskrankheiten wie Herzinfarkt und Krebs, aber eben auch an den Folgen von Übergewicht, wie Diabetes, sterben. Nach Angaben der Weltgesundheitsorganisation leiden derzeit 23 % der Menschen weltweit an Übergewicht, im Jahr 2020 werden es rund 40 % der Weltbevölkerung sein. In den eher armen Ländern sind die häufigsten Todesursachen vermeidbare Infektionen, zumeist aufgrund von mangelnder Hygiene und Hunger.

Noch vor nur rund 150 Jahren starben zum Beispiel auch in Deutschland rund 60 Prozent der Menschen an Infektionskrankheiten. Heute stirbt kaum noch jemand daran. Ähnliche Zahlen gelten für die Kindersterblichkeit: Während um 1870 in Deutschland noch jedes dritte Neugeborene vor seinem ersten Geburtstag starb, liegt heute die Säuglingssterblichkeit bei weit unter einem Prozent.

Die Unterschiede in Bezug auf die Lebenserwartung sind ebenfalls drastisch: Vor nur 60 Jahren (um 1950) lag die Lebenserwartung im weltweiten Durchschnitt bei nur 47 Jahren – heute ist sie auf rund 67 Jahre gestiegen. Gleichwohl sind die Unterschiede im internationalen Vergleich nach wie vor groß: In den eher wohlhabenden Ländern liegt die durchschnittliche Lebenserwartung inzwischen bei 76 Jahren – in den eher armen Ländern dagegen bei 64 Jahren. Das niedrigste Niveau hält weiter der afrikanische Kontinent mit einer durchschnittlichen Lebenserwartung von 51 Jahren. Wie lange ein Mensch lebt, hängt wie ehedem vor allem davon ab, wo er oder sie geboren wird.

Während in den armen Ländern Asiens und Lateinamerikas in den letzten Jahrzehnten eine beständige Verbesserung der allgemeinen Lebensbedingungen und damit auch eine Erhöhung der Lebenserwartung erreicht wurde, ist die Entwicklung in zwei Regionen der Welt sogar rückläufig: In mehreren afrikanischen Ländern südlich der Sahara und in einigen Ländern der Russischen Föderation ist die Lebenserwartung sogar um bis zu 20 Jahre zurückgegangen [41].

Vermeidbare Tode in armen und reichen Ländern

Niemand bestreitet es mehr: Armut ist die Hauptursache qualvollen Kindersterbens und früher Tode von Erwachsenen. Es geht nirgendwo um Luxus: gerade mal um sauberes Wasser und ausreichend gute Ernährung, medizinische Basisversorgung bei den am häufigsten vorkommenden Infektionskrankheiten. Menschenwürdige Wohnbedingungen. Und das Grundwissen zur Vermeidung der am häufigsten vorkommenden Infektions- und Viruserkrankungen.

Sterben aufgrund von HIV/Aids (derzeit pro Jahr rund 2 Millionen Menschen), von Tuberkulose (rund 1,6 Millionen Menschen) und Malaria (rund 1 Million Menschen) kommt beinah ausschließlich in armen Ländern vor und wäre durch eine nur geringfügige Umverteilung von Ressourcen zu verhindern, die niemand in den reichen Ländern auch nur spüren würde. Sie scheitert derzeit vor allem an zwei Faktoren: Am politischen Willen der wohlhabenden Länder, die ihre Grenzen gegenüber Waren wie Menschen immer strenger bewachen (und sich lieber auf »Spendensammelaktionen« und »Entwicklungshilfe« beschränken) – und an korrupten Regierungen in vielen armen Ländern, die zuerst sich selbst und die jeweiligen Eliten versorgen und die Mehrheit der eigenen Bevölkerung im Elend sich selbst überlassen.

Auch in den eher reichen Ländern gibt es unnötige Todesursachen: Hier sterben Menschen oft nur deshalb, weil sie sich zu wenig bewegen, zu viel Ungesundes essen und schließlich trotz hohem Konsum und scheinbarem Luxus mehr und mehr psychisch vereinsamen. Zunehmende psychosomatische Erkrankungen und Abhängigkeiten von Alkohol, Drogen und bestimmten Medikamenten wie Schlafmitteln sind weniger Ausdruck individuellen Versagens, sondern verweisen auf gesellschaftliche Strukturen, die vielen Menschen immer weniger eine lebbare Idee von Glück und Zufriedenheit vermitteln.

Oft wundern sich eher wohlhabende Menschen, wenn sie im Urlaub in Afrika, Asien oder Lateinamerika auf arme Menschen treffen, die scheinbar »so viel mehr Lebensfreude« ausstrahlen. Natürlich spiegeln solche Wahrnehmungen nicht unbedingt die ganze Realität, sondern zuweilen auch eher die Bedürfnisse der Beobachter.

In jedem Fall: Wir haben als Menschen so viel mehr zu teilen als nur materiellen Reichtum. Und: Von mehr Gerechtigkeit würden Reiche ebenso wie Arme etwas »haben«, in jedem Fall mehr »sein«.

Hoffnung entsteht nicht selten dort, wo Menschen vor Ort mit kleinen machbaren Projekten beginnen (ohne gleich »die ganze Welt« ändern zu müssen), wo häufig junge Menschen mit neuen Ideen versuchen sich durchzusetzen und wo es immer wieder auch politische Visionäre gibt, die über die eigenen oder nationalen Interessen hinausdenken können.

Im Juni 2009 hielt US-Präsident Barack Obama (*1961) im nordafrikanischen Kairo zum ersten Mal in der modernen Geschichte eine grundlegende Rede, in der ein Christ in politischer Führung zur Achtung und Aussöhnung gegenüber dem Islam aufrief und dabei sowohl auf die Begrenztheit des Lebens als auch auf das Gemeinsame aller Menschen einging:

> *Wir alle sind auf dieser Welt nur für einen kurzen Moment im Laufe der Zeit. Die Frage ist, ob wir diese Zeit dem widmen, was uns trennt, oder ob wir uns dafür einsetzen – dauerhaft einsetzen – was uns eint: Wie der Zukunft unserer Kinder und der Achtung gegenüber allen Menschen* [42].

Kennen gelernt habe ich Joanna S., als sie noch Oberschülerin war, gerade 16 geworden, und ihre Mutter sie 1996 für eine Summerschool* zum Thema Friedenserziehung in der nordamerikanischen Kleinstadt Montpelier anmeldete, wo ich einer der aus Europa eingeladenen Lehrer war. Ein waches und engagiertes Mädchen, das einen Button mit einer Friedenstaube am Pullover trug.

Ihre Mutter dagegen wirkte eher schüchtern. Sie sagte: »Joanna hat so viele gute Ideen ... ich habe ihr diese Summerschool geschenkt, damit sie mehr andere junge Leute mit ähnlichen Ansichten trifft.« Als ich im Formular den Namen und Beruf des Vaters eintragen sollte, antwortete Joanna bestimmt: » ... ist tot.« Dabei sah sie mir gerade in die Augen.

Es war in der zweiten oder dritten Woche des Seminars, ich saß mit einer kleinen Gruppe von Schülerinnen nach dem Abendessen noch länger zusammen, als Joanna das erste Mal erzählte, wie ihr Vater starb. Das ist nun über 13 Jahre her, aber unser Kontakt brach nie völlig ab. Über all die Jahre kam immer mal wieder ein Brief oder später auch eine E-Mail von ihr. Inzwischen lebt sie mit einer festen Partnerin in Boston. Die beiden verstehen sich als die Eltern für Joannas vierjährigen Sohn Joey.

Aufbruch in den USA: Joanna (*1980) aus Boston [43]

Es war eine Woche vor meinem zwölften Geburtstag, als mein Vater endlich starb. Ich weiß, wie schrecklich das klingt: endlich starb. Aber es war besser für ihn und für uns ... das spürte ich ohne jeden Zweifel, obwohl ich noch so jung war.

Solange ich lebe und denken kann, erinnere ich Vater an den Wochenenden nicht anders als betrunken. Dann zitterten wir immer alle, wann er wohl nach Hause kommen würde – und ob er in der Garage schlafen würde oder noch zu Mutter ins Schlafzimmer ging. Auch Mutter zitterte, und das war für uns Kinder – meinen zwei Jahre jüngeren Bruder und mich – wohl das Schlimmste.

---

* Summerschools finden an vielen US-amerikanischen High Schools in den langen Sommerferien statt und bieten besondere kulturelle, politische oder sportliche Schwerpunkte an, wobei die Schüler und Studenten dann auch gemeinsam mit ihren Lehrern auf dem Schulgelände wohnen. Ich hatte das Privileg, in den 1990er-Jahren mehrfach an solchen Summerschools im US-Staat Vermont Seminare zu den Themen »Friedenserziehung« und »Weiterleben nach dem Holocaust« abzuhalten.

Wenn er zu ihr ging, dann dauerte es meist nicht lange und wir hörten Mutter weinen, manchmal auch schreien. Von Vater hörte man nichts, nur das dumpfe Schlagen, wenn er sie verprügelte und im Zimmer hin und her stieß. Einmal hielt ich es einfach nicht mehr aus, rannte im Schlafanzug zu ihnen und riss die Tür auf: Mutter lag am Boden und Vater trat mit den Füßen nach ihr. Sie hielt die Hände überm Kopf zusammen und wimmerte nur noch vor sich hin. Das war etwa ein Jahr vor seinem Tod. Ich schrie außer mir vor Angst: »Du bringst Mama um ... hör auf! Hör auf!«

Er drehte sich zu mir um, aber es schien, als ob er mich nicht sehen würde. Völlig starr war sein Blick. Aber es reichte, dass Mutter sich losmachen und aufspringen konnte. Vater kam mit einem unbeholfenen Schritt auf mich zu. Diesen Moment nutzte Mutter, packte eine schwere Vase und zerschlug sie auf seinem Kopf. Vater wankte und fasste sich zuerst nur überrascht an den Kopf. Aber dann drehte er sich wieder zu Mutter um und ich dachte voller Panik, dass er sie jetzt wirklich umbringen würde. Blut lief über seine Stirn. Noch ein paar Sekunden wankte er stumm von links nach rechts, bevor er schließlich der Länge nach auf den Holzfußboden krachte.

Es war in dieser Nacht, dass Mutter eine Tasche für sich und uns Kinder packte und mit uns in das Frauenhaus im Stadtzentrum zog. Vaters Verletzungen waren nicht ernsthaft. Schon am nächsten Tag, nachdem er seinen Rausch ausgeschlafen hatte, wurde er aus dem Krankenhaus wieder nach Hause entlassen. Er machte noch am gleichen Tag ein Riesentheater vor dem Frauenhaus und zeigte jedem seinen Kopfverband, den er nur seiner Frau zu verdanken hätte.

Aber die Frauen dort waren gut organisiert und ließen ihn nicht hinein. Es war das erste Haus dieser Art damals in Burlington, mit knapp 40.000 Einwohnern die größte Stadt im kleinen nördlichen US-Bundesstaat Vermont, nicht weit von der kanadischen Grenze. Es war nicht leicht für uns, von dem Haus zur Schule zu kommen, und noch schwieriger für Mutter, die hinter der Kasse eines Supermarktes arbeitete, zu dem sie nun sehr lange mit dem Bus fahren musste. Aber wir hielten durch. Schließlich fand sie eine kleine Mietwohnung für uns im Zentrum von Burlington. Ab dann wurde es leichter.

Erst nach einem dreiviertel Jahr etwa berichtete Mutter eines Abends, dass unser Hausarzt sie angerufen hätte: »Vaters Leber ist zerstört. Er wird nicht mehr lange leben, und wenn ich mich nicht um ihn kümmere, kommt er auf die Sterbeabteilung ...«.

»Du gehst nicht zu ihm zurück«, entgegnete ich entschlossen.

Aber innerhalb weniger Tage hatte Mutter uns überredet, und wir zogen gemeinsam zurück in unser kleines Holzhaus mit dem schönen Garten. Wir sahen Vater zum ersten Mal wieder, als er mit dem Krankenwagen nach Hause gebracht wurde, und erschraken alle: Er schien ein alter Mann geworden zu sein, war abgemagert und konnte sich nur mühsam bewegen. Seine Stimme war rau und leise, als er sagte: »Ich weiß, dass ich alles kaputt gemacht habe. Es tut mir so leid ...«.

Tatsächlich rührte er keinen Tropfen Alkohol mehr an. Und er lebte noch beinah drei Monate. Mutter war so fürsorglich für ihn. Heute glaube ich, dass sie ihn tatsächlich noch geliebt hat. Ich stand Mutter zur Seite, aber ich konnte meinem Vater niemals mehr verzeihen, was er ihr angetan hatte. Zur Beerdigung kamen nur wenige Leute. Der Pastor sagte: »Gott hat ihn erlöst ...«. Bei mir dachte ich: Und uns.

Mutter hat einige Jahre später mal zu mir gesagt: »Er litt schon als junger Mann an Depressionen. Aber wir beide glaubten fest daran, dass unsere Liebe stärker sein würde. Als du und dein Bruder noch klein waren, ging es noch. Aber dann hatte er berufliche Probleme und begann mit einem seiner Kollegen das Trinken. Und du weißt ja, wenn er trank, war er nicht mehr derselbe Mensch.«

Auf seinen Grabstein hat sie den Spruch setzen lassen: »Die Liebe verborgen, aber niemals verloren ...«. Mutter hat heute einen stabilen Freundeskreis, aber fand niemals mehr einen festen Partner. Als ich ihr sagte, dass ich sexuelle Gefühle gegenüber anderen Frauen empfinden würde, hatte sie lange Schuldgefühle, weil sie meinte, dass das mit den schlimmen Erfahrungen ihrer Ehe für uns als Kinder zu tun habe.

Inzwischen konnte ich sie da aber beruhigen und überzeugen, dass ich einfach so bin, wie ich bin. Meine erste feste, auch sexuelle Beziehung mit einem jungen Mann ging auseinander, weil er mir im Grunde mit seiner Zuneigung und Ehrlichkeit half, zu meinem wirklichen Ich zu stehen. Wir sind bis heute gute Freunde, und er besucht unseren kleinen Jungen regelmäßig als dessen biologischer Vater. Aber er akzeptiert auch, dass Sue und ich heute die Eltern für Joey sind. Manchmal gehe ich mit Mutter gemeinsam zum Friedhof. Es ist sehr weit für sie von da, wo sie heute wohnt. Danach lade ich sie zu uns ein und manchmal bleibt sie sogar über Nacht. Wir haben alles überlebt, und es ist für mich heute wunderbar zu erleben, dass Wunden der Vergangenheit wirklich heilen können.

Früher hat Mutter manchmal über mein pazifistisches Engagement gelächelt. Als die USA den Krieg gegen den Irak begonnen haben, ist sie das erste Mal in ihrem Leben auf eine Demonstration mitgekommen. Sie war damals eine der Ältesten. Ich wünsche uns, dass wir noch viel gemeinsames Leben vor uns haben.

Vor Kurzem hat Sue eine gut bezahlte Stelle in Boston gefunden, und wir sind zu dritt umgezogen, rechtzeitig bevor Joey zur Schule kommt. Auch mein Bruder wohnt nicht mehr in Burlington. Bald wird Mutter nicht mehr arbeiten müssen und wir hoffen, dass sie dann auch zu uns nach Boston zieht.

Andiswa war zwölf und ihr Bruder gerade acht, als ihre Mutter sie zu uns in das HOKISA Kinderhaus im Township brachte. Wieder und wieder die gleiche tragische südafrikanische Geschichte: Zu oft hatte die bereits stark abgemagerte Frau die Einnahme der für sie lebensnotwendigen ART-Medikamente unterbrechen müssen. Anfangs weil es immer wieder Nachschubprobleme in der einzig für sie erreichbaren Klinik in der Nähe ihres Dorfes im ländlichen Ostkap gegeben hatte – ein unverantwortliches Versäumnis einer Regierung, die zu lange mehr daran interessiert war, das tatsächliche Ausmaß der Infektionen im Lande zu verharmlosen, anstatt den in Lebensgefahr schwebenden Menschen zu helfen.

Später auch, wie eine Nachbarin berichtete, weil Andiswas Mutter ihre HIV-Infektion vor ihrem zweiten Partner verbergen wollte. Inzwischen hatte ihr Körper Widerstände gegen die Medizin entwickelt. Nichts würde mehr helfen. Andiswas Mutter war eine vom Tod gezeichnete Frau.

»Bitte ...«, sagte sie mit gebrochener Stimme und schob die beiden Kinder vor sich her. Mehr brauchte sie nicht zu erklären. Andiswa ließ ihre Hand nicht los, ihr kleiner Bruder Sandile schaute die ganz Zeit starr zu Boden. »Ich habe sonst niemanden«, fuhr sie beschämt fort, als wäre die Krankheit ihre Schuld. »Mein erster Mann ist schon vor zwei Jahren gestorben ... mein zweiter Mann hat mich verlassen, als ich richtig krank wurde.«

Wir boten ihr und den Kindern Essen und Trinken an. Alle drei schienen lange unterwegs gewesen zu sein und wirkten müde und erschöpft. Auch war ihre Kleidung zerrissen und schmutzig – hatten sie nicht mal mehr einen Platz zum Schlafen?

»Doch ...«, widersprach Andiswas Mutter leise. »Ich habe eine Freundin in Khayelitsha, dort kann ich bleiben. Aber nicht mit den Kindern ...«.

Während sie noch redete, begann Andiswa zu weinen. Erst liefen ihr nur lautlos Tränen über ihr schmales Gesicht. Dann fing ihr zarter Körper zu beben an und schließlich brach sie in ein herzzerreißendes Schluchzen aus. Ihr kleiner Bruder blieb stumm und drehte sich sogar von den beiden weg.

Plötzlich begann Andiswas Mutter, streng in Xhosa auf ihre Kinder einzureden. Der Junge hielt den Kopf weiter gesenkt, aber Andiswa schaute ihre Mutter verzweifelt an und schien zu widersprechen. Dann schüttelte die Mutter sie am Arm, nicht hart, aber doch bestimmt. Andiswa verstummte.

Zu uns sagte sie: »Es ist gut. Ich habe der Sozialarbeiterin in der Tagesklinik gesagt, dass ich meine Kinder zu euch bringen würde. Darf ich sie heute schon mal für eine Nacht hier lassen? Bitte … ich komme morgen wieder, um alles zu regeln, ja?«

Andiswas Mutter kam niemals wieder. In Khayelitsha, dem größten Township am Rand von Kapstadt, wohnen etwa eine Million Menschen, Hunderttausende in einfachen Hütten ohne Straßenbezeichnung oder gar Hausnummer. Zwei Jahre haben wir nach Andiswas Mutter gesucht. Im dritten Jahr kam eine entfernte Tante mit der uns bekannten Sozialarbeiterin und brachte den Totenschein in unser Büro. Bis dahin hatte noch niemand mit den Kindern gesprochen. Andiswa war inzwischen fünfzehn und ihr Bruder Sandile elf.

Andiswa ist heute eine junge Frau von neunzehn Jahren. Sie berichtet, wie ihr Leben und das ihres Bruders Sandile seit dem Tod ihrer Mutter weiterging:

Aufbruch in Afrika: Andiswa (*1990) und Sandile (*1994) in Kapstadt [44]

Lange, wirklich sehr lange wusste ich nicht, in welche Richtung mein Leben gehen sollte. Ich fand es unmöglich, einem Erwachsenen zu vertrauen. Auch denen, die eigentlich nett zu mir waren, wie eine junge Erzieherin im Kinderhaus oder auch meine Lehrerin in der Schule. Sandile passte sich viel schneller an – und ich verachtete ihn zuweilen dafür, als wäre er ein Verräter.

Alles in mir rebellierte – aber ich wusste nicht genau wogegen, was vielleicht am schlimmsten war. Es gab eine Zeit, in der ich mir den Arm aufritzte, um überhaupt noch etwas zu fühlen. Wenn ich das warme Blut fühlte und den Schmerz, entsprach zumindest etwas Äußerliches meinem Inneren. Und alle kamen gerannt und schauten mich erschrocken an: Das war auch irgendwie gut.

Tief in mir, tief verborgen, tat es immer wieder so weh: Wie konnte Mutter uns einfach verlassen? Wie konnte sie uns weggeben, wo sie uns doch eigentlich noch gebraucht hat? Ich hatte bis dahin so oft für uns gebettelt auf der Straße, hatte Essen für uns im Supermarkt gestohlen … aber doch immer zuerst für sie. Und dann wollte sie uns plötzlich nicht mehr haben!

Und gelogen hat sie. Nicht nur, dass sie am nächsten Tag wiederkommen würde. Auch über unseren Vater. Dass er gestorben ist. Er ist nicht einfach gestorben. Er hat sich auf der Autobahn nach Mthatha nachts vor einen Bus geworfen, als er sein HIV-Testergebnis erhalten hatte. Einfach so. Der Fahrer hatte keine Chance auszuweichen. Die offizielle Version war, dass Vater betrunken war. Ja, natürlich hatte er davor viel getrunken. Aber er hat es bewusst getan. Ich weiß es ganz sicher. Anfang dreißig war er da. Ich war zehn und wusste es, weil er einmal zu mir gesagt hatte im Suff: »Tot sein ist besser, als Aids zu haben und langsam zu krepieren.«

Ich weiß, andere Erwachsene, die es gut meinten, sagten oft: »Aber eure Mutter wollte doch nur das Beste für euch!« Aber das ist eine schreckliche Lüge. Das Beste wäre gewesen, weiter für unsere Mutter sorgen zu können. Von mir aus, bis sie tot ist. Es war mir ja klar, dass sie nicht mehr ewig leben würde. Wir hatten längst andere, viel jüngere Mütter sterben sehen. Ich hätte sie auch begraben. Ich war doch schon zwölf. Das Schlimmste, das Allerschlimmste bei den meisten Erwachsenen ist, dass sie den Kindern nichts zutrauen. Und dadurch alles noch viel schlimmer machen.

Zuweilen gab es zum Glück auch Tage, wo ich den Schmerz etwas weniger fühlte. Dann konnte ich zeigen, dass ich auch gut sein konnte. Gut im Malen. Gut im Schwimmen und Laufen. Gut im Singen. Gut im Tanzen. Und im Haareflechten. Alle Nachbarmädchen kamen zu mir, um sich die Haare flechten zu lassen. Manchmal sogar deren Mütter, denn ich machte es ebenso gut, aber natürlich viel billiger als die richtige Friseuse im Container.

Aber die Erzieherinnen und Erzieher im Kinderhaus hatten es oft nicht leicht mit mir. Ich sah, dass sie eigentlich die Ersten waren in meinem Leben, die ernsthaft mit mir zu sprechen versuchten. Über mich. Mein Leben, meine Zukunft. Nur selten über meine Vergangenheit. Da trauten auch sie sich nicht ran. Als ich einmal schrie: »Ich will zum Grab meiner Mutter!«, sagten sie: »Sie ist begraben im Ostkap, irgendwo. Nicht mal die Sozialarbeiterin weiß genau wo!« Ich glaubte ihnen kein Wort.

Im Kern traute ich ihnen einfach nicht. Es waren doch auch Erwachsene. Ich merkte, dass ich zuweilen gut wegkam, wenn ich Lügen erzählte. Wenn ich abends zu spät heimkam. Oder warum ich keine Schulaufgaben zu machen bräuchte. Oder dass ich in der Kirche war, wenn ich eigentlich mit meinen Freundinnen in die Kneipe ging. Manchmal kam es heraus, dass ich gelogen hatte. Da muss ich dann eben durch, sagte ich zu mir selbst.

Überhaupt redete ich wirklich ehrlich nur mit mir selbst. Mit Sandile hätte es vielleicht anders werden können. Aber er war noch viel schlimmer dran als ich. Denn bei der Aufnahmeuntersuchung im Kinderheim wurde festgestellt, dass er HIV-infiziert ist und ich nicht. Bis dahin hatte er niemals Symptome gehabt. Das bedeutet, dass er nicht bei der Geburt infiziert worden war, sondern – vermutlich durch sexuellen Missbrauch – später in seinem Leben. Ich habe versucht, ihn danach zu fragen, aber er hat immer nur weggeschaut, als würde er mich nicht hören. Wie alt mag er gewesen sein, als irgendein Onkel oder Nachbar ihn missbraucht hat – vielleicht sechs oder sieben? Ach, Sandile, kleiner stummer Prinz.

Die junge Erzieherin, die sich am meisten um mich bemühte, sagte einmal: »Andiswa, du bist immer extrem. Wenn du dir Mühe gibst, bist du nicht nur gut, sondern die Beste von allen. Aber wenn du böse sein willst, dann bist du nicht nur die Schlimmste, sondern dann zerstörst du alles Gute immer gleich mit.« Aus heutiger Sicht, denke ich, hat sie die Wahrheit gesagt.

Es war in der zehnten Klasse, als ich Themba kennen lernte. Gut drei Jahre ist das her, ich war schon sechzehn. Erst dachte ich, er ist einer der Jungen, die auch immer in der Kneipe herumhängen, aber dann wurde mir klar, dass er vor allem seinem Onkel half, dem der Laden gehörte und erst vor Kurzem vom Land nach Kapstadt gekommen war. Themba selbst war eigentlich nie betrunken. Und er war viel ruhiger als alle anderen.

Und stark. Er war stärker als ich. Danach hatte ich lange gesucht, denn ich war selbst inzwischen ein kräftiges und groß gewachsenes Mädchen. Er hatte aber nicht nur körperlich mehr Kraft, was man an seinen starken Armen und Schultern sehen konnte und wie er die Bierkästen mit einer Hand hochwuchtete, sondern er war auch gut einen Kopf größer als ich. Der Größte von allen.

Bis dahin war ich nie schüchtern gewesen in der Kneipe. Schon gar nicht mit meinen Freundinnen zusammen. Bei Themba wurde ich zum ersten Mal schüchtern und bekam kaum ein Wort heraus, wenn er mich ansprach.

Etwa zwei Wochen später fragte er mich, ob ich bei ihm übernachten würde. Ich antwortete, dass ich das nicht darf. Und er antwortete: »Dann warten wir.« Aber ich entgegnete: »Ich kann nicht warten, ich sehne mich so nach dir, bitte lass mich bei dir übernachten ...«.

Und ich ging mit und war einfach zu allem bereit. Ich wollte endlich wissen, was das ist, worüber die Erwachsenen so geheimnisvoll reden, was das ist, wonach sich alles in mir sehnt, eine Nähe, einen anderen starken Körper, der mich festhält, vielleicht sogar erlöst. Ja, das dachte ich, als ich mitging: Themba ist mein Erlöser.

Themba wurde nicht mein Erlöser. Aber ich hatte unendliches Glück, denn er war so viel klüger und verantwortlicher als ich. Er benutzte ein Kondom und ich wurde nicht schwanger und ich bekam kein HIV, obwohl wir uns ab dann regelmäßig heimlich trafen. Genau vier Monate, zwei Wochen und drei Tage. Dann musste er zurück ins Ostkap, weil sein Vater ihn brauchte. Ich weiß nicht mal mehr genau für was.

Es gab Tage, da verfluchte ich mich, dass ich mir nicht ein Kind von ihm hatte machen lassen. Gegen alle Erfahrung, denn ich weiß ja, dass dies auch kein Grund für Männer ist, um bei ihren Freundinnen zu bleiben. Aber ich wollte ihn um nichts in der Welt gehen lassen.

Natürlich merkte jeder im Kinderhaus, dass es mir nicht gut ging. Aber ich sprach kein Wort. Und dann geschahen zwei Dinge, die zumindest einen Teil meiner Mauern zum Einstürzen brachten:

Meine junge Lieblingserzieherin wurde angefahren und kam ins Krankenhaus mit mehreren Knochenbrüchen. Wir besuchten sie mit allen Kindern, kleinen und großen, und als die anderen schon zum Flur gingen, blieb ich noch einen Moment bei ihr am Bett. Da hielt sie meine Hand und ich sah, dass sie Tränen in den Augen hatte, als sie sagte: »Andiswa, ich kann jetzt nicht für dich da sein ... bitte sorge gut für dich. Du bist mir so wichtig!« Nach all den Jahren spürte ich in diesem Augenblick zum ersten Mal tief in mir, dass sie es wirklich so meinte. Uneingeschränkt ehrlich. Beim Hinausgehen liefen auch mir Tränen übers Gesicht. Es ging ihr so schlecht, sie hatte so viel Schmerzen und dachte zuerst an mich ...

Und dann das Erlebnis mit Sandile: Er hatte erfahren, dass er mit ART-Medikamenten beginnen musste, da er bereits zweimal eine Lungenentzündung gehabt hatte und mehrere schlimme Hautinfektionen. Es war kurz vor seinem dreizehnten Geburtstag. Sein bester Freund Ayanda wusste es, sonst niemand außer den Erzieherinnen und Erziehern. Er hatte es so gewollt. Ich erfuhr es erst viele Monate später. Es traf mich sehr, als er zu mir an einem Abend sagte, als die meisten anderen schon schliefen: »Du vertraust auch niemandem, also kann ich dir auch nicht vertrauen ...«. Mein kleiner Bruder. Ich nahm mir vor, weniger an mich selbst zu denken – und wieder mehr auch auf ihn zu achten. Er klagte nie, während ich andauernd allen anderen die Schuld an allem gab, was bei mir schiefging.
Noch mehr beschämte er mich, als ich ihn zwei Tage später fragte: »Sandile, kann ich was für dich tun?« Und er antwortete: »Geh aufs College und mache deinen Abschluss als Friseuse ...«.

Das habe ich getan – und vor drei Monaten mit gutem Abschluss beendet. Seit vier Wochen habe ich meinen eigenen kleinen Friseurladen. Die Geräte habe ich mit einem Kleinkredit vom Kinderhaus gekauft. Ich bin sicher, dass ich es bald zurückzahlen kann. Seit Themba hatte ich noch zweimal einen festen Freund. Aber es war bisher nicht so wie bei ihm. Ich werde jemanden finden wie ihn. Der ebenso stark ist wie er, vor allem innerlich. Im Moment ist es für mich am besten zu sehen, wie stolz die junge Erzieherin auf mich ist. Ihr mache ich die Haare immer umsonst. Solange ich lebe.

Sandile hat mehr Probleme in der Schule, als ich sie je hatte, obwohl er sich viel mehr Mühe gibt. Er kann sich oft so schlecht konzentrieren. Aber seit ein paar Wochen spielt er in einer Kwaito Band im Township. Er ist eindeutig der Beste – am Keyboard und im Singen. Ich bin so stolz auf ihn.

Das Grab meiner Mutter habe ich selbst bislang auch nicht gefunden, obwohl ich mit einer Erzieherin letztes Weihnachten im Ostkap war, auch in der Gegend, wo wir geboren sind.

Aber wir werden es schaffen. Sandile und ich. Manchmal glaube ich wirklich daran.

Mord und Totschlag?
Kriege und Diktaturen

Kreuze bis zum Horizont – Soldaten- und Heldenfriedhof Arlington bei Washington, USA.

Kriege und Diktaturen – ist das nicht etwas, das zum Glück weit weg ist? Damals zur Zeit unserer Großeltern und Urgroßeltern – oder in anderen Teilen der Welt wie Afghanistan oder Irak?

Die Realität gewaltsamer Tode aufgrund von militärischen Auseinandersetzungen oder politischer Unterdrückung bleibt für viele Menschen in Deutschland heute tatsächlich eher auf Fernseh-Nachrichtenbilder beschränkt. Daran ändert zunächst auch der jüngste Bundeswehr-Einsatz in Afghanistan wenig, bei dem in den letzten Jahren etwas mehr als dreißig deutsche Soldaten ihr Leben ließen.

Kaum jemand, außer den derzeit rund 4.500 überwiegend jungen deutschen Soldaten, war jemals in Afghanistan. Es bleibt undurchsichtig – Taliban, Terroristen, Anschläge aus dem Hinterhalt.

Und doch: Die Bedrohung durch organisierte Gewalt – seien es kriegerische Auseinandersetzungen, politisch eskalierende Konflikte, Terroranschläge, Folter und andere Verletzungen von Menschenrechten – verändert die Wahrnehmung von der Welt und des Lebens in ihr auch bei denjenigen, die in Regionen leben, die bisher eher als sicher gelten. Mehr Sicherheitsmaßnahmen, mehr Militär und Überwachung ist die eine Antwort. Mehr Verständnis für die Ursachen von Gewalt und Engagement zu deren Überwindung und zur Wahrung der Menschenrechte für alle kann eine andere Antwort sein.

⸻⸎⸻

Das Jahrhundert der gewaltsamen Tode

In der Geschichte hat es schon immer Konflikte gegeben, die nicht friedlich, mit Vernunft und gegenseitigem Verständnis, sondern mit Gewalt ausgetragen wurden (von »gelöst« nicht zu reden).

Kriege, so ist oft zu hören, sind so alt wie die Menschheitsgeschichte. Diese Aussage übersieht zwei dramatische moderne Zuspitzungen:

- *Mehr Tote in den letzten 100 Jahren als in 2000 Jahren zuvor:* Noch niemals seit Bestehen der Menschheit starben so viele Menschen infolge von Krieg und Unterdrückung wie im 20. Jahrhundert, das gern als das aufgeklärteste und modernste dargestellt wird. Von 1901 bis zum Jahr 2000 starben etwa 125 Millionen Menschen als Soldaten und Zivilisten als direkte Folge von Kriegen, und rund 200 Millionen Menschen ließen ihr Leben infolge von politisch motivierter Verfolgung. Zum Vergleich: Schätzungen verschiedener Historiker gehen davon aus, dass es in den rund 2000 Jahren zuvor weltweit insgesamt »nur« etwa 177 Millionen Tote aufgrund von organisierter Gewalt gab – davon etwa 42 Millionen Kriegstote und 135 Millionen als Opfer von Unterdrückung und Massenmord [45].

- *Mehr tote Zivilisten als jemals zuvor:* Gab es früher noch Kriege, bei denen die Opfer überwiegend Soldaten waren, so hat sich das Verhältnis heute umgekehrt. In ihrer viel beachteten UNO-Studie über Kinder als Opfer von Kriegen wies die frühere Erziehungsministerin Mosambiks und heutige Frau von Nelson Mandela, Graça Machel (*1945), nach, dass noch zu Beginn des vorigen Jahrhunderts rund zehn Prozent der Kriegstoten Zivilisten und neunzig Prozent Soldaten waren. Heute kann davon ausgegangen werden, dass sich dies Verhältnis umgekehrt hat und bei kriegerischen Auseinandersetzungen rund 90 Prozent der Opfer Zivilisten (zumeist Frauen und Kinder) sind und nur etwa zehn Prozent Soldaten [46].

Am Beispiel des von Hitlerdeutschland begonnenen Zweiten Weltkrieges (1939-1945) können beide Entwicklungen bedrückend deutlich belegt werden: Insgesamt fanden infolge dieses schrecklichen Krieges weltweit rund 55 Millionen Menschen den Tod. Davon waren etwa 24,5 Millionen Soldaten und 30,5 Millionen Zivilisten. Im Ersten Weltkrieg (1914-1918) dagegen waren es noch knapp 10 Millionen tote Soldaten gegenüber rund einer halben Million toter Zivilisten.

Selbstverständlich gibt es kaum genaue Zahlen, da nicht nur die Tode von Millionen Menschen niemals sorgfältig registriert, sondern häufig lediglich als »vermisst« abgehakt wurden. Auch unterscheiden sich die Angaben der verantwortlichen oder gar angeklagten Regierungen zuweilen erheblich von denen unabhängiger Experten: Vorsichtige Schätzungen gehen zum Beispiel davon aus, dass während der »Kulturrevolution« in China etwa 20-25 Millionen Menschen den Tod fanden – die offiziellen Angaben der Volksrepublik China sprechen hingegen von »höchstens einer halben Million Toten«.

Für viele Gruppen von Verfolgten hat die Unterdrückung auch nach dem Ende verschiedener Unrechtssysteme nicht aufgehört oder ist in anderen Teilen der Welt unvermindert oder gar noch schlimmer fortgesetzt worden. Von den in Nazideutschland gefolterten und ermordeten Gruppen wie Juden, Roma und Sinti, Homosexuellen, Behinderten oder politisch oder religiös Oppositionellen haben einige Überlebende nach Kriegsende 1945 die Freiheit wiedererlangt. Andere wurden erneut diskriminiert und missachtet. Für die Gruppe der Homosexuellen, die heute in vielen westlichen Ländern erstmals eine gewisse Achtung erfährt, hat sich in anderen Teilen der Welt wenig oder nichts geändert: Nach Angaben der Menschenrechtsorganisation Amnesty International werden in über dreißig Ländern bis heute homosexuelle Frauen und Männer systematisch verfolgt und gefoltert – in neun Ländern droht ihnen sogar die Todesstrafe.

US-Heldenfriedhof Arlington: Drei Wochen Wartezeit

Seit dem Beginn der US-Kriegseinsätze in Afghanistan und Irak ist die Zahl der Bestattungen auf dem berühmten US-Soldaten- und Heldenfriedhof Arlington bei Washington, auf dem unter anderem auch John F. Kennedy (1917-1963) begraben ist, auf rund dreißig pro Tag gestiegen – zuvor lag die Zahl bei zehn Begräbnissen. Die Friedhofsverwaltung hat vor Kurzem die Wartezeit für »Heldenbeisetzungen« auf mindestens drei Wochen verlängern müssen.

Die normale Zeremonie für ein »einfaches« Heldenbegräbnis dauert etwa dreißig Minuten: Der Sarg, über den eine US-Fahne gelegt ist, wird von sechs Soldaten zum vorgesehenen Grabplatz getragen. Ein Offizier verliest den militärischen Lebenslauf des Toten. Ein Priester spricht ein Gebet. Danach wird dreimal ein Ehrensalut abgefeuert, und ein Trompeter spielt den Zapfenstreich. Die Fahne wird in Dreiecksform zusammengefaltet, bevor der Sarg hinabgelassen wird. Am Ende überreicht der anwesende Offizier die Fahne den nächsten Familienangehörigen, in der Regel der Ehefrau und den Kindern mit den vorgeschriebenen Worten: »Im Namen einer dankbaren Nation«. Als »einfacher Held« gilt jemand, der »im aktiven Kriegsdienst gefallen« ist oder »mindestens 20 Jahre ununterbrochen als Soldat gedient« hat.

Erstmals seit der Gründung des Heldenfriedhofs während des amerikanischen Bürgerkrieges vor über 150 Jahren wurde kürzlich beim benachbarten US-Verteidigungsministerium, dem Pentagon, eine Erweiterung um 161.000 Quadratmeter beantragt, da der Friedhof mit bereits heute mehr als 300.000 Gräbern in Kürze »voll« sein wird.

Wie schwer ist es, sich angesichts solch gewaltiger Zahlen tatsächlich ein Bild zu machen von einzelnen Menschen, die ihr Leben als Opfer von Krieg oder Unterdrückung ließen?

Eine kleine, im Weltgeschehen unbedeutende Geschichte, die mich als Kind lange beschäftigt hat, seit ich mit acht oder neun Jahren die leicht vergilbte, sorgsam zusammengefaltete Todesanzeige in einem Schuhkarton mit »Kriegserinnerungen« meines Vaters fand – die Geschichte von

Uli, seinem Cousin und Freund, der so gern Profi-Fußballer geworden wäre:

Ulrich van Dick (1930-1944) *, durch »Feindeinwirkung« gestorben

Alle wussten, dass Uli verrückt nach Fußball war. Jede freie Minute verbrachte er auf dem Sportplatz, egal ob bei Sonne oder Regen, ob im Sommer oder Winter. Selbst Anfang 1944, als es schon dauernd Luftangriffe auf Berlin gab, war er mit seinem Lederball unterwegs. Ein paar Freunde zum »Kicken« fand er immer. Und ein freies Stück im Park oder zwischen den Ruinen.

Mein Vater war zwei Jahre älter als Uli, oft hatten sie zusammen gespielt. Ulis Mutter war die Tante meines Vaters und die Schwester seines früh verstorbenen eigenen Vaters, meines Großvaters. 1936 starb dieser an einer Lungenentzündung, ein paar Monate nach der Olympiade von Berlin, mein Vater war erst acht Jahre alt. Sein Vater hatte trotz Fieber weitergearbeitet, denn er hatte endlich eine Stelle als Kaufmann nach langer Arbeitslosigkeit gefunden, endlich herrschte etwas weniger Hunger daheim.

Uli hatte dagegen noch beide Eltern. Mein Vater und Uli konnten beide Segelflugzeuge bauen, das hatte ihnen am meisten Spaß bei der Hitlerjugend gemacht. Am 7. Februar 1944 war Uli wieder losgezogen mit seinem Ball, trotz eisiger Kälte. Zu dritt hatten sie sich warm gespielt, als einer von ihnen ein ungewöhnlich großes Eisenrohr sah. »Das ist eine Stabbombe, abgeworfen von einem Flieger«, sagte Ulis bester Freund. »Nein«, widersprach Uli, »die sind viel größer.«

Um seinem Freund zu zeigen, dass er recht hatte, zog er die Stange aus dem Geröllhaufen. Im gleichen Moment gab es eine gewaltige Explosion. Uli war augenblicklich tot, seine Freunde kamen mit Schürfwunden davon.

Mein Vater war gerade sechzehn geworden und wurde wenig später, wie alle anderen neununddreißig Jungen seiner zehnten Realschul-Klasse, zum Krieg »eingezogen«. Ulis Todesanzeige hatte mein Vater ausgeschnitten und gut verwahrt. Ihr Text lautet:

»Am Montag, dem 7. Februar 1944, starb plötzlich und unerwartet unser lieber, guter Junge Ulrich van Dick durch Feindeinwirkung im Alter von noch nicht ganz 14 Jahren.

---

* Ulrich van Dick, 24. April 1930 – 7. Februar 1944. Die Schreibweise seines Nachnamens ist die eingedeutschte Form des häufigen niederländischen Namens »van Dijk«. Auch mein Vater trug den eingedeutschten Namen und ich wurde so bei meiner Geburt 1955 im Standesamt eingetragen. Nach der Familiensage hatte ein preußischer Standesbeamte diese »Germanisierung« eigenmächtig bei der Heirat meines Urgroßvaters vollzogen. Als ich 1992 von Deutschland in die Niederlande umzog, machte ich dies – durch die Änderung eines Buchstabens – offiziell rückgängig und trage seitdem wieder den niederländischen Familiennamen. 1997 wurde ich niederländischer Staatsbürger.

—⬿⬿⬿—

Es war ebenfalls noch vor meinem vierzehnten Geburtstag, als mir die ältere, immer freundliche Bibliothekarin der Berliner Auto-Bücherei (ein großer umgebauter Omnibus, der Literatur auch in »strukturell benachteiligte« Stadtteile Westberlins brachte) an einem Montagnachmittag – der Bus kam immer nur montags in unsere Gegend – ein bereits ziemlich abgegriffenes Buch in die Hand drückte mit den Worten: »Musst du mal lesen ... besser als jede Räuberpistole!«

Bis dahin hatte ich weder den Buchtitel noch den Namen des Autors gehört. Ich sollte beides nie wieder vergessen. Ich las das Buch an zwei Abenden daheim, während im gleichen Zimmer der Schwarz-Weiß-Fernseher schepperte, und ich las weiter, nachdem alle anderen bereits ins Bett gegangen waren. Wir durften längst nicht alles bei uns zu Hause, aber lesen wurde niemals verboten. Dieses Buch, das gleiche leicht zerfledderte Exemplar, lieh ich noch vier- oder fünfmal aus in den kommenden vier Jahren, bevor ich Berlin für immer verließ.

Kriegsbericht an Pauls Todestag: »Im Westen nichts Neues« [47]

Über den Krieg war daheim mit uns Kindern kaum geredet worden. Manchmal sagte mein Vater: »Wir waren doch eigentlich noch Schuljungen ...«. Und meine Mutter berichtete mit Tränen in den Augen, wie sie sich mit sechzehn Jahren als alte Frau verkleiden musste, wenn sie in Bombennächten mit anderen Nachbarmädchen in den Luftschutzkeller eilte, in panischer Angst, »von den Russen vergewaltigt zu werden«.

Zehn Jahre nach Kriegsende wurde ich geboren. Überall in Berlin gab es damals noch Ruinen, in denen alle Kinder aus unserer Straße spielten, obwohl es eigentlich »als zu gefährlich« verboten war. Ich erinnere mich an ältere Männer auf den Straßen, die bettelten und nur einen Arm oder ein Bein hatten oder eine gelbe Blindenbinde mit drei schwarzen Punkten trugen. Eltern wie Großeltern sagten zu uns Kindern: »Krieg ist schrecklich – nie wieder!«

Aber erst als ich den Roman »Im Westen nichts Neues« des Schriftstellers Erich Maria Remarque (1898-1970) das erste Mal gelesen hatte, verbanden sich meine Alltagswahrnehmungen mit den im Buch geschilderten Gräueln eines wirklichen Krieges.

Bilder von unglaublicher Entwürdigung und Erniedrigung einfacher Menschen, die den Machtinteressen und der Befehlsgewalt Einzelner ausgeliefert waren.

Ich identifizierte mich mit dem jungen Paul Bäumer, der sich von den »Heldengeschichten« seines Lehrers hatte anstecken lassen und sich, wie die meisten seiner Mitschüler, freiwillig zum Kriegseinsatz gemeldet hatte – »für die gute Sache, um Volk und Vaterland zu dienen«. Schon bei der Grundausbildung auf dem Kasernenhof erlebt er, wie er und seine Mitschüler durch Drill zu abgestumpften Befehlsempfängern reduziert werden sollen. Wenig später kommen sie, noch völlig unerfahren, an die Westfront, wo sie von einer Gruppe älterer Soldaten eingewiesen werden. Zwischen Paul und dem älteren Katczinsky entwickelt sich ein Vater-Sohn-Verhältnis: Der Alte zeigt dem Jungen, wie man überlebt, selbst unter schlimmsten und unmenschlichsten Bedingungen. Paul erfährt die Schrecken des Ersten Weltkrieges in den Schützengräben, in denen die Leichen erschossener Kameraden von Ratten angefressen werden, und Schlamm und Trommelfeuer an Beerdigungen gar nicht denken lassen. Es ist der erste »moderne« Krieg, in dem Giftgas und das erstmals massenhaft hergestellte Maschinengewehr zum Einsatz kommen.

Bei einem Fronturlaub merkt Paul daheim, wie sehr diese Erlebnisse ihn bereits seiner Familie entfremdet haben und wie schwer es ihm fällt, die Schrecken mit denen, die noch immer an soldatisches Heldentum glauben, zu teilen. Er kehrt zurück an die Front.

Im neunten Kapitel beschreibt Remarque eine Szene, die ich mein ganzes Leben nicht vergessen habe: Eines Tages kommt Kaiser Wilhelm II. (1859-1941) zu einem kurzem Truppenbesuch in eine sichere Stellung der Kompanie. Danach geht es wieder an die Front. Bei einem Streifengang werden Paul und seine Kameraden von einem gegnerischen Bombenangriff überrascht, bei dem mehrere getötet werden. Paul kann sich nur knapp durch einen Sprung in einen Bombentrichter retten und bleibt dort wie tot liegen, obwohl er unverletzt ist. Die Mann-gegen-Mann-Kämpfe gehen oben und um ihn herum unvermindert weiter. Als schließlich ein junger Franzose ebenso voller Angst in den gleichen Trichter springt, um sein Leben zu retten, sticht Paul in Panik auf den jungen Mann ein und verletzt ihn schwer. Da das gegenseitige Trommelfeuer aus den Maschinengewehren anhält, kann Paul für Stunden nicht aus dem Trichter, sondern muss neben dem langsam verblutenden Soldaten verharren. Er verspricht dem jungen Franzosen, dass er sich nach dem Krieg um dessen Frau und Kind kümmern werde. Schließlich stirbt der Soldat. Erst nach einem ganzen Tag lässt die Schießerei allmählich nach und es gelingt Paul, zurück in den deutschen Schützengraben zu kriechen. Als er den Kameraden, die überlebt haben, von seinen Schuldgefühlen berichtet, trösten sie ihn und sagen, dass dies ganz normal sei und zu einem Krieg dazugehöre.

Es gibt fraglos viel schlimmere Szenen in dem Buch: Als bei einem Angriff der Franzosen die überwiegend jungen Rekruten allein auf sich gestellt keine Chance haben und von 150 Jungen nur 32 überleben, davon mehrere mit schrecklichen Verletzungen; als Paul selbst von Granatsplittern getroffen wird und im Lazarett die entsetzlichen Verwundungen und die Schmerzensschreie der anderen Soldaten sehen und hören muss; als schließlich bei einem neuerlichen Fronteinsatz, nachdem die eigenen Verletzungen gerade einigermaßen verheilt sind, sein bester Freund sowie der alte Katczinky fallen und er auf sich allein gestellt ist.

Er denkt immer kritischer über den Krieg nach und sehnt sich nach einem Ende der Gewalt. Über die allgemeine Kriegsbegeisterung zu Beginn des Ersten Weltkrieges lässt Remarque seinen Paul sagen:

»Am vernünftigsten waren eigentlich die armen und einfachen Leute; sie hielten den Krieg für ein Unglück, während die Bessergestellten vor Freude nicht aus noch ein wussten, obschon gerade sie sich über die Folgen viel eher hätten klar sein können. Katczinsky behauptet, das käme von der Bildung, sie mache dämlich.«

Paul soll den Frieden nicht mehr erleben. Wenige Wochen vor Kriegsende wird er tödlich getroffen: »... an einem Tag, der so ruhig und still war, dass der Heeresbericht sich auf den Satz beschränkte, im Westen sei nichts Neues zu melden.«

⁂

Als der Roman »Im Westen nichts Neues« Anfang 1929 erschien, wurde er umgehend ein Welterfolg – bis Jahresende wurde das Buch in 26 Sprachen übersetzt. Schon 1930 wurde Remarques Antikriegsroman in den USA unter dem Titel »All quiet on the Western Front« verfilmt und wenig später mit zwei Oscars ausgezeichnet.

Bei der deutschen Film-Premiere im Berliner Metropol-Kino besetzten Nazi-Schlägertruppen den Kinosaal und bedrohten und beleidigten Besucher so lange, bis die Vorführung unterbrochen und schließlich abgesetzt wurde. Sie kritisierten Roman und Buch als »undeutsch« und »die deutsche Soldatenehre beleidigend«. Ähnliche Szenen wiederholten sich in anderen Städten Deutschlands, bis der Film offiziell aus dem Verleih genommen und erst Ende 1931 in einer zensierten Fassung wieder zugelassen wurde. Nach der Machtergreifung der NSDAP unter Adolf Hitler im Januar 1933 wurde der Film in Deutschland verboten. Im Mai 1933 verbrannten Nazi-Studenten in Berlin öffentlich auch Remarques Bücher und warfen Exemplare von »Im Westen nichts Neues« mit den Worten ins Feuer: »Gegen literarischen Verrat am Soldaten des Weltkrieges, für Erziehung des Volkes im Geist der Wehrhaftigkeit!«

Einen Tag nach dem Wahlsieg und der Machtergreifung der Nazis verließ Erich Maria Remarque am 31. Januar 1933 Deutschland und lebte erst in der Schweiz und später in den USA. 1935 machten die Nazis dem erfolgreichen Autor überraschend ein Angebot, nach Deutschland zurückzukehren, das er jedoch ablehnte. 1938 wurde ihm die deutsche Staatsangehörigkeit aberkannt. In den USA hatte er Umgang mit anderen deutschen Schriftstellern, die aus Deutschland geflohen waren, wie Lion Feuchtwanger (1884-1958) und Bertolt Brecht (1898-1956). 1947 wurde Remarque US-amerikanischer Staatsbürger.

Was hatte Erich Maria Remarque, der als zweites von fünf Kindern eines unpolitischen Buchbinders und seiner Frau 1898 in Osnabrück geboren wurde und selbst nie einer politischen Partei angehörte, zum entschlossenen Kriegsgegner werden lassen?

Mit achtzehn Jahren musste der junge Erich die Schule vorzeitig für die militärische Grundausbildung verlassen und kam kurz vor seinem neunzehnten Geburtstag, im Juni 1917, als Rekrut an die Westfront. Anders als seine Romanfigur Paul hatte er sich nicht freiwillig gemeldet, sondern war verpflichtet worden. Bereits Ende Juli wurde er durch mehrere Granatsplitter schwer verletzt und verblieb bis zum Kriegsende in einem Militärhospital, wo er Augenzeuge von den entsetzlichen Verwundungen junger Männer wurde.

Von da an blieb er wachsam gegenüber allen nationalistischen Hetzreden und der Idee, dass ein bestimmtes Volk besser und wertvoller sei als ein anderes. Geboren war er mit dem Familiennamen Remark und er erfuhr erst später von seinen Eltern, dass der aus Frankreich stammende Großvater eigentlich Remarque hieß und seinen Namen im 19. Jahrhundert »eingedeutscht« hatte. Im Alter von 21 Jahren übernahm der junge Mann den Namen seines Großvaters und schrieb sich von da an bis zu seinem Lebensende »Remarque«.

Sein Roman »Im Westen nichts Neues« war 1928 als Fortsetzungsroman in einer Zeitung erschienen und wurde erst ein Jahr später als Buch veröffentlicht. Remarque verstand seinen Roman nicht als »politisch«, sondern stellte ausdrücklich fest: »Dieses Buch soll weder Anklage noch Bekenntnis sein. Es soll nur den Versuch machen, über eine Generation zu schreiben, die vom Krieg zerstört wurde, auch wenn sie seinen Granaten entkam.« Mit Anfang dreißig wurde Erich Maria Remarque mit einem Schlag weltberühmt und wohlhabend.

Anders als viele andere Flüchtlinge hatte er keine finanziellen Sorgen, als er aus Deutschland wegging. Die Nazis konnten seinen internationalen Erfolg nicht schmälern, auch wenn sie das Gerücht verbreiteten, er sei Jude, niemals selbst »richtiger Soldat« gewesen und er habe eine Namensfälschung vorgenommen, wobei sie die Annahme des französischen Namens besonders reizte und sie in Propagandatexten schrieben, dass der Familienname insgesamt »umgedreht« sei und er in Wirklichkeit »Kramer« statt Remark heiße.

Während Remarque selbst der Verfolgung durch die Nazis hatte entkommen können, ging es nicht allen seinen Familienmitgliedern in Deutschland so. Seine Schwester

Elfriede, die als Schneiderin in Dresden lebte und 1943 gegenüber einer Kundin ihre Zweifel am »Endsieg der Nazis« geäußert hatte, wurde in einem Schauprozess vor dem »Volksgerichtshof« zum Tod verurteilt und wenig später durch Enthauptung hingerichtet.

Privat gehörte der deutsche Schriftsteller in den USA und der Schweiz zu den bekanntesten Künstlern seiner Zeit. Seine Liebesaffären mit Stars wie Marlene Dietrich (1901-1992) und Greta Garbo (1905-1990) waren in aller Munde. In zweiter Ehe heiratete er 1958 Paulette Goddard (1910-1990), die frühere Filmpartnerin und Ehefrau von Charlie Chaplin (1889-1977). Mit ihr lebte er in der Schweiz bis zu seinem Tod 1970 im Alter von 72 Jahren. Seit 1991 verleiht die Stadt Osnabrück den hoch dotierten Erich-Maria-Remarque-Friedenspreis an prominente Autorinnen und Autoren aus aller Welt, die sich für Frieden und Gerechtigkeit engagieren.

───────◦◦◦───────

»Vom Krieg zerstört, auch wenn man seinen Granaten entkommen war«, hatte Erich Maria Remarque als kritisches Motto seinem Roman vorangestellt. Da ich als Kind noch viele Spuren des Zweiten Weltkrieges aus eigener Anschauung wahrnehmen konnte, hat mich schon früh immer wieder die Frage bewegt, warum die meisten Menschen Krieg als Mittel zur Lösung internationaler Konflikte akzeptieren und in der Regel nur wenige sich konsequent und mutig dagegen aussprechen und für gewaltfreie Konfliktlösungen einsetzen. Auch wenn alle Menschen im Prinzip gegen Gewalt zu sein scheinen, verblasste der mehrheitliche Ruf »Nie wieder Krieg!« nach 1945 überraschend schnell.

Den Mund aufzumachen, wenn Ungerechtigkeit geschieht oder sogar das Leben von Menschen bedroht wird, ist dann am schwersten, wenn beides mehrheitlich akzeptiert zu sein scheint und wenn selbst Gesetze, Vorgesetzte und die meisten »vernünftigen Mitbürger« um einen herum staatliche Gewalt, Waffeneinsatz oder gar die Todesstrafe gutheißen.

Als junger Lehrer schrieb ich meine Doktorarbeit über die Minderheit von Lehrerinnen und Lehrern, die es während der Nazi-Zeit geschafft hatten, sich der Ausgrenzung und Diskriminierung der Schüler entgegenzustellen, deren Verfolgung offiziell angeordnet war: Kinder jüdischer Herkunft, Roma- und Sintikinder, geistig oder körperlich Behinderte, Kinder oppositioneller Eltern. Fraglos eine besondere Herausforderung innerhalb einer Berufsgruppe, die mit 97 Prozent den höchsten Grad an Mitgliedern in einer Nazi-Organisation, dem NS-Lehrerbund, aufwies.

Mir fiel auf, dass diese Frauen und Männer, die sich für die Achtung und oft auch das Leben der ihnen anvertrauten jungen Menschen einsetzten, dies nicht deshalb taten, weil sie eine bestimmte politische, weltanschauliche oder religiöse Überzeugung hatten (das hatten viele andere auch, die nichts taten), sondern weil sie zu zwei menschlichen Leistungen fähig waren: die Einfühlung (Empathieleistung) in das Leid anderer und die Bereitschaft, Verantwortung zu übernehmen und zu handeln (Identitätsleistung).

Bewegend war für mich, dass die Kinder und Jugendlichen, die überlebten und später von mir in England, den Niederlanden, Deutschland, Israel oder den USA als Erwachsene befragt wurden, häufig selbst kleinste Gesten als »mutig« und »ermutigend« erlebt hatten: So erzählte eine Frau in Israel, dass sie niemals vergessen würde, wie ihr ehemaliger Klassenlehrer, nachdem sie als jüdisches Kind die Schule nach 1938 hatte verlassen müssen, ihr und ihrem Vater auf der Straße zufällig begegnete und dabei nicht die Straßenseite wechselte wie die meisten ihrer früheren Mitschüler und Lehrer, sondern den Hut vor ihrem Vater zog, beide mit Handschlag begrüßte und sein Bedauern über die »politische Lage im Land« ausdrückte.

Andere taten mehr – sie verteidigten die diskriminierten und verfolgten Kinder vor der Klasse, nahmen sie trotz Verbots mit auf Ausflüge oder versteckten sie sogar, als die direkte Verfolgung durch die Nazis und den Staat begann und halfen ihnen bei der Flucht ins Ausland. Einige schafften es, unbeschadet im Lehrerdienst zu bleiben, andere wurden entlassen, eine kleine Gruppe musste ihr Engagement selbst mit Haft und Hinrichtung bezahlen.

Eine der literarisch schönsten Darstellungen einer hier namenlosen Lehrerin, die sich für das Leben Verfolgter einsetzt, hat Ingeborg Drewitz (1923-1988) in ihrem Roman »Gestern war Heute – Hundert Jahre Gegenwart« [48] geschaffen, keine Heldin, eher eine schüchterne Person, die aber an der Aufgabe, die sie sich selbst gestellt hat, wächst:

Leben retten: Porträt der namenlosen Lehrerin, die plötzlich »lächelt und nicht mehr grau aussieht, nicht mehr geduckt ...«

Berlin 1938. Die schüchterne Lehrerin, die seit Herbst Englisch unterrichtet, hat Gabriele in der Pause angesprochen, so leise, dass sie es kaum hat verstehen können und zurückgefragt hat: Stuttgarter Straße 12 ?

*Ja, im Hof, und dann vier Treppen hoch. Ich denke mir, du hast was davon, hat sie ge-
sagt und ist dann weitergehuscht, fremd, ängstlich, wie sie auch in die Klasse kommt,
den Arm zum befohlenen Gruß flüchtig hebt, den Gruß kaum ausspricht, zu rasch
ins Englische überwechselt, graue Maus, graue Röcke, graue Blusen, eine Brosche am
Blusenverschluss, ein blasses, schmales Gesicht, kaum Lippen.*

*[Dann, beim ersten Treffen:] Die graue Lehrerin spricht bald mit dem einen, bald mit
dem anderen, und als sie vor ihr stehen bleibt, fragt sie, ob sie ein Fahrrad hat, weil
doch manchmal weite Wege zu machen sind. Sie legt ihr die Hände auf die Schultern.
Gut, dass du gekommen bist!*

*Du hast es zum Baumschulenweg nicht weit – sie wartet die Zustimmung gar nicht
erst ab – da gebe ich dir zwei Adressen. Das wirst du ja können: Mit niemand davon
sprechen?*

*Wichtig ist Kleidung. Der Mann ist beim Gleisbau eingesetzt, Orchestermusiker, der hat
natürlich kein Arbeitszeug.*

*Und in der Familie ist der Vater weg seit 1934: Sachsenhausen. Da sind drei Kinder von
sechs bis zehn, denen es immer an Kleidung fehlt.*

Sie lächelt jetzt und sieht nicht mehr grau aus, nicht mehr geduckt.

*Ich sage dir dann auch, von wem du die Kleidung bekommst. In der Schule bitte kein
Wort drüber!*

Wie sehr die Folgen von Unterdrückung und Krieg Leben beschädigen und
zerstören können, selbst »wenn man seinen Granaten entkommen war«,
hat mich die Geschichte einer in Deutschland geborenen Lehrerin gelehrt,
die erst nach dem Krieg nach England auswanderte. Selbst menschliche
Beziehungen, selbst aufrichtige Liebe, können zerstört werden von psychischen Beschädigungen, für deren Aufarbeitung ein Menschenleben zuweilen einfach nicht lang genug ist.

Joanne Miller (1911-1994): »Sein Tod bedeutete meine Erlösung ...« [49]

*Als ich Joanne Miller in einem Londoner Vorort kennen lerne, ist sie bereits 74 Jahre
alt. Geboren wurde sie als Johanna Müller in Köln. »Mein Traumberuf war Lehrerin«,
berichtet sie im Rahmen des von mir initiierten Forschungsprojekts über oppositionelle*

Pädagogen während der Nazi-Zeit. »Meine erste eigene Klasse erhielt ich mit 25 Jahren, darunter auch zwei Kinder aus einer Roma-Familie, die man damals noch ›Zigeuner‹ nannte.«

Als die Kinder noch vor Beginn des Zweiten Weltkrieges mit ihren Eltern zur Deportation in ein KZ abgeholt werden, protestiert sie dagegen bei ihrem Schulleiter. Dieser, ein strammer Nazi, droht ihr mit einer »Meldung nach oben«. Ihr Mann – sie ist gerade ein Jahr verheiratet mit einem Kollegen, der illegale Arbeit für die im Untergrund agierende kommunistische Partei leistet – ermutigt sie, nicht kleinbeizugeben. Sie schreibt einen offenen Brief an das Kollegium ihrer Schule, in dem sie die Ausgrenzung ihrer Schüler anprangert. Zwei Tage später wird sie aus dem Schuldienst entlassen. Wenig später schließt sie sich der politischen Arbeit ihres Mannes an.

Kurz nach Beginn des Krieges wird ihr Mann verhaftet, gefoltert und danach in das Konzentrationslager Sachsenhausen gesperrt. Verzweifelt bemüht sie sich darum, Kontakt zu ihm zu bekommen. Dann wird auch sie verhaftet, ebenfalls gefoltert und ohne Gerichtsurteil in das Frauen-KZ Ravensbrück gebracht.

»Diese fast fünf Jahre waren schlimm, weil ich doch nicht mal wusste, ob mein Mann noch am Leben ist.« Über die Folter und die lange Zeit der Entbehrung und Erniedrigung verliert sie weiter kein Wort.

»Noch vor Ende 1945 erhielt ich über einen Kameraden, der mit meinem Mann eingesperrt war, die Gewissheit, dass er schon im ersten Winter im KZ zu Tode geprügelt worden war. Zu der Zeit war ich noch überzeugt, dass er am Leben sei, denn er war ein so großer Mann, viel kräftiger als ich.«

Nach dem Krieg bemüht sie sich um Arbeit außerhalb Deutschlands und findet schließlich über politische Freunde eine Anstellung an einer Grundschule in England. Hier lernt sie ihren zweiten Mann kennen, einen ehemaligen Piloten der Air Force, mit dem sie drei Kinder bekommt. Es fällt auf, dass sie über diese zweite Ehe nicht sprechen möchte.

Jahre nachdem die Forschungsarbeit abgeschlossen und veröffentlicht ist, besuche ich sie noch einmal in London. Sie ist nun bereits über 80 Jahre alt und wirkt gebrechlich. Ihr Geist ist jedoch ungebrochen. »Ich möchte noch etwas sagen, worüber ich damals nicht reden konnte, weil es einfach so absurd klingt. Können Sie sich vorstellen, dass die schrecklichste Zeit meines Lebens nicht die fünf Jahre KZ, sondern die letzten fünfzehn Jahre mit meinem zweiten Mann waren?«

Sie holt tief Atem und fährt dann fort: »Auch er hatte schreckliche Kriegserlebnisse, die er irgendwann mit Alkohol zu ertränken suchte. Alle Bemühungen, ihn davon abzubringen, waren vergeblich. Als die Kinder aus dem Haus waren, wurde er gewalttätig gegen mich, wann immer er getrunken hatte. Und ich wusste all die Jahre keinen Ausweg. Im KZ hatte ich immer die Hoffnung, dass irgendwann die Befreiung kommen würde. Bei meinem zweiten Mann gab es diese Hoffnung nicht. Gleichzeitig hätte ich mich als Verräterin gefühlt, wenn ich ihn verlassen hätte ...«.

Als er an einer durch Alkohol verursachten Krankheit stirbt, wird ihr das Ausmaß dieser langen Jahre der Gewalt erst wirklich bewusst. »Sein Tod bedeutete meine Erlösung ...«. Sie schaut mir direkt in die Augen, als sie sagt: »Im Innersten hatte ich auf seinen Tod gehofft, weil er meinen einzigen Ausweg bedeutete.«

Freitod oder Selbstmord?
Das Recht auf den eigenen Tod

Ein Recht auf den eigenen Tod – wie es ein Recht auf das eigene Leben gibt?

Darf ein Mensch selbst darüber entscheiden, wie er sterben möchte – und wann? Gibt es ein Recht auf den eigenen Tod, so wie niemand das Recht auf das eigene Leben in Frage stellt?

Die Begriffe signalisieren bereits eine äußerst emotional geführte Kontroverse: Ist die Selbsttötung eines Menschen eine freie, von anderen zu achtende Entscheidung: ein Freitod? Oder ist es ein verwerflicher Akt der Selbstaufgabe, ja ein Verbrechen wie Mord – eben: Selbstmord?

Unabhängig davon, wie andere es beurteilen: Es ist immer vorgekommen, seit es Menschen gibt und es kommt weiter vor – in Deutschland nehmen sich pro Jahr rund 12.000 Menschen das Leben, dies sind jeden Tag etwa 33 Kinder, Jugendliche, Frauen und Männer.

Noch viel schwieriger ist die Beurteilung einer Entscheidung zum Suizid, wenn ein Mensch unheilbare Qualen leidet und um Hilfe zum Sterben bittet, weil er selbst dazu nicht oder nicht mehr in der Lage ist. Selbst innerhalb Europas gibt es dazu bislang keine einheitliche Gesetzgebung: Was in Deutschland oder Österreich strafbar ist, kann in den Niederlanden oder der Schweiz legal und nach klaren Regeln durchgeführt werden.

Als Fremdwort für Sterbehilfe wird oft der aus dem Griechischen stammende Begriff Euthanasie gewählt. Im Altgriechischen bedeutet Euthanasie »der gute (oder schöne) Tod« – im Gegensatz zum qualvollen Sterben. Er hatte im Altertum niemals die entsetzliche Bedeutung der Ermordung behinderter oder sozial ausgegrenzter Menschen, wozu ihn die Nazis in Deutschland degradierten und missbrauchten.

Aber was ist ein »guter Tod« für einen Menschen, der nicht mehr leben möchte? Wer kann eindeutig beurteilen, ob so ein Todeswunsch vorübergehend oder endgültig ist? Wie ist zu verhindern, dass Sterbehilfe missbraucht wird gegenüber körperlich hilflosen oder geistig nicht mehr zu eigenen Entscheidungen fähigen Menschen, mehr um sich von einer »Last« zu befreien, anstatt jemandem wirklich zu helfen?

Die Selbsttötung eines Menschen gehört für die Hinterbliebenen zu den am schwersten zu verarbeitenden Todesarten. Sie geschieht plötzlich und meist einsam. Ein Suizid lässt Familienangehörige und Freunde oft mit schmerzlichen Fragen nach dem Motiv zurück.

In den meisten Fällen bleibt die bohrende Frage unbeantwortet: Warum hast du es getan? Und nur wenige wagen die eigenen verletzten Gefühle zuzulassen, die nicht selten lauten: Warum hast du uns das angetan?

In ihrem »Begleitbuch für Trauernde, wenn sich jemand das Leben genommen hat« [50], schreibt die Sozialpsychologin Chris Paul (*1962) genau zu diesen beiden Fragen:

> Nach einem Suizid beschäftigen sich Angehörige viel mit dem Thema Schuld. Viel Energie wird darauf verwandt, den Menschen, der sich das Leben genommen hat, als Opfer widriger Umstände und problematischer Beziehungen zu verstehen. Doch die Gründe und Ursachen, die hierbei für eine Lebenskrise gefunden werden, können die eine Frage nicht beantworten – warum hat dieser Mensch sich entschieden, seine Probleme durch den eigenen Tod zu lösen?
>
> Angehörige und Bekannte eines Menschen, der sich das Leben genommen hat, sind mit einer der denkbar schwersten Lebenskrisen konfrontiert. Auch sie müssen entscheiden, welche Antworten sie auf diese Krise finden. Die meisten denken eine Zeit lang intensiv an die Möglichkeit, sich ebenfalls zu töten – das Sterben als Ausweg ist kein ungewöhnlicher Gedanke. Trotzdem wählen die meisten Hinterbliebenen das Leben mit allen Schmerzen, Schuldgefühlen und Verlusten, die dieser Tod verursacht. Die Verantwortung für die Entscheidung zum Leben oder zum Sterben trägt jeder Mensch allein.
>
> Wer einen Menschen auf Lebensumstände reduziert, auf eine psychische Krankheit oder Sucht, wird ihm nicht gerecht. Der wirkliche Mensch mit seiner ganzen Persönlichkeit gerät dabei aus dem Blick und kann auch nicht wirklich betrauert werden. Das Gleiche gilt für eine nachträgliche Idealisierung. Menschen, die sich das Leben nehmen, sind weder einsame Genies noch willenlose Marionetten. Sie verdienen Respekt, auch und gerade Respekt für die Entscheidung, gleichgültig, ob wir diese Entscheidung gutheißen oder nicht.

Vorurteile gegenüber Menschen, die sich selbst töten, lauten zuweilen, dass es schwache Persönlichkeiten seien, die den »Stürmen des Lebens« einfach nicht gewachsen gewesen seien. Die beiden mir nahen Menschen, die vor gut fünfzehn Jahren kurz hintereinander den schweren Entschluss zur Selbsttötung trafen, waren keinesfalls schwach, sondern eher gewöhnt, ihr Leben lang eigene Wege zu gehen und unabhängige Entscheidungen zu treffen.

⊗⊗⊗

Tamar Laakmann (1935-1993): »Das haben wir zu akzeptieren ...«

Die erste Begegnung war eine professionelle: Ich wartete auf ein Gespräch mit einem bekannten Professor in Jerusalem, als die Tür im Nebenzimmer aufging und eine freundliche schlanke Dame, Mitte vierzig, meinen Freund und mich fröhlich musterte und in Englisch fragte: »Ist er wieder zu spät?« Wir zuckten unsicher die Schultern.

Es hatte Monate gedauert, um diesen Termin zu bekommen, den wir dringend für unser Studium benötigten. Der Professor war bereits über siebzig und kam nur noch ab und zu ins Institut, dessen Direktor er bis zu seiner Pensionierung gewesen war. Ob er unsere Verabredung vergessen hatte?

»Er kommt schon noch ...«, tröstete uns die nette Mitarbeiterin, vielleicht eine wissenschaftliche Angestellte oder selbst Professorin? »Ich bin die Leiterin unserer Bibliothek«, kürzte sie unsere Vermutungen ab, »und kann außerdem noch guten Tee bereiten. Möchtet ihr eine Tasse?«

Wir nickten und folgten ihr in ihr bescheidenes Büro, in dem jede Ablage und jeder freie Platz mit hochgestapelten Büchern besetzt war. Auf einer Kiste stand ein Tablett mit einer Teekanne und drei Tassen, als hätte sie auf uns gewartet. Sie schenkte ein, ohne unsere Zustimmung abzuwarten und reichte die übervollen Tassen, wobei sie sich auf die Lehne eines Stuhls setzte, dessen Sitzfläche ebenfalls mit Büchern bedeckt war. Wir setzten uns auf ein Stück der Fensterbank, wobei wir zwei kleinere Bücherstapel unauffällig zur Seite schoben.

Mein Freund versuchte eine vorsichtige Vorstellung: »Wir sind aus Hamburg ...«. »Ich auch«, antwortete Tamar in Deutsch.

Sie fragte uns nach unserem Studium. Und erzählte dann ausführlich von ihrem Traum, ein internationales Lexikon des Antisemitismus zu erstellen, das erste seiner Art. »Mehr als sechstausend Stichworte habe ich schon ...«, sie zeigte stolz auf zwanzig sorgfältig beschriftete Schuhkartons mit Karteikarten, alle mit mechanischer Schreibmaschine vollgetippt.

Nach über einer Stunde klopfte jemand an die Tür — der Professor. Beinah hätten wir ihn vergessen an diesem Nachmittag ...

Wann genau sie von Ahrensburg, einer Kleinstadt nördlich Hamburgs, nach Israel umgezogen war, blieb im Dunkeln. Es war in jedem Fall lange nach Kriegsende, als sie bereits ihre Ausbildung als Bibliothekarin abgeschlossen hatte. Sie war allein gekommen, ohne Familie. Einen Bruder gab es noch in Deutschland und ihre hochbetagte Mutter. Sie aber hatte nicht in Deutschland bleiben wollen, weder im Westen noch im Osten.

Im Land der Täter? »Nein«, sagte sie, »*im Land der Dichter und Denker, der vielen, die wegsahen, obwohl sie dabei den Kopf verdrehen mussten ...«.*

In Israel fand sie ihre Lebensaufgabe. Sie baute die Bibliothek im Institut für die Geschichte der deutschen Juden auf, öffnete sie Journalisten und Wissenschaftlern wie unerfahrenen Studenten. In unzähligen wissenschaftlichen Arbeiten, aber auch bekannten Publikationen zum Thema wird ihr für die fachliche Beratung in Vorworten und Fußnoten gedankt. Sie tat es mit Leidenschaft, erwartete weder Bezahlung noch Lob. Ihr Lebensstandard blieb bescheiden, eine kleine Mietwohnung, kein eigenes Auto. »Ich liebe meinen arabischen Busfahrer!«, antwortete sie, wenn ihr jemand etwas mehr Luxus im Alltag einzureden versuchte.

Das mit dem Busfahrer meinte sie ehrlich. Einmal im Jahr kam sie nach Deutschland, beruflich, aber auch um die greise Mutter zu besuchen. In Norddeutschland begann ihre Reise in der Regel bei uns in Hamburg. »Erst mal einen Tee zum Aufwärmen ...«, so war es immer, nachdem sie die vier Treppen in unser Dachgeschoss erklommen hatte. Erst dann ging es auf Rundreise im Lande. Am Ende war der große leere Koffer, mit dem sie jedes Mal ankam, mit Kleidung und Spielzeug gefüllt. »Said hat Familie im Flüchtlingslager, mehr als zehn Kinder!«

Irgendwann, an einem solchen ersten Abend nach der Ankunft aus Israel, erzählte sie von der einzigen Liebe ihres Lebens. Ein deutscher junger Mann, klug war er und kritisch. Sie konnten gut reden miteinander. Er konnte so zärtlich sein. Noch wohnten sie nicht zusammen. Nachts fuhr er oft auf dem Motorrad zurück ins Studentenwohnheim. Bei jedem Wetter. Sie hatte immer Angst und bestand darauf, dass er kurz von der Telefonzelle im Wohnheim anrufen solle. Erst dann konnte sie gut schlafen. Immer rief er an, und sie schlief gut. Bis zu jener Nacht im November, es hatte geregnet. Danach der erste Frost. Er rief nicht an. Sie blieb wach und nahm den ersten Bus noch vor dem Morgengrauen. Als sie endlich ankam, wusste sie bereits, dass etwas Schlimmes passiert sein musste. Ein Mitbewohner erkannte sie, auch er hatte nicht geschlafen: »Weißt du es schon?« Ihr Geliebter war auf dem Heimweg mit dem Motorrad auf der Landstraße verunglückt. Niemand sonst war zu Schaden gekommen. In einer Kurve weggerutscht und gegen einen Baum geknallt. Seine Eltern traf sie auf der Beerdigung zum ersten Mal.

Wenn ich nach Israel fuhr, wohnte ich nach meiner Ankunft ebenfalls immer erst bei ihr. Ihre Wohnung war klein, es gab nur eine winzige Küche und ein Zimmer mit einem Schreibtisch sowie einem ausklappbaren Sofa. Sie klappte es nur aus, wenn Besuch kam. Abends und vor allem im Winter, wenn es oft eisig kalt in den Jerusalemer Bergen wird, saßen wir unter dicken Decken auf dem ausgeklappten Bett und redeten bis zum Müdewerden, jeder die unvermeidliche Tasse Tee in der Hand. Stundenlang besprachen wir die Konflikte zwischen Israelis und Palästinensern. »Es ist nicht gut ... Israel behandelt die Araber im Lande als Menschen zweiter Klasse. Ich kann das nicht ignorieren ... es ist schlimm.« *Sie vermittelte mir die ersten Kontakte zur israelischen Friedensbewegung. Am Sabbatabend brachte ich oft Essen von einem Chinesen mit, dem einzigen Restaurant, das geöffnet hatte in dem eher traditionell jüdischen Stadtteil. Kochen konnten wir beide nicht besonders.*

Es kam zu Streit im Institut, mehr als einmal, mit angesehenen und von ihr zutiefst verehrten Kollegen. Sie schrieb in langen Briefen darüber, anfangs oft noch mit dem ihr eigenen Humor und immer die Hauptschuld bei sich suchend. Mein Freund, der ebenfalls weiter regelmäßig nach Israel fuhr und sie besuchte, berichtete davon, dass sie zum ersten Mal daran gedacht habe, zurück nach Deutschland zu gehen. Wenig später schrieb sie auch mir: »Ich kann nicht wegsehen. Es geschieht zu viel Unrecht ... und ich bin zunehmend isoliert. Als alleinstehende Frau werde ich außerdem bedauert. So ein Unsinn. Es ist meine Entscheidung, kein Grund zum Mitleid. Manchmal hätte ich gern nachts eine Wärmflasche mit Ohren neben mir ... das ist alles.«

Plötzlich, nach beinah fünf Jahren des Abwägens, ein Stellenangebot aus Deutschland. Eine neu gegründete Gedenkstätte in Berlin sucht eine erfahrene Kollegin zum Aufbau der Mediothek und Bücherei. »Die Stelle bekomme ich nie!«, *schreibt sie.* »Bin viel zu alt ... und habe keine Ahnung von Computern.« *Dann wird sie aber doch eingeladen zum Vorstellungsgespräch. Und bekommt die Stelle. Alle Freunde helfen beim Umzug nach Berlin. So viel ist es gar nicht. Die zwanzig Schuhkartons und ein bisschen Kleidung. Die Möbel bekommt Said, der arabische Busfahrer.*

Sie kniet sich mit aller Energie in die neue Aufgabe. Und doch ist sie verändert. Als wäre etwas zerbrochen. Eine Hoffnung vielleicht.

Sie hat Schlafstörungen, nimmt zum ersten Mal Medikamente. Zum Glück wohnt sie in der Nähe jenes guten Freundes, mit dem ich sie viele Jahre vorher kennen gelernt habe. Aber auch dessen Leben ist belastet. Als junger Arzt zweifelt er an seiner beruflichen Kompetenz. Ein Arzt mit Selbstzweifeln? Das darf es nicht geben. Zu dritt beraten wir, ob er nicht lieber den Beruf aufgeben soll, auch wenn der Weg dahin noch so viele Opfer gekostet hat – erst lange Jahre Abendschule, um das Abitur nachzuholen, dann ein Darlehen fürs Studium, das immer noch nicht abbezahlt ist.

Zwei Monate später erreicht mich ein Anruf aus Berlin. Unser Freund Detlef hat sich in seiner Wohnung erhängt, nachdem er zuvor noch eine zwölfstündige Nachtschicht auf der Notaufnahme abgeleistet hat. »Weiß Tamar es schon?« *Die Polizei bittet mich, es der Mutter des Freundes in einem Vorort Hamburgs mitzuteilen. Danach fahre ich mit dem Auto zu Tamar nach Berlin, hole sie von der Arbeit ab. Sie weiß es noch nicht. Ich warte, bis wir bei ihr daheim sind.*

Als ich es endlich mit unsicheren Worten hervorbringe, reagiert sie mit völliger Erstarrung. Sie schaut lange aus dem Fenster, bewegungslos. Dann dreht sie sich langsam zu mir um und sagt, wie aus weiter Ferne: »Wenn er das so wollte, dann haben wir das zu akzeptieren ...«.

Am nächsten Tag räume ich mit einem Bekannten die Wohnung des Freundes aus, auf Wunsch seiner Mutter. Jemand muss es machen. Tamar meldet sich nicht. Sie kommt auch nicht zur Beerdigung. Bevor ich zurück nach Hamburg fahre, bringe ich ihr einige Bücher von unserem verstorbenen Freund. Sie ist noch immer erstarrt.

Die kommenden Monate werden zu den schwersten meines bisherigen Lebens. Zwei gute Freunde sterben an Aids, elendig und langsam, zu einer Zeit, als es noch keine Medikamente dagegen gibt. Beide geben nicht auf, bis zuletzt. Tamar schreibt endlich wieder. Kluge und einfühlsame Briefe. Einmal: »Aids ist erst am Anfang. Es wird noch richtig schlimm in den armen Teilen der Welt werden ...«. Und sie teilt mir mit, dass sie sich zum dritten Mal krankmelden musste. Wegen Magenschmerzen. Nein, wegen Depressionen. Sie schreibt: »Ich bin nirgends mehr zu Hause. Dort weggegangen, hier nicht angekommen. Es ist so kalt.« Und: »Mach dir keine Sorgen. Ich komme dich bald besuchen. Dann gehen wir zum Chinesen, am Sabbatabend, wie früher.«

Im gleichen Jahr ein weiterer Todesfall: Meine Mutter stirbt an einer Lungenembolie, ohne jede Vorwarnung. Vier Tage vorher haben wir noch telefoniert. Wieder fahre ich nach Berlin, wieder wird eine Beerdigung vorbereitet. Als ich bei Tamar anrufe, nimmt eine Nachbarin ab und sagt, dass Tamar in eine psychiatrische Klinik aufgenommen wurde, deren Adresse sie nicht angeben kann. Ich bekomme die Anschrift heraus. Mein Vater ist noch unter Schock, als ich in Berlin eintreffe. Ich will ihn keine Sekunde während meines Besuchs allein lassen. Er weiß von Tamar. Wir fahren gemeinsam zur Klinik und ich bitte ihn, im Auto zu warten, nachdem ich endlich die Genehmigung eines Arztes erhalten habe, Tamar zu besuchen. Sie erkennt mich sofort, obwohl sie sichtlich unter starken Medikamenten steht. »Wir haben die Verabredung beim Chinesen, weißt du noch?« Sie lächelt: »Ich weiß.«

Die nächsten Wochen geht es auf und ab. Sie ist lange nicht stark genug, um zu reisen. Aber sie schreibt endlich wieder. »Es wird besser, ich habe endlich einen jungen Arzt gefunden, der versteht, was mich schmerzt, dass ich nicht psychisch krank bin, sondern einfach sehr, sehr traurig – aus guten, nein, schlimmen Gründen.« Ich bin inzwischen nach Amsterdam umgezogen. Einmal kommt sie zu Besuch, sagt am Ende: »Es ist gut, dass du hier lebst. Ich komme bald wieder ... Ab jetzt nicht mehr: Nächstes Jahr in Jerusalem. Ab jetzt: Nächstes Jahr in Amsterdam.«

Kurz vor ihrem 58. Geburtstag begibt sie sich auf eigenen Wunsch wieder in jene Klinik, in der ich sie besucht hatte. Sie hat kein Telefon im Zimmer, aber eine Schwester ist so nett, sie ans Telefon zu holen, wenn ich von Amsterdam nach Berlin anrufe. Zwei Tage vor ihrem Geburtstag rufe ich wieder an. Ich berichte ihr, dass ein Päckchen unterwegs ist. Ihre Stimme ist kaum zu verstehen, wahrscheinlich wieder die starken

Medikamente. Als ich am Morgen ihres Geburtstages anrufe, dauert es lange, bis ich zu der Schwester durchgestellt werde, die mich schon kennt. »Es tut mir leid«, sagt sie, »aber Tamar lebt nicht mehr.« Erst Stunden später kann ich den netten jungen Arzt erreichen, dem sie vertraut hat. »Tamar ist in der Nacht vor ihrem Geburtstag vom Dach der Klinik gesprungen. Sie war sofort tot.«

Einige Wochen später erhalte ich einen eingeschriebenen Brief aus Berlin. Das Schreiben eines Anwalts, der mir mitteilt, dass mir Tamar zwanzig Kisten mit Karteikarten sowie ihr Sparbuch vererbt hat. In der Kopie ihres Testaments heißt es: »Weil er weiß, was mir wirklich wichtig war ...«.

Es gelingt, dass die vielen Karteikarten vom Archiv des Berliner Zentrums für Antisemitismusforschung angenommen und künftigen Forschungszwecken zugänglich gemacht werden. An dem alten Amsterdamer Haus, das wir damals renovieren und kurz darauf beziehen, bringen wir außen neben der Haustür eine Messingtafel an und innen im Hausflur ein Foto mit einem Text, der über Tamars Leben und ihren Freitod informiert. Das dreihundert Jahre alte Gebäude in der Amsterdamer Innenstadt heißt seitdem Tamar-Laakmann-Haus.

⸙

Jean Améry (1912-1978): »Nicht mehr heimisch in der Welt ...«

Der 1912 in Wien geborene Hans Mayer, Sohn eines jüdischen Vaters und einer katholischen Mutter, die ihn christlich aufzog, bestand auf dem »Recht zum Freitod«. Als letztem unveräußerlichen Recht eines Menschen, dem alles genommen werden kann, der gequält und gefoltert werden mag, der nicht die Macht hat, sich gegen übermächtige Staatsgewalt zu wehren, aber der niemals die Macht über sein eigenes Leben und Sterben abzugeben bereit ist.

Als die Mehrheit der Österreicher sich Hitlerdeutschland jubelnd »anschließt«, emigriert Hans Mayer nach Belgien, wo er 1940 als »feindlicher Ausländer« verhaftet und in einem Lager in Südfrankreich interniert wird. Zwei Jahre später, mit dreißig Jahren, gelingt ihm die Flucht zurück nach Belgien, wo er einer Widerstandsgruppe gegen die Nazis beitritt. Im Juli 1943 wird er beim Verteilen von Flugblättern festgenommen und in den folgenden Wochen auf das Schlimmste gefoltert. Danach kommt er »auf Transport« in die Konzentrationslager Auschwitz, Buchenwald und Bergen-Belsen, die er nur knapp überlebt. Er wird später schreiben: »Hitler hat mich zum Juden gemacht.«

Er bleibt in Belgien, kehrt nicht zurück nach Österreich. Viele seiner Erlebnisse verarbeitet er schreibend. Zehn Jahre nach Kriegsende übersetzt er seinen Vornamen ins Französische und verdreht die Buchstaben seines Nachnamens so, dass es französisch klingt. Er nennt sich nun: Jean Améry. 1966 wird er durch sein biografisches Buch

»Zwischen Schuld und Sühne« auch in Deutschland bekannt. Er ist inzwischen 54 Jahre alt und macht sich zunehmend einen Namen als Essayist für den Rundfunk und verschiedene Zeitungen. 1976 erscheint sein Buch »Hand an sich legen. Diskurs über den Freitod« [51]. *Die schrecklichen Erlebnisse der Folter haben ihn ein Leben lang verfolgt, in Albträumen, bei Tag und Nacht: »Wer der Folter erlag, kann nicht mehr heimisch werden in der Welt.«*

Nach einer Lesung fragt ihn ein Student, warum er, der doch so viel Schlimmes überlebt habe, nun ein ganzes Buch zum Thema Selbsttötung geschrieben habe. Jean Améry antwortet: »Nur Geduld.«

Zwei Jahre später, kurz vor seinem 66. Geburtstag, bereitet er in einem Hotel seinem Leben mit Schlaftabletten ein Ende. Vorher schreibt er einen liebevollen Abschiedsbrief an seine Frau Maria, die 1982 – vier Jahre nach seinem Tod – einen Gedenkpreis für Essayistik in seinem Namen stiften wird. Es ist, als wollte Jean Améry mit seinem Freitod beweisen, dass er – der als junger Mann ohnmächtig die schlimmsten Erniedrigungen erleiden musste, die man sich vorstellen kann – im Alter die Kontrolle behalten habe über die letzte Entscheidung seines Lebens: die über seinen Tod.

⸎

Was aber, wenn jemand so schwer krank ist, dass er oder sie nicht in der Lage ist, das Leben selbst zu beenden? Oder wenn jemand sich fachliche Begleitung wünscht und es eben gerade nicht einsam tun möchte?

Die Schweiz gilt als ein Land, in dem die Diskussion über Sterbehilfe seit Langem offen geführt wird und in dem es Organisationen wie »dignitas« oder »exit« gibt, die sich staatliche Anerkennung errungen haben. Obwohl die Gesetzgebung landesweit auch hier noch nicht einheitlich ist, haben einzelne Kantone konkrete Regelungen getroffen.

Im Kanton Zürich zum Beispiel hat die Sterbehilfeorganisation »exit« im Juli 2009 mit der zuständigen Oberstaatsanwaltschaft verabredet, dass sie Sterbehilfe leisten darf, wenn »der Todeswunsch aus einem schweren Leiden aufgrund von Krankheit, Unfall oder Behinderung und ohne äußeren Druck entstanden ist und andauert. Mögliche Alternativen müssen zuvor geprüft und erwogen worden sein. Als Sterbemittel ist nur das Medikament Natrium-Pentobarbital zulässig. Die Sterbehilfeorganisation darf keinen Gewinn anstreben und maximal 500 Franken (umgerechnet rund 330 Euro) pro Freitodhilfe verrechnen. Auch psychisch Kranke dürfen demnach Sterbehilfe in Anspruch nehmen, außer wenn ihr Sterbewunsch Symptom oder Ausdruck ihrer Störung ist oder die Betroffenen jünger als 25 Jahre sind«.

In der internationalen Diskussion wird zwischen aktiver und passiver Sterbehilfe unterschieden:

- *Aktive Sterbehilfe* bedeutet die Durchführung lebensverkürzender, medizinisch kontrollierter Maßnahmen gemäß dem Wunsch des Patienten. Es ist möglich, dass jemand, der befürchtet, bei fortschreitender Krankheit keine eindeutige Willensbekundung mehr abgeben zu können, dies durch eine Patientenverfügung vorab festlegen kann.
- *Passive Sterbehilfe* bezeichnet die Nichtdurchführung lebenserhaltender Maßnahmen bei Personen, bei denen keine Willenserklärung vorliegt, um deren Leiden nicht zu verlängern. Dies kann zum Beispiel das Abschalten einer Beatmungsmaschine bedeuten. Es wird auch als humanes Sterbenlassen bezeichnet.

Alle Versuche, eindeutige juristische Definitionen herzustellen, werden erschwert durch die unendliche Vielfalt menschlichen Lebens: So gibt es den gesetzlichen Begriff der »Beihilfe zur Selbsttötung«, worunter zum Beispiel das Zur-Verfügung-Stellen eines tödlichen, jedoch nicht verschreibungspflichtigen Medikaments verstanden wird, das der Patient selbstständig einnehmen muss. In Deutschland ist »Beihilfe zur Selbsttötung« im Prinzip straffrei, in Österreich nicht. In beiden Ländern gleichermaßen strafbar ist demgegenüber die »Tötung auf Verlangen«, bei der jemand einen Suizidwilligen aktiv und unmittelbar tötet.

In den USA ist der tragische Fall des Ehepaares Gilbert aus Florida bekannt:

Emily Gilbert war 73 Jahre alt und litt an einem unheilbaren und sehr schmerzhaften Knochenleiden, als sie 1985 ihren Mann Roswell um Sterbehilfe bat. Roswell Gilbert besorgte seiner Frau eine Überdosis Schlaftabletten, die sie selbst einnahm. Wäre sie hieran gestorben, hätte ihr Mann »Beihilfe zur Selbsttötung« geleistet und wäre straffrei geblieben. Die Tabletten zeigten jedoch nicht die gewünschte Wirkung und in seiner Verzweiflung, dass sie wieder aufwachen könnte und er seinem Auftrag nicht nachgekommen war, seine Frau von den Leiden zu erlösen, griff Roswell Gilbert zum Revolver und erschoss seine Frau. Das zuständige Gericht erkannte darin den Straftatbestand der »Tötung auf Verlangen« und verurteilte ihn zu 25 Jahren Haft.

Eine berechtigte Sorge der Kritiker aktiver Sterbehilfe besteht unter anderem darin, dass es bei vielen schwer kranken Menschen depressive Phasen mit Neigungen zum Suizid gibt, die aber oftmals vorübergehend sind. Palliativmediziner und weite Teile der Hospizbewegung weisen darüber hinaus in vielen Fallbeispielen nach, dass auch unheilbar kranke und unter

Schmerzen leidende Menschen nicht den Wunsch nach Selbsttötung äußern, sondern bei ausreichender ärztlicher Schmerzkontrolle und menschlicher Zuwendung lieber eines natürlichen Todes sterben.

Hinzu kommt die ernst zu nehmende Befürchtung, dass der Wunsch nach Selbsttötung nicht unwesentlich durch äußere negative Faktoren wie ökonomischen Druck aufgrund von Pflegekosten (zuweilen selbst von Familienangehörigen) und die zunehmende Vereinsamung alter und dauerhaft kranker Menschen beeinflusst wird.

So schwierig ein Urteil in vielen individuellen Fällen bleibt und am Ende der freie (und nicht unter Druck oder Depression getroffene) Wille des einzelnen Menschen geachtet werden sollte, so unzweifelhaft verwerflich war die Idee und Praxis der Euthanasie im Nationalsozialismus.

Niemals wieder: »Vernichtung unwerten Lebens« in Nazideutschland

Alle Dokumente belegen es eindeutig [52]: Selbst die bei Menschenrechtsverletzungen nicht gerade empfindlichen Nazis waren in der Öffentlichkeit durchweg um einen Sprachgebrauch bemüht, der die Wahrheit über ihr Mord-Programm an über 70.000 kranken, behinderten und sozial ausgegrenzten Kindern und Erwachsenen allein in den Jahren 1939-1941 so weit wie möglich verschleiern sollte. Selbst nach der Absetzung der offiziellen »Euthanasie-Aktionen« aufgrund öffentlicher Proteste wurden noch rund 30.000 weitere Menschen gemäß den weiter geltenden Vorschriften, wenn auch nicht mehr zentral organisiert, ermordet.

Als Adolf Hitler am 1. September 1939 (der gleichzeitig der Beginn des Zweiten Weltkrieges durch den Überfall der deutschen Wehrmacht auf Polen war) die entsprechende »Befugnis« nach vorangegangener und anhaltender Mitarbeit vieler Ärzte und Psychiater, darunter ausgewiesener Universitätsprofessoren, gab, schrieb er wörtlich, dass ab nun »unheilbar Kranken ... der Gnadentod gewährt werden kann«. Dabei war allen Beteiligten klar, dass es hierbei nicht um »Erlösung« oder »Gnadentod« gehen würde, sondern um die »Vernichtung unwerten Lebens«, das eine »unakzeptable Last für den gesunden Deutschen« wäre.

Selbst ein so scheinbar neutrales Lexikon wie der »Große Brockhaus« hatte bereits in seiner 1934 aktualisierten Ausgabe die neue Bedeutung vermeldet: »Sterbehilfe, grch. Euthanasie, die Abkürzung lebensunwerten Lebens, entweder im Sinn der Abkürzung von Qualen bei einer unheilbaren langwierigen Krankheit, also zum Wohle des Kranken, oder im Sinn der Tötung z.B. idiotischer Kinder, also zugunsten der Allgemeinheit.«

Schon vor der systematischen Ermordung ab 1939 hatte die Hitlerregierung am 14. Juli 1933 das »Gesetz zur Verhütung genetisch erbkranken Nachwuchses« erlassen, nach dem in den kommenden Jahren rund 350.000 bis 400.000 Menschen zwangssterilisiert wurden, was bei Zehntausenden zu körperlichen Dauerschäden oder gar dem Tod führte. Von Beginn an war dieses von Ärzten verwirklichte Programm nicht nur auf Kranke und Behinderte beschränkt, sondern zielte auch auf »arbeitsunfähige Fremdarbeiter«, »asoziale Mädchen und Frauen«, »alleinstehende, auf Hilfe anderer angewiesene Alte und Kriegsversehrte« sowie »Zigeunerinnen« und »Zigeuner«.

Besonders schrecklich liest sich die Amtssprache bei der Selektion von behinderten Kindern, die ab August 1939 nach einem Erlass des Innenministers an alle Hebammen und Ärzte in Deutschland »als Meldepflicht bei der Geburt« nach drei Kategorien zu erfolgen hatte und der insgesamt mindestens 5.000 Kinder zum Opfer fielen:

- »Keine weiteren Maßnahmen«: Die Kinder wurden den Eltern überlassen.
- »Beobachtung«: Die Kinder mussten in ein »Pflegeheim« eingewiesen werden – weitere Tötung vorbehalten.
- »Behandlung«: Sofortige Tötung.

Ab dem 21. September 1939 wurde die systematische Ermordung von behinderten Erwachsenen zuerst durch eine »landesweite Meldepflicht« sämtlicher psychiatrischer Anstalten in Deutschland und mittels zweier Tarnorganisationen durchgeführt: Für den Transport zu den Vernichtungszentren (teilweise auch für die direkte Tötung) war die »GmbH Gemeinnützige Krankentransporte« (Gekrat) zuständig, für den Aufbau und die Organisation der Vernichtungszentren und die Koordination der Tötungsprogramme die eigens neu eingerichtete Euthanasie-Zentrale in der Berliner Tiergartenstraße 4, die später auch unter dem Namen »Aktion T4« bekannt wurde.

Den Angehörigen der Behinderten wurde nach der Ermordung eine erfundene Todesursache mitgeteilt sowie – gegen Rechnung – eine Urne zur Bestattung zugestellt, in die irgendeine Asche gefüllt war. Familienangehörige, die weitere Nachforschungen anstellen wollten, wurden mit fiktiven ärztlichen Gutachten irregeführt oder schlicht abgewiesen.

Trotzdem wurden zunehmend Proteste laut, sowohl von Eltern und anderen Angehörigen als auch von einigen Heimleitern sowie Pflegerinnen und Pflegern, die sich um die ihnen anvertrauten Patienten sorgten. Als sie Unterstützung von prominenten Kirchenführern erhielten, sah sich Hitler gezwungen, seine »Aktion Gnadentod« am 24. August 1941 auszusetzen. Ein besonderer, leider weitgehend einmaliger Erfolg von Protest und Widerstand in Nazideutschland.

Besonders mutig taten sich hierbei der Bischof von Münster, Kardinal Clemens August Graf von Galen (1878-1946), hervor sowie der Domprobst von Berlin, Bernhard Lichtenberg (1875-1943), der 1942 für seine kritischen Äußerungen, auch zur Judenverfolgung, verhaftet wurde und 1943 unter ungeklärten Umständen auf dem Transport ins KZ umkam.

Als einziger Richter in Deutschland kritisierte Lothar Kreyssig (1898-1986), Vormundschaftsrichter aus Brandenburg, in einem Brief an den Reichsjustizminister 1940 das »Verschwinden« eines Teils seiner behinderten Mündel. Als ihm mitgeteilt wurde, dass dies alles korrekt sei, da es »auf Anordnung aus der Reichskanzlei des Führers« erfolge, ging er noch einen Schritt weiter und zeigte den Leiter der Reichskanzlei wegen Mordes an. Obwohl er selbst auf eine Verhaftung vorbereitet war, wurde er lediglich vorzeitig in den Ruhestand versetzt. Nach dem Krieg lebte Lothar Kreyssig in der DDR, wollte jedoch dort nicht erneut Richter sein. Er entschied sich für eine kirchliche Tätigkeit und hatte bis 1958 mehrere höhere Kirchen-Ämter in Sachsen inne. Im gleichen Jahr rief er als Präses der evangelischen Kirche zur Gründung der gesamtdeutschen Freiwilligen-Organisation »Aktion Sühnezeichen« auf, in der bis heute Tausende von jungen Menschen in ehemals von Hitlerdeutschland besetzten, aber auch in anderen Ländern »Friedensdienste« leisten.

Sterbebegleitung und Trauern?
Vom Reden und Schweigen

Abschiednehmen und Trauern hat viele Gesichter: Eine Muslima auf einem Friedhof für Opfer des Iran-Irak-Krieges.

Abschiednehmen. Trauern.

Frieden oder Entsetzen. Dankbar sein für ein langes, überwiegend gutes Leben. Verstört, vielleicht sogar gebrochen sein angesichts eines schrecklichen, viel zu frühen, leidvollen oder gar gewaltsam herbeigeführten Todes.

Die Endlichkeit jedes Lebens. Die Unendlichkeit des Todes. Das Verstreuen der zermahlenen Knochen des Verstorbenen an heiligen Orten Jahre nach der ersten Beerdigung wie bei den Aborigines, den Ureinwohnern Australiens. Oder das kunstvolle jahrtausendlange Bewahren des menschlichen Leichnams in Form einbalsamierter und in wertvolle Binden gewickelter Mumien im alten Ägypten.

Begraben, Verbrennen, Zerstreuen. Ein Sarg oder eine Urne. Ein prächtiger Grabstein oder ein anonymes Massengrab. Eine Trauerfeier ohne Bestattung, wenn die Leiche nicht geborgen werden konnte oder aus anderen Gründen nicht vorhanden ist. Den eigenen Körper der medizinischen Forschung zur Verfügung stellen. Als Organspender anderen Menschen Hoffnung auf Weiterleben schenken.

Mit anderen oder allein. Eine ganzseitige Traueranzeige in der Zeitung in der Hoffnung auf große Anteilnahme. Oder nur im engsten Familienkreis. Oder völlig allein. Kein Hinterbliebener. Ein Verwaltungsakt der zuständigen Sozialbehörde.

Reden oder Schweigen. Das Schreien dafür bezahlter Klageweiber in manchen orientalischen Ländern seit biblischen Zeiten. Das Verstummen, die stille Trauer, eine Schweigeminute im Gedenken an den Toten in vielen Ländern des Westens. Einen Grabredner bestellen oder einen Geistlichen reden lassen. Einen Pfarrer oder Imam oder Rabbi. Oder selbst das Wort ergreifen. Schwarze Kleidung bei den einen, weiße Stoffe als Zeichen der Trauer bei den anderen. Sich die Haare abschneiden. Oder sie wachsen lassen, den Bart nicht rasieren.

Sich zurückziehen oder hineinstürzen. Die Suche nach Trost bei anderen. Sich vorbereiten auf den Tod, den eigenen oder den eines nahen Menschen. Den Sterbenden und die Trauernden begleiten bis zuletzt. Danach: ein Festmahl für alle Hinterbliebenen mit Alkohol und Musik. Mehr Ausgehen als je zuvor. Eine Gruppe von ähnlich Trauernden aufsuchen. Einen Experten um Rat fragen. Oder Fasten und Stille. Niemanden sehen wollen. Niemand, der die eigene Trauer wirklich verstehen kann.

Es gibt nicht den einen Weg des Trauerns, schon gar nicht einen richtigen und einen falschen.

Der Schriftsteller Uwe Timm (*1940) hat in seinem Roman »Rot« (2001) die Figur des Grabredners Thomas Linde, Jahrgang 1945, geschaffen, der gleichzeitig Jazzkritiker ist, sich als Achtundsechziger begreift und eine zwanzig Jahre jüngere Geliebte hat. Als Intellektueller reflektiert Thomas Linde sein Auftreten bei Beerdigungen und die Motivation seiner Kunden, ihn und nicht wie sonst üblich einen Pfarrer zu beauftragen. Und er fragt, wo die Grenzen seines Redens liegen und welche Fallstricke zu überwinden sind, um »immer wieder etwas Tröstliches herauszufiltern«.

»In dieser Gesellschaft ist der Tod allgegenwärtig...« [53]

In unserer Gesellschaft hat der Tod völlig an Bedeutung verloren, er ist sozusagen verschwunden ...

Nein, lieber Ben, ich halte, sagte ich in guter alter Diskussionsmanier, deine These für falsch. Ich weiß, das ist die verbreitete Ansicht. Nein. In dieser Gesellschaft ist der Tod allgegenwärtig ... Wir leben in der transzendentalen Obdachlosigkeit. Dies bisschen Erde. Das ist alles. Hier, hier, hier. Jetzt, jetzt, jetzt. Sonst nichts ...

Vielleicht waren es die Wörter, die sich immer wiederholenden Wörter. Das Wort Leben, das Wort Tod, das Wort Sinn, das Wort Liebe, Gedächtnis, Sinn, Sinn und nochmals Sinn. Ich hatte ja einen Weg für mich gefunden, indem ich jedes Mal das Besondere suchte ..., das in der jeweiligen Biografie zu finden war, aber dann, und das war das so schwer Erträgliche, galt es, dieses Besondere im Leben so zurechtzubiegen, dass man nicht sagen musste, was war das doch für ein Scheißleben, was für eine Lebenslüge, die Frau: geboren, Ausbildung als Bankkauffrau, Heirat mit 22, drei Kinder in Folge, zu Hause in einer Dreizimmer-Neubauwohnung mit Balkon, Geranien im Sommer, im Winter eine Decke vor der Balkontür. Ein Billigbau aus den Fünfzigern. Mit 46 alle Kinder aus dem Haus. Sitzt in der Wohnung, frühstückt morgens mit dem Mann, geht dann nochmals ins Bett, Waschmaschine, Spülmaschine, Putzen, Küche, Bad, Einkaufen, danach in der Küche, raucht eine Zigarette, guckt aus dem Fenster, draußen schiebt eine hochgeschossene Birke Laub am Fenster vorbei, das Tschilpen der Spatzen, trifft nachmittags eine Freundin, kommt nach Hause, schält Kartoffeln, bereitet den Hackbraten vor, der Mann kommt, sie essen, danach Fernsehen, um elf ins Bett, Gute Nacht, schlaf gut, mit 50 Brustkrebs – das kann's doch nicht gewesen sein. Nein.

Was für ein beschissener Versuch, immer wieder etwas Tröstliches herauszufiltern, sehr verehrte Trauergemeinde, diese Ratlosigkeit, diese Hilflosigkeit, das ist nicht durch Reden zuzudecken. Man soll den Verstorbenen mit einer gewissen Form unter die Erde bringen, als eine Art Maître de Plaisir. Nicht über Trost sollte man reden, sondern über diese Dinge, die plötzlich so abgesondert, so lastend mir erschienen, nicht mehr zu mir sprachen, so wie ich nicht von ihnen sprechen konnte, und dieses lähmende Gefühl, das sich aus dieser Frage nach dem Warum ergab, auf die ich keine Antwort fand, über allem lag so etwas wie Staub, ein Graphitstaub, der das Atmen schwer machte.

Das ist ja nicht Traurigkeit, was das auslöst, eher ihr Fehlen, eher diese angestrengte Munterkeit dabei, man muss nur einmal mit der U-Bahn fahren, diese erstarrten Gesichter, diese Freudlosigkeit, sind genau das Resultat, sie alle, die nur Spaß und nochmals Spaß haben wollen, sitzen da, völlig kaputt, aggressiv bis obenhin, werden erst wieder von der verordneten Unterhaltung stimuliert und munter.

Dieser hier starb in jungen Jahren, ... ist aus der Kurve getragen worden, lag in seiner Blechwanne in den Schuhen von Alden, einem Anzug von Armani (stark blutverschmiert), Hemd von Helmut Lang (ebenfalls blutverschmiert). Und plötzlich fiept es in der Wanne, können Sie sich das vorstellen, es fiept. Kriegt sogar der Unfallarzt einen Schreck, der doch einiges gewöhnt ist. Sie machen die Wanne auf, fiept das Handy in dem Armani-Anzug. Und der Arzt nimmt es und drückt, ganz mechanisch, und eine Stimme sagt: Hallo, Schatz, wie geht's ...

Wie beerdigen wir? Mit Handy, in seinem schwarzen Armani-Anzug legen wir ihn mit den Grabbeigaben, seinem Stereo-CD-Player, seinem Rennrad Marke Steppenwolf, seinem hochauflösendem Fernseher in seinen vorn stark verknautschten BMW-Sportwagen. In dreitausend Jahren wird man sagen: Ein Königsgrab. Hier liegt der König der Konsumenten. Eine Bombe drauf ...

Der Status des Todes ist paradox. Er verkörpert eben das, die Anwesenheit der Abwesenheit. Das ist das Unbegreifliche, der Schock für uns, noch ist er da, der vertraute geliebte Mensch, der Tote, und doch nicht mehr ... Der Schmerz ist blind, die Trauer hingegen sehend.

Ben, der fiktive Freund des Grabredners Thomas Linde, sagt: »In unserer Gesellschaft hat der Tod völlig an Bedeutung verloren, er ist sozusagen verschwunden.« Die Antwort ist eine zynische: Der Tod ist allgegenwärtig, aber eben nur in seiner beständigen Verdrängung.

Tatsächlich erlebt kaum noch jemand das Sterben eines alten Menschen als etwas Normales, zum Leben Dazugehörendes. Wie viele Kinder und Jugendliche haben bereits Hunderte von »unechten« Fernsehleichen erlebt, jedoch noch nie wirklich einen Menschen sterben sehen, erfahren, wie andere sich um ihn sorgen, ihn pflegen, für ihn da sind und wie es sich anfühlt, wenn jemand zu atmen aufhört, die Augen schließt, allmählich kalt wird, wenn das Herz zu schlagen aufhört und das Blut nicht mehr durch den Körper strömt? Wie die nächsten Menschen darauf reagieren, wie sie ihre Trauer zeigen, ihren Schmerz über den Verlust dieses einzigartigen Menschen, aber vielleicht auch die ehrliche Erleichterung, dass unerträgliches Leiden beendet ist?

Der dänische Theologe und Philosoph Søren Kierkegaard (1813-1855) schrieb über die fundamentale Aufgabe des Menschen »ein Einziger zu sein« [54]: »Es kommt darauf an, dass einer es wagt, ganz er selbst, ein einzelner Mensch zu sein; allein vor Gott, allein in dieser ungeheuren Anstrengung und mit dieser ungeheuren Verantwortung.«

Zwei Frauen hatten entscheidenden Einfluss darauf, dass der Verdrängung von Tod und Sterben, dem unmenschlichen Abschieben Sterbender in anonyme Institutionen eine Bewegung entgegengesetzt wurde, deren Hauptaufgabe darin bestehen sollte, Sterbende und ihre Angehörigen und Freunde zu unterstützen, um den Abschied als einen Teil des menschlichen Lebens wieder anzunehmen. Wo es keine Angehörigen gab oder diese aus verschiedenen Gründen eine häusliche Pflege und Begleitung nicht leisten können, sollten Orte geschaffen werden, die offen, freundlich und professionell zugleich sein sollten – so genannte Hospize.

In England war es die Ärztin Cicely Saunders (1918-2005), in den USA die aus der Schweiz stammende Ärztin Elisabeth Kübler-Ross (1926-2004), deren Engagement zur Hospizbewegung in vielen Ländern, auch in Deutschland, führen sollte.

Die internationale Hospizbewegung: Menschliche Begleitung von Sterbenden und ihren Angehörigen und Freunden

Cicely Saunders hatte zuerst als Krankenschwester und Sozialarbeiterin Erfahrungen mit einsam Sterbenden gesammelt, die sie erschütterten und nach Alternativen suchen ließen. Ihre Grundidee war, dass die letzte Phase im Leben eines Menschen, gerade wenn Patienten unter Schmerzen und einer unheilbaren Krankheit litten, wesentlich angenehmer gestaltet werden könne, als dies bis dahin in der Regel der Fall war.

Sie war – wie Elisabeth Kübler-Ross – strikt gegen Sterbehilfe, da sie aus christlicher Überzeugung die letzte Entscheidung über Leben und Tod allein Gott vorbehalten ansah. Gleichwohl tat sie alles, um durch die Entwicklung der Palliativmedizin Schmerzen besser kontrollieren zu können und den Sterbenden einen würdigen Abschied vom Leben und von nahen Menschen zu ermöglichen. 1967 eröffnete sie mit 49 Jahren ihr erstes eigenes Hospiz, das St. Christopher's Hospice im Südosten Londons.

In der Folge entstanden allein in England bis heute weit über 200 Hospize nach diesem Vorbild. 1980 wurde Cicely Saunders wegen ihres Einsatzes für sterbende Menschen geadelt. 1989 erhielt sie als einzige Frau des 20. Jahrhunderts in England eine Ehrendoktorwürde der Medizin. Wenige Wochen nach ihrem 87. Geburtstag starb sie zufrieden und umsorgt von ihren ehemaligen Mitarbeitern in dem von ihr gegründeten Hospiz.

Die fünf wichtigsten Aufgaben der Hospizbewegung:

- Die Achtung vor den Bedürfnissen des individuellen Menschen steht an erster Stelle. Seine Überzeugungen und Wünsche sollen so umfassend wie möglich anerkannt und verwirklicht werden. Ebenso wird die Kommunikation mit den diesem Menschen wichtigen Personen unterstützt. Wo immer Bereitschaft besteht, werden sie einbezogen in die Pflege.
- Nicht die »Alleinherrschaft« der Ärzte gilt, sondern alle an der Pflege und Versorgung eines sterbenden Menschen Beteiligten sind gleichermaßen anerkannt: Krankenschwestern oder -pfleger, Sozialarbeiter, Seelsorger, egal ob im konfessionellen, spirituellen oder sonst weltanschaulichen Sinn, Psychologen.
- Ehrenamtliche Freiwillige spielen eine besonders wichtige Rolle in der Hospizbewegung: Dies können Freunde und Angehörige sein, aber auch an Sterbebegleitung Interessierte können sich nach entsprechender Einweisung und Schulung engagieren. Sie stellen oft im besonderen Sinn die Brücke zum »normalen Leben« dar.
- Alle Beteiligten verpflichten sich, Basiskenntnisse in der so genannten Symptomkontrolle, der Palliativmedizin, zu erwerben, um eine optimale Schmerzminderung des Patienten zu ermöglichen.
- Eine Kontinuität in der Betreuung soll gewährleistet werden: Nicht nur 24 Stunden rund um die Uhr, auch an Wochenenden, was ohne Freiwillige oft gar nicht finanzierbar wäre, und nicht nur in den letzten Lebensmonaten, sondern auch darüber hinaus. Hospizarbeit bedeutet auch für die trauernden Hinterbliebenen da zu

sein, gemeinsame Erlebnisse zu teilen und prinzipiell bei der Trauerarbeit Unterstützung zu leisten.

Weltweit gibt es heute über 8.000 Hospize, die sich diesen Aufgaben verpflichtet fühlen. Die Deutsche Hospiz-Stiftung macht gleichwohl zu Recht darauf aufmerksam [55], dass die Betreuung von Schwerstkranken und Sterbenden, die sie für Deutschland auf etwa 800.000 Menschen pro Jahr beziffert, längst nicht nur in stationären Hospizen, sondern auch in der ambulanten Betreuung sowie einer Vielzahl weiterer Versorgungsformen möglich ist: »Hospiz ist kein Ort, sondern eine Lebenshaltung.«

⸎

Elisabeth Kübler-Ross: Ein Leben für die Sterbenden – am Ende jedoch selbst einsam

Elisabeth Kübler-Ross wurde 1926 in Zürich als Drillingsschwester in eine Kaufmannsfamilie geboren. Unmittelbar nach dem Ende des Zweiten Weltkrieges engagierte sie sich, gerade 19 Jahre alt, mehrmals als Freiwillige im Ausland, wobei sie auch das ehemalige Konzentrationslager Majdanek in Polen besuchte. Die Bilder dort – »Wagenladungen von Kinderschuhen und abgeschnittenem Frauenhaar« – haben sie ein Leben lang nicht mehr losgelassen.

Gegen den Willen der Eltern entschloss sie sich zum Medizinstudium. Mit 31 Jahren erlangte sie 1957 an der Züricher Universität ihren Doktor der Medizin. Ein Jahr später folgte sie ihrem amerikanischen Ehemann Emanuel Ross in die USA, den sie beim gemeinsamen Medizinstudium in der Schweiz kennen gelernt hatte. Beide arbeiteten ab dann in verschiedenen Krankenhäusern, zuerst in New York. Ab 1965 war sie Dozentin in Chicago, wo sie auch ihre bahnbrechenden Forschungen zur Situation unheilbar kranker Patienten begann, die als Grundstein der heutigen Sterbeforschung gelten. Viele Arztkollegen standen ihren Interviews mit Sterbenden zunächst ablehnend gegenüber, die Mehrzahl der Patienten hingegen begrüßte das Gesprächsangebot.

Mit ihrem 1969 in New York veröffentlichten Buch »On Death and Dying«, in Deutsch erschienen unter dem Titel »Interviews mit Sterbenden«, das eine auch für Laien verständliche Zusammenfassung ihrer Arbeit enthielt, wurde sie bald weltberühmt. Sie erhielt insgesamt 23 Ehrendoktorwürden in verschiedenen Ländern und ihre 20 Bücher wurden in millionenfacher Auflage in rund 25 Sprachen veröffentlicht.

In einem Film-Interview 2002, zwei Jahre vor ihrem eigenen Tod, schilderte sie ihren Ausgangspunkt [56]:

> *Wenn man in der medizinischen Ausbildung ausschließlich lernt, Menschen zu heilen, zu behandeln und ihr Leben zu verlängern und überhaupt keine Hilfe bekommt, wie man mit sterbenden Patienten umgehen soll, ist es ganz natürlich, dass man sich beim Sterben eines Patienten wie ein Versager fühlt und unbedingt etwas unternehmen will. Wenn wir jedoch merken, dass wir nicht primär da sind, um Leben um jeden Preis zu verlängern, sondern dass wir den Patienten vielmehr helfen sollen, so ganzheitlich wie möglich ein bedeutungsvolles Leben zu führen, dann verändert sich ihre ganze Einstellung gegenüber dem Arztberuf.*

Sie half mit bei der Gründung vieler Hospize, nicht nur in den USA, war jedoch durch ihre intensive internationale Vortragstätigkeit lange nicht in der Lage, in einem Hospiz selbst kontinuierlich mitzuarbeiten. Ihre wissenschaftliche Anerkennung geriet zunehmend in die Kritik, seit sie sich in späteren Jahren zu so genannten »Nahtod-Erfahrungen« äußerte und behauptete, zu nichtkörperlichen »Geistwesen« Kontakt aufnehmen zu können. Auch war sie zunehmend überzeugt, dass es ein »Leben nach dem Tod« gebe und dies wissenschaftlich nachweisbar sei. 1976 ließ sich ihr Mann von ihr scheiden, wobei sie ihm das Sorgerecht für die beiden jugendlichen Kinder zugestand.

Als sie einige Jahre später auf ihrer Farm in Virginia ihr erstes eigenes Hospiz, in diesem Fall für an Aids erkrankte Babys, eröffnen will, schlägt ihr offene Feindseligkeit entgegen. Noch vor der Eröffnung wird 1994 sowohl ihr Privathaus als auch das als Kinderheim vorgesehene Gebäude niedergebrannt. Die Brandstifter wurden niemals zur Rechenschaft gezogen.

Elisabeth Kübler-Ross trifft diese Enttäuschung tief. Sie zieht sich allein auf eine abgelegene Farm in Arizona zurück. Besonders betrüblich ist, dass sie, nachdem sie ab 1995 nach mehreren Schlaganfällen zunehmend ans Bett bzw. einen Rollstuhl gefesselt ist, trotz ihrer internationalen Anhängerschaft und all ihres persönlichen Einsatzes für würdevolles Sterben, lange Zeit nicht nur allein, sondern teilweise auch kritisch unterversorgt lebt.

In dem bereits erwähnten Film-Interview von 2002 beschreibt Elisabeth Kübler-Ross ihre Situation ohne Beschönigung als »schwierig« und sagt, dass ihr die schwersten Lebenslektionen noch bevorstünden: »Selbstliebe, Unterordnung, Akzeptanz«. Nicht ohne Selbstironie fügt sie hinzu: »Eine Schweizerin gibt nicht gerne auf.«

Elisabeth Kübler-Ross stirbt im Alter von 78 Jahren im Jahr 2004 auf ihrer Farm in Arizona. In einer Bilanz am Ende ihres Lebens bekennt sie:

In der Schweiz wurde ich nach dem Grundsatz erzogen: arbeiten, arbeiten, arbeiten. Du bist nur ein wertvoller Mensch, wenn du arbeitest. Dies ist grundfalsch. Halb arbeiten, halb tanzen. Das ist die richtige Mischung! Ich selbst habe zu wenig getanzt und zu wenig gespielt.

Hans-Georg Floss (1953-1993): »Noch einmal richtig mit euch feiern!«

Hans-Georg erkrankte an Aids zu einer Zeit, als es noch keine wirksamen Antiretroviral-Medikamente gab. In den 1980er-Jahren bedeutete die Mitteilung einer HIV-Infektion in der Regel das Todesurteil. Schlimmer noch – niemand konnte damals die ersten Krankheitssymptome erklären, niemand wusste, wie es überhaupt zu einer Infektion gekommen war.

Hans-Georg lernte ich als einen meiner Mitstudenten an der Uni Hamburg kennen. Er studierte damals Psychologie, wollte mehr wissen über die Auswirkungen der Diskriminierung von Homosexuellen, die er selbst schon oft genug am eigenen Leibe erfahren hatte.

Und er wollte anderen Mut machen: Er stiftete uns an, Mitte der 1970er- Jahre die HAH zu gründen, die »Homosexuelle Aktion Hamburg«. Er selbst war damals Anfang zwanzig, kam aus München und fiel auf wegen seiner süddeutsch gefärbten Aussprache. Er war klug und argumentierte mit Wissen und Leidenschaft: Jeder Mensch hat das Recht so zu sein, wie er ist. Alles andere führt zu Zerstörung – seiner selbst oder der anderer Menschen.

Gemeinsam mit anderen organisierten wir den ersten »Christopher Street Day« (CSD) 1980 in Hamburg, der damals noch bei vielen schlicht »Schwulen- und Lesben-Demo« hieß und bei der viele rote Fahnen wehten, da die Regenbogenflagge als Symbol der sexuellen Vielfalt sich erst später, aus den USA kommend, in Deutschland durchsetzte. Dass sich auch nur ein Politiker in Regierungsverantwortung an die Spitze des Zuges gestellt oder gar eine ermutigende Rede gehalten hätte, war unvorstellbar. Die Polizei stand grimmig am Straßenrand, ebenso wie die meisten Passanten, von denen einige nach »KZ« und »Vergasung für die Perversen« riefen.

Hans-Georg stammte aus eher wohlhabenden Verhältnissen, obwohl er persönlich immer bescheiden auftrat. Aber man merkte es, weil er mit einer Sicherheit von Weinsorten sprach, deren Namen ich noch nie gehört hatte, und wenn er ein Essen in seiner Wohngemeinschaft gab, konnte man mit drei bis vier erlesenen Gängen rechnen.

Er war wesentlich mitverantwortlich für die Gründung des Magnus-Hirschfeld-Zentrums, der ersten Begegnungsstätte für sexuelle Minderheiten in der Hansestadt, die nicht mehr mit Türkontrolle, nur nachts oder hinter verdunkelten Scheiben geöffnet war. Benannt war das Zentrum nach dem ersten Kämpfer für die Rechte von Homosexuellen in Deutschland, dem jüdischen Berliner Arzt Magnus Hirschfeld (1868-1935). Gemeinsam mit Hans-Georg renovierten wir ab Anfang der 1980er-Jahre eine ehemalige Bäckerei in Hamburg-Barmbek, strichen Wände und Decken nach Feierabend und am Wochenende und richteten ein helles freundliches Café im ehemaligen Verkaufsraum mit offenem Zugang zur Straße ein. Nach seinem Examen half Hans-Georg als Diplom-Psychologe beim Aufbau der dortigen Beratungsstelle.

Ich arbeitete bereits als junger Lehrer an einer Sonderschule, als Hans-Georg mich eines Abends zu sich nach Hause einlud, um mir davon zu berichten, dass er mehrfach nicht enden wollenden Durchfall gehabt habe und ein Arzt nach einer Blutuntersuchung jenes noch weitgehend unbekannte Virus bei ihm entdeckt habe. Dass er bereits viel Gewicht verloren hatte, war mir bis zu dem Tag nicht aufgefallen, da er immer eher schlank und schmächtig war und oft bis an die Grenzen seiner Kraft gearbeitet hatte, weshalb ich die gegenwärtige Erschöpfung nicht sogleich als ungewöhnlich bemerkt hatte. Im Nachrichtenmagazin DER SPIEGEL war kurz zuvor, im Juni 1983, eine Titelgeschichte erschienen, mit einem schwulen unbekleideten Paar und der Überschrift: »Tödliche Seuche Aids«. Hans-Georg kommentierte es mit den Worten: »Wir werden erneut kämpfen müssen ... so wie damals für die Anerkennung als sexuelle Minderheit. Jetzt gegen die Diskriminierung aller Menschen, die dieses Virus im Blut haben!«

Er verließ das Magnus-Hirschfeld-Zentrum und begann, Menschen um sich zu sammeln, die er im Krankenhaus oder Freundeskreis kennen gelernt hatte und die ebenfalls mit dem Virus infiziert waren. Zum ersten Mal musste er einige Wochen in der Uniklinik wegen einer schweren Lungenentzündung behandelt werden.

Wenig später gründete er die Aidshilfe in Hamburg. Es gab ehemalige Mitarbeiter im Magnus-Hirschfeld-Zentrum, die sein Engagement für übertrieben hielten und sich zuweilen darüber lustig machten. »Ach, Hans-Georg wieder ... der ewige Aktivist.« In der neu gegründeten Aidshilfe kam es bald zu Spannungen wegen zu knapper Finanzen und zu vieler Menschen, die darauf Anspruch anmeldeten.

Überraschend für viele trat Hans-Georg von einem auf den anderen Tag von allen Ämtern zurück und kündigte seine Stelle als Psychologe. Zu mir sagte er ein paar Tage später mit einer Ruhe, die mich erschrecken ließ: »Ich habe nicht mehr die Zeit, solchen kleinkarierten Streit zu führen ...«.

Er zog in eine große geräumige Wohnung, mit Fahrstuhl und einem Badezimmer, das genügend Platz zum Rangieren mit einen Rollstuhl bot. Zum ersten Mal wohnte er allein: »Es ist besser so. Ich muss mich zurückziehen können, Ruhe haben, wenn es nötig ist. Ich will anderen nicht auf den Geist gehen.« Wohl wie wir, seine Freunde, hatte er gehofft, dass seine Beziehung mit einem jüngeren Mann den bevorstehenden Belastungen standhalten würde. Sie ging kurz darauf auseinander. »Unsere Liebe hat sich nicht bewährt«, sagte er damals, »aber ich werfe ihm nichts vor. Da zu sein für jemanden, der krank ist, geht nur aus Liebe oder Freundschaft, in jedem Fall nur in großer Freiheit, niemals aus Verpflichtung ...«.

In den nächsten zwei Jahren ließ er mehr und mehr Möbel aus dem Haus seiner verstorbenen Eltern aus München nach Hamburg kommen. Er kaufte sich eine der besten damals erhältlichen Musikanlagen und hörte oft stundenlang klassische Schallplatten. Sein Bruder kam regelmäßig aus Süddeutschland zu Besuch und ein kleiner, aber zuverlässiger Freundeskreis übernahm seine Versorgung, wenn er ans Bett gefesselt war oder wieder für längere Zeit ins Krankenhaus musste. Nichts lief über eine Organisation oder wurde gar bezahlt. Jeder tat, was er konnte. Und Hans-Georg verstand es, viele Krankenbesuche zu bewegenden Begegnungen werden zu lassen. Inzwischen waren die dunklen Flecken des Karposi-Hautkrebses in seinem Gesicht unübersehbar.

Da ich gegen Ende dieser Zeit von Hamburg nach Amsterdam umzog, wurde unser Kontakt unregelmäßiger, aber niemals weniger intensiv. Zuweilen rief er spät abends oder auch mitten in der Nacht in Amsterdam an und fragte: »Hast du einen Moment? Ich möchte dir gern etwas erzählen ...«.

Nach dem Tod meiner Mutter, dem Suizid unseres gemeinsamen Freundes, des jungen Arztes aus Berlin, und dem meiner israelischen Freundin Tamar, schrieb er mir jeweils lange Briefe, die mir viel bedeuteten. Und dann lag plötzlich eine gedruckte Einladung im Briefkasten: »Ich werde 40! Es wird wahrscheinlich mein letzter Geburtstag sein, darum möchte ich ihn richtig feiern. Auch mit dir! Im Schmidt's Theater auf der Reeperbahn. Kommst du? Keine Geschenke mitbringen. Ach ja, vielleicht doch etwas, wenn du magst: Meinen Lieblingskuchen – gedeckter Apfelkuchen. Liebe Grüße, Hans-Georg.«

Der Direktor des Hamburger Schmidt's Theater, Corny Littmann (*1952), ist ein gemeinsamer Freund von Hans-Georg und mir aus Studienzeiten. Spontan stellte er nicht nur den großen Saal zur Verfügung, er hat ihn auch wunderbar dekorieren lassen und alle Mitarbeiter, vom Personal am Eingang und an der Bar bis zum Bühnenarbeiter und Beleuchter, sind zur Stelle.

Der Saal ist voll besetzt an diesem Abend. Im Foyer biegen sich die Tische mit frisch gebackenem Apfelkuchen, den viele Gäste, dem Einladungstext folgend, mitgebracht haben. Bevor sich der große Vorhang auf der Bühne öffnet, tritt Hans-Georg selbst ans

Mikrofon. Er ist sehr abgemagert, noch dünner, als ich ihn in Erinnerung habe. Er geht unsicher die wenigen Schritte über die Bühne, aber er geht ohne Hilfe. Sein Smoking ist viel zu weit, vermutlich die kleinste verfügbare Größe. Das Haar ist schütter geworden, die Karposiflecken im Gesicht einigermaßen überschminkt. Dann hält er sich am Mikrofonständer fest und strahlt ins Publikum: »Noch einmal richtig mit euch feiern – das will ich heute Abend!« Die paar hundert Menschen im Publikum, Freunde, Familie, Bekannte, Freunde von Bekannten, erheben sich und applaudieren ihm lange. So lange, dass er kaum noch stehen kann.

Danach geht der Vorhang auf, ein Sofa ist für ihn am linken Bühnenrand platziert, zu dem er leicht hinkend geht und sich darauf niederlässt. Und dann beginnt ein mehr als vierstündiges Programm, das sicher bis heute niemand vergessen hat, der dabei war: Mehrere bekannte Hamburger Kabarettkünstler treten auf, die von Hans-Georg so geliebte klassische Musik wird von einem Quartett der Staatsoper gespielt, der schwule Männerchor Schola Cantorosa singt »That´s what friends are for …«. Zwischendurch gibt es einen Dia-Vortrag mit Bildern aus Hans-Georgs Leben, von ihm selbst kommentiert, beginnend mit Baby- und Kinderbildern. Lachen im Saal, überhaupt wird viel gelacht – und geweint – an diesem Abend.

Ab und zu schaue ich besorgt zu ihm hin, verstohlen, wie andere auch. Wird er es durchhalten? Diesen langen Abend, das persönlich vorbereitete Programm, das nicht enden will? Lange nach Mitternacht der letzte Auftritt. Hans-Georg hat sich ein elegantes Abendkleid angezogen. Nicht weil er jemals ein Transvestit gewesen wäre, einfach aus Achtung gegenüber jenen, die so sind und dafür verspottet werden. So ist er. Seine Stimme versagt, als er noch etwas mitteilen möchte. Aber er strahlt. Er strahlt über das ganze Gesicht.

Die Schminke ist längst vom Schweiß des langen Abends weggespült. Es macht nichts. Er sinkt auf das Sofa und viele stehen Schlange, um ihm zu danken für diesen Abend im Jahr 1993. Eine Hand geben, eine Umarmung, einen Kuss. Als ich vor ihm stehe, zieht er mich runter zu sich, hält mich fest, ganz fest, möchte etwas sagen, aber es gelingt nicht. Dann nickt er mir nur zu und schiebt mich weg, denn so viele andere stehen noch hinter mir in der Schlange.

Es ist das letzte Mal, dass ich ihn sehe. Am nächsten Tag muss ich Hamburg wieder verlassen. Wenige Wochen später stirbt Hans-Georg, nicht allein, sein Bruder und seine besten Freundinnen und Freunde sind bei ihm.

—⸙—

Als Hans-Georg noch in seiner Wohngemeinschaft lebte, hatte er, wie viele von uns damals, eine Pinnwand in seinem Zimmer neben dem Schreibtisch, auf die er Notizen, aber auch wichtige Zitate heftete. Dort las ich es zum ersten Mal, jenes wunderschöne Rilke-Zitat, das mir später noch öfter im Leben begegnen sollte.

Rainer Maria Rilke (1875-1926):
Requiem für eine Freundin, geschrieben 1908 in Paris [57]

Denn das ist Schuld, wenn irgendeines Schuld ist:
Die Freiheit eines Lieben nicht vermehren
Um alle Freiheit, die man in sich aufbringt.

Wir haben, wo wir lieben, ja nur dies:
Einander lassen; denn dass wir uns halten,
Das fällt uns leicht und ist nicht erst zu lernen.

Vom Aussterben bedroht?
Nicht nur die Wale ...

Atombombenpilz in der Wüste von Nevada – zum ersten Mal in der Menschheitsgeschichte besteht die Möglichkeit der Zerstörung allen Lebens auf unserem Planeten.

Wir vermuten, dass unsere Erde der einzige Planet im Universum ist, auf dem Leben – Pflanzen, Tiere und Menschen – existiert. Genau wissen wir es nicht.

Vor etwa 5 Millionen Jahren begannen die ersten Menschenaffen, vermutlich in den Steppen Ostafrikas, den aufrechten Gang zu lernen. Erst vor etwa 200.000 Jahren fing die Entwicklung vom Urmenschen zum heutigen Menschen an: Zuerst der Homo habilis (»der Werkzeuge gebraucht«), dann der Homo erectus (»der aufrecht geht«) – und schließlich der moderne Mensch, der Homo sapiens (»der seinen Verstand gebraucht«).

Es ist eine erdgeschichtlich noch sehr kurze Entwicklung. Erst in allerjüngster Zeit – seit weniger als einem Jahrhundert – hat der Mensch die Fähigkeit erworben, das Leben auf der Erde mit Hilfe von Atomwaffen und durch Umweltzerstörung für immer zu vernichten.

Was bedeutet das für unser Verständnis von Leben und Tod? Sind unser Verstand und unser Vorstellungsvermögen überhaupt in der Lage, jene Zerstörungspotenziale zu begreifen, geschweige denn zu kontrollieren?

Die größten und stärksten Lebewesen, die die Erde jemals bevölkerten, waren vor rund 200 Millionen Jahren die Dinosaurier. In Tansania wurde 1909 das komplette Skelett eines Brachiosaurus ausgegraben, dessen Lebendgewicht auf gut 80 Tonnen geschätzt wird – etwa so viel wie zwanzig ausgewachsene Elefanten. Dinosaurier gab es zu Wasser, auf dem Lande und als fliegende Reptilien über einen Zeitraum von 140 Millionen Jahren. Dann starben sie aus, weil sie sich nicht an veränderte Umweltbedingungen anpassen konnten.

Die Gattung Mensch, von den ersten Urmenschen bis heute, gibt es gerade mal fünf Millionen Jahre. Keine Garantie für eine Existenz auf immer und ewig. Nicht nur der einzelne Mensch ist ein verletzliches Wesen. Der Mensch als Gattung hat sich selbst und den gesamten Planeten verletzlicher gemacht als jede andere Art auf unserem Planeten bislang. Werden wir in der Lage sein, mit den Konsequenzen daraus rechtzeitig und Leben erhaltend umzugehen?

Paul Tibbets (1915-2003), US-Pilot, der die erste Atombombe am 6. August 1945 über Hiroshima abwarf: »Ihr Pech, dass sie dort waren ...«

Paul Tibbets war dreißig Jahre alt, als er am 4. August 1945 seinen Geheimauftrag erhielt, eine Atombombe über einer japanischen Großstadt abzuwerfen. Die dreizehn-köpfige Besatzung seines Kampfflugzeuges, das er auf den Namen seiner Mutter »Enola Gay« getauft hatte, blieb bis zuletzt uninformiert über das Ziel des Fluges sowie die Zerstörungskraft der drei Meter langen Bombe an Bord.

Am 25. Juli hatte US-Präsident Harry Truman (1884-1972) die Erlaubnis erteilt, die Atombombe im Krieg gegen Japan einzusetzen, »um den Zweiten Weltkrieg ohne weite-re schlimme Verluste unserer Soldaten in Kürze beenden zu können«. Die Entscheidung über das Abwurfziel überließ er dem Kommandeur der US-Air Force in der Region.

Die Wahl fiel schließlich auf die südjapanische Stadt Hiroshima, die als Truppensam-melpunkt der japanischen Armee galt. Bis dahin war Hiroshima von Luftangriffen ver-schont geblieben. Außer den rund 230.000 zivilen Bewohnern der Stadt lebten noch mehr als 20.000 koreanische und chinesische Zwangsarbeiter in der Stadt. Nur weni-ge US-amerikanische Kriegsgefangene wurden in Hiroshima festgehalten.

Um die japanische Regierung durch die Tötung möglichst vieler Menschen zu demora-lisieren und zur Kapitulation zu zwingen, wurde jede Vorwarnung der Zivilbevölkerung unterlassen. Stattdessen wurden in den Tagen zuvor mehrere US-Flugzeuge in großer Höhe über das Stadtgebiet dirigiert, um der japanischen Luftabwehr das Gefühl zu geben, dass es sich bei allen Flugzeugen über Hiroshima lediglich um Aufklärungsflüge handele.

Dieser Eindruck herrschte auch am frühen Morgen des 6. August 1945, als sich Paul Tibbets mit seiner Maschine sowie zwei Begleitflugzeugen in einem mehrstündigen Anflug über dem Meer Hiroshima näherte. Der Stadt war für den frühen Morgen ein strahlend blauer Himmel vorhergesagt. Eine um 7 Uhr über den japanischen Rund-funk ausgegebene Warnung an die Bewohner Hiroshimas wurde um 8 Uhr wieder aufgehoben, da man dachte, dass die drei Einzelflugzeuge kein Bomberverband seien. Niemand suchte einen Schutzraum auf. Kinder gingen an diesem Montagmorgen wie immer zur Schule und die meisten Erwachsenen zur Arbeit.

Um 8.15 Uhr klinkte Paul Tibbets die auf den Namen »Little Boy« getaufte Atom-bombe mit einer Sprengkraft von 12.500 Tonnen TNT über dem Stadtzentrum in etwa 9.500 Metern Höhe aus und startete im Steilflug durch, um sich und seine Be-satzung in Sicherheit zu bringen. Eine Minute und zwei Sekunden später explodierte die Bombe in 580 Metern Höhe über der Innenstadt, ganz in der Nähe des größten Krankenhauses.

In weniger als einer Minute wurden durch den Feuerball mit einer Innentemperatur von rund einer Million Grad Celsius rund 80 Prozent des Stadtzentrums verglüht. Die Hitzewirkung war so groß, dass noch in zehn Kilometern Entfernung Bäume in Flammen aufgingen. Kinder, Frauen und Männer, die sich im Stadtkern aufhielten, verdampften aufgrund der unvorstellbaren Hitze. Rund 200.000 Menschen in und um Hiroshima waren sofort tot. Tausende starben an ihren Verbrennungen später, eine medizinische Versorgung ließ angesichts des totalen Chaos lange auf sich warten. Die Auswirkungen radioaktiver Vergiftung waren damals noch weitgehend unbekannt. Menschen, die das Feuer überlebt und sich an den Fluss geflüchtet hatten, fielen wenige Tage später die Haare aus, rote Flecken bildeten sich am ganzen Körper und wenig später starben auch sie qualvoll an inneren Blutungen. Bis heute töten die Spätfolgen der Verstrahlung Menschen in Japan vor allem in Form von Leukämie-Erkrankungen.

Es dauerte länger als einen Tag, bis im Rest Japans und der Welt bekannt wurde, was in Hiroshima geschehen war, da zunächst alle Kommunikationskanäle aus der Stadt zerstört waren und die japanische Luftwaffe bereits seit Längerem nur noch sehr eingeschränkt operieren konnte. Es dauerte noch wesentlich länger, bevor die internationale Öffentlichkeit das wirkliche Ausmaß der Zerstörung, vor allem auch unter der Zivilbevölkerung, begriff.

Da die japanische Regierung der Forderung nach völliger Kapitulation noch immer nicht nachkam, startete der 25-jährige US-Pilot Charles Sweeney (1919-2004) am frühen Morgen des 9. August mit einer zweiten Atombombe an Bord. Sein Ziel war die für ihre Rüstungsindustrie bekannte Stadt Kokura. Da sich die Stadt jedoch unter einer dichten Wolkendecke befand, wurde er wegen der schlechten Sichtverhältnisse nach Nagasaki umgeleitet, wo er am Vormittag um 11.02 Uhr die Bombe ausklinkte. Rund 22.000 Menschen wurden sofort getötet, noch einmal etwa 39.000 starben in den Tagen danach.

Die Piloten Paul Tibbets and Charles Sweeney blieben ihr Leben lang in der US-Luftwaffe und machten dort Karriere. Sie erhielten zahlreiche Orden und Ehrungen. Beide verließen die Armee im Range eines Brigadegenerals – zuerst Paul Tibbets 1969 und zehn Jahre später Charles Sweeney.

Beide verteidigten den Abwurf der Atombomben bis zu ihrem Lebensende. Im Jahr 2002, Paul Tibbets war bereits 87 Jahre alt, sagte er in einem Interview: »Wir haben noch nie irgendwo Krieg geführt, wo keine Unschuldigen getötet worden wären. Wenn die Zeitungen sich diesen Mist nur sparen würden: ›Ihr habt so viele Zivilisten getötet.‹ Das war ihr Pech, dass sie dort waren.«

Vor seinem Tod verfügte er, dass es für ihn keine Trauerfeier und kein Grab geben solle, um zu verhindern, dass Gegner der Atombombe es »besudeln und ein Ziel für Pilger-

fahrten« erhalten würden. Er starb 2007 mit 92 Jahren. Seine Asche wurde auf seinen Wunsch hin über dem Ärmelkanal verstreut.

Der in Österreich geborene Philosoph Günther Anders (1902-1992) beschäftigte sich seit 1945, vor allem in den beiden Bänden seiner Studie »Die Antiquiertheit des Menschen« [58], mit der Frage, welchen Fortschritt oder auch radikalen Rückschritt es bedeutet, wenn der Mensch eine Bombe herstellen kann, deren Vernichtungspotenzial sein Vorstellungsvermögen bei Weitem übertrifft. Die scheinbar modernste aller Bomben lässt den Menschen hilflos überfordert und veraltet – antiquiert – zurück. In seinem Buch »Die atomare Drohung« schreibt er [59]:

Wir sind invertierte Utopisten. Dies also ist das Grund-Dilemma unseres Zeitalters: Wir sind kleiner als wir selbst, nämlich unfähig, uns von dem von uns selbst Gemachten ein Bild zu machen. Insofern sind wir invertierte Utopisten: Während Utopisten dasjenige, was sie sich vorstellen, nicht herstellen können, können wir uns dasjenige, was wir herstellen, nicht vorstellen.

In seinen Arbeiten versucht er zu verstehen, mit welchen Verharmlosungsstrategien Menschen sich angesichts von tatsächlich bestehender Bedrohung zu beruhigen suchen. Dazu gehört für ihn auch die Arbeitsteilung im industriellen Zeitalter, bei der viele Menschen nicht mehr die Zusammenhänge ihrer Verantwortlichkeit durchschauen. Der Wissenschaftler, der Atomforschung betreibt, beruhigt sich damit, dass seine Arbeit auch friedlich genutzt werden kann. Der Arbeiter im Rüstungsbetrieb, der die Einzelteile der Bombe herstellt, sagt, dass er keine Entscheidung über deren Einsatz habe und schließlich seine Familie ernähren muss. Der Manager im Rüstungsbetrieb erklärt, wie viele Arbeitsplätze seine Firma schaffen werde.

Der Bomberpilot schließlich weiß, dass er nur auf Befehl handelt, und glaubt, wie im Fall von Paul Tibbets und Charles Sweeney, fest daran, dass die Ermordung Tausender unschuldiger Zivilisten etwas »noch Schlimmeres« (in diesem Fall den Tod US-amerikanischer Soldaten) verhindere. Ähnliche Argumentationsketten der persönlichen Entlastung finden sich auch in fast allen Debatten über die Frage, wer Verantwortung für die Zerstörung der Umwelt trägt, die, wie jeder behauptet, ebenso niemand will wie die Ermordung unschuldiger Menschen.

Der Irrsinn der Atombombe, die ihr innewohnende Widersprüchlichkeit, liegt darin, wie Günther Anders sagt, dass »sie nur einsetzbar ist und eine

Wirkung hat, wenn sie am Ende nicht eingesetzt wird«: Sie erpresse alle oder keinen – eine »Selbsterpressung der Menschheit«. Menschliche Allmachtsfantasien würden hier umgekehrt: Nicht Leben, gar ewiges, oder Jugend, gar ewige, habe der Mensch schaffen können – wohl aber habe er die Macht errungen, alles Leben zu zerstören, für immer und ewig.

Günther Anders: »Wie ich zum Moralisten in der Frage nach Leben oder Tod, nach Bewahrung oder Zerstörung wurde ...«

Er war zeitlebens niemals nur ein Philosoph, der die Welt einzig zu verstehen suchte, sondern er engagierte sich von Jugend an für einen aktiven Humanismus. Von drei ihn bestimmenden Erlebnissen spricht Günther Anders in seinem Leben.

Als Fünfzehnjährigen erschütterte ihn der Anblick schwer verletzter Soldaten, die aus dem Ersten Weltkrieg heimkehrten:

»Unterwegs, auf einem Bahnhof ..., sah ich eine Reihe von Männern, die sonderbarerweise an den Hüften anfingen. Das waren Soldaten, die man auf ihre Stümpfe gestellt und an die Wand gelehnt hatte. So warteten sie auf den Zug in die Heimat.«

Fortan setzte er sich als Pazifist für den Frieden ein und träumte von einer Welt, in der Menschen sich nicht mehr von nationalen und rassistischen Vorurteilen gegeneinander hetzen lassen. Lange bevor dies Politiker auch nur anzusprechen wagten, gründete er im jugendlichen Alter mit einem Freund eine Organisation, die sich für die europäische Einigung einsetzen sollte – die EU: Europa Unita.

»Bei Kerzenlicht übermalten wir auf einer Karte von Europa mit weißer Farbe die Grenzen und schnitten uns E. U. in die Handflächen. Wir bluteten wie die Schweine und rannten zur Krankenschwester, einer Elsässerin. Die verstand sofort und wurde das dritte Mitglied. Durch dieses Erlebnis wurde ich zum Moralisten ...

Als junger Jude, er war damals Anfang dreißig, erkannte Günther Anders die Gefahr, die von einer Nazi-Regierung ausgehen würde und flüchtete bereits im März 1933 von Berlin nach Paris. Es war das zweite Ereignis, das sein Leben prägte. Er war zu der Zeit noch mit der jüdischen Philosophin Hannah Arendt (1906-1975) verheiratet und trug seinen ursprünglichen Familiennamen Stern. Drei Jahre später emigrierte er von Frankreich in die USA.

Als das dritte, sein Leben und Denken bestimmende Ereignis beschrieb Günther Anders den Abwurf der Atombomben auf Hiroshima und Nagasaki. Er sei einige Zeit wie gelähmt gewesen und habe keinerlei intellektuelle Arbeit verrichten können, schrieb er später. Als besonders schlimm empfand er, dass die meisten Menschen um ihn herum bald wieder zum normalen Alltag übergingen und das Ausmaß des nun vorhandenen Zerstörungspotenzials, das jederzeit in die Hände von verantwortungslosen Politikern fallen konnte, einfach verdrängten. Manche beschimpften ihn gar als »Schwarzseher«.

Er versuchte nun vor allem, die Dimension von menschlicher Verantwortung, Gewissen und Moral zu erforschen. Berühmt wurde sein Briefwechsel [57] mit dem US-Piloten Claude Eatherly (1918-1978), der als einziger der an dem Abwurf der ersten Atombombe direkt Beteiligten später persönliche Schuld bekannte. Er hatte das Aufklärungsflugzeug gesteuert, das das Stadtgelände von Hiroshima vorab sondierte, und dann den Abwurf freigegeben. Claude Eatherly unternahm später zwei Selbstmordversuche und begab sich mehrfach in psychiatrische Behandlung. Er starb mit 69 Jahren an Krebs.

Günther Anders verließ 1950 enttäuscht die USA und kehrte mit seiner zweiten Frau, einer gebürtigen Österreicherin, von New York, wo sie sich kennen gelernt hatten, in ihre Heimatstadt Wien zurück. Gemeinsam mit Bertrand Russell engagierte er sich ab Mitte der 1960er-Jahre gegen den Krieg der USA in Vietnam. Günther Anders starb in Wien im Alter von 90 Jahren.

Daran, dass unsere Umwelt bedroht ist, besteht heute kein Zweifel. Lediglich über das Ausmaß wird noch gestritten: beim Artensterben, bei dauerhafter Verschmutzung von Luft und Wasser oder beim Abschmelzen der Pole wegen des Treibhauseffekts. Viele warnen, dass die damit einhergehenden Klimaveränderungen mit Wirbelstürmen und Überflutungen einerseits und einer Ausbreitung von Wüsten und Hungergebieten andererseits zuerst die weit entfernten Regionen der Welt – in denen die meisten Menschen ohnehin arm sind und keine Lobby haben – treffen werden.

Wie nah Naturkatastrophen – egal, ob natürliche oder vom Menschen verschuldete – kommen können, wird vielen oft erst dann bewusst, wenn die Medien darüber ausreichend berichten. Dies war zum Beispiel der Fall beim Meeresbeben in Südostasien am zweiten Weihnachtstag 2004, das in der Weltöffentlichkeit unter dem für die meisten neuen Wort Tsunami vor allem deshalb erinnert wird, weil sich das Unglück in Touristengebieten ereignete, die auch vielen Europäern vertraut sind.

Oder beim Wirbelsturm Katrina, der im August 2005 an der Golfküste der USA wütete und dort über 2.000 Menschenleben zerstörte. Rund 80 Prozent des Stadtgebiets von New Orleans standen tagelang unter Wasser, zum Teil über sieben Meter hoch. Niemals zuvor war für jeden in den Fernsehnachrichten so deutlich sichtbar, wie schlecht selbst ein reiches Land wie die USA auf eine solche Naturkatastrophe vorbereitet war.

In den Niederlanden ist nach über einem halben Jahrhundert bis heute eine Flutkatastrophe unvergessen, die nicht geschehen wäre, wenn rechtzeitige Warnungen über den unzureichenden Zustand der Deiche beachtet worden wären.

Die Flutkatastrophe in den Niederlanden von 1953

Am Samstag, dem 31. Januar 1953, wurde in den Niederlanden der 15. Geburtstag der Kronprinzessin Beatrix gefeiert. Am Abend um 18 Uhr wurden die ersten Unwetterwarnungen über das Radio verbreitet, demnach war jedoch der Sturm mit Stärke 11 an der deutschen Nordseeküste bedrohlicher als an der niederländischen mit Stärke 10. Niemand traf Vorsorge, Evakuierungspläne gab es nicht. Die Menschen gingen unbesorgt schlafen. Heftige Stürme kommen regelmäßig an der Küste vor.

Kurz nach Mitternacht erreichte die Flut ihren höchsten Stand. Mittlerweile hatte der Sturm auf Windstärke 12 zugenommen und eine Springflut ausgelöst, die ein Abfließen des Wassers bei Ebbe verhinderte. Die Wassermassen wurden mit bis zu 4,50 Meter über normal gegen die Deiche gedrückt. Innerhalb weniger Stunden brachen 89 Deiche auf einer Gesamtlänge von 187 Kilometern. An einer Stelle zerschlug eine einzige Welle Deichbefestigungen auf einer Länge von über 1.800 Metern. Wie durch ein Wunder hielt der Schielands Hoge Zeedijk, der rund drei Millionen Menschen in Rotterdam, Delft und Teilen der Regierungshauptstadt Den Haag vor dem Meer schützte.

Erst um 4.30 Uhr gingen per Telex die ersten Katastrophenmeldungen in anderen Landesteilen ein.

In den direkt an der Küste gelegenen Dörfern begannen die Menschen zuerst, das Ausmaß der Katastrophe zu erkennen: An der Küstenlinie gelegene Häuser wurden wie Kartons umgeblasen, in den Häfen zerschlugen Fischerboote an den Kaimauern und Deichbefestigungen wurden einfach weggespült. In den folgenden Stunden wurden Hunderte von Kindern, Frauen und Männern von den eiskalten Fluten mitgerissen, mehrere Dörfer verschwanden völlig unter den Wassermassen. Einige versuchten sich auf Dächer und Bäume zu retten.

Erst im Morgengrauen wurde für viele das ganze Ausmaß der Katastrophe sichtbar. Nachbarn waren verschwunden, Leichen von Menschen und Haustieren schwammen auf dem Wasser und konnten nicht geborgen werden, da alle wichtigen Zufahrtsstraßen ebenfalls unter Wasser standen. Die gesamte Provinz Zeeland war von der Außenwelt abgeschnitten. Am Sonntagmorgen ließ der Sturm erstmals nach und mit der Ebbe konnte in einigen Gebieten das Hochwasser abfließen. Einigen bis dahin von den Wassermassen Eingeschlossenen gelang jetzt die Flucht zu höher gelegenen Häusern.

Ab Mittag jedoch begann das Wasser erneut zu steigen. Die Flut am Nachmittag stieg noch höher als die der vorangegangenen Nacht und brachte viele Häuser, die bislang nur beschädigt waren, endgültig zum Einsturz. Ab 17 Uhr wurde es wieder dunkel, und noch immer hatten keine Hilfsmannschaften die Opfer erreicht.

Am Montag begann die niederländische Regierung das Ausmaß der Katastrophe zu begreifen und rief den nationalen Notstand aus. Zwei Tage und zwei Nächte waren die betroffenen Menschen auf sich allein gestellt. Über 1.800 von ihnen starben einen schrecklichen Tod in den eisigen Fluten. Die niederländische Armee wurde mit Flugzeugen und Booten eingesetzt, da alle Verkehrsverbindungen für Tage überflutet blieben.

Unter dem Eindruck der Flutkatastrophe wurden in den folgenden Jahrzehnten Milliarden in ein ausgeklügeltes modernes Deichsystem in den Niederlanden investiert. Die neue Strategie versucht, die Meeresfluten nicht nur abzuwehren, sondern ein »kluges Verhältnis« mit ihnen einzugehen, was vor allem bedeutet, mehr Ablaufsysteme bei Überflutungen zu schaffen. Kreative Ideen sind weiter dringend nötig, denn die »niederen Lande« liegen zu gut 60 Prozent unter dem Meeresspiegel und werden durch das bestehende Deichsystem vor Überflutung nur beim bislang normalen Gang von Ebbe und Flut geschützt.

Neuere Erkenntnisse internationaler Meeresforscher zeigen, dass der Meeresspiegel vor der niederländischen Nordseeküste bis zum Jahr 2100 um bis zu 1,30 Meter steigen dürfte. Kommt es bis dahin nicht zu radikalen Veränderungen in der Klima-Politik, wird in den darauffolgenden hundert Jahren bis 2200 der Meeresspiegel um bis auf vier weitere Meter dramatisch steigen. Keines der heute existierenden Deichsysteme wäre einem solchen Anstieg gewachsen.

Michael P. (*1981), Augenzeuge des Tsunami am 26. Dezember 2004: »Ich dachte, das ist das Ende der Welt ...« [61]

Es war unsere erste, wirklich weite Reise, davor gerade zweimal Spanien. Sabine und ich hatten lange überlegt: USA oder Thailand?

Da die Monate zuvor für uns beide beruflich sehr anstrengend gewesen waren, entschieden wir uns dann für Phuket in Thailand, so eine Bounty-Insel, wo man zu Weihnachten wunderschönes Sommerwetter haben würde. Einfach abhängen am Strand, abends schön ausgehen, aber eben doch auch eine andere Kultur kennen lernen.

Sabine und ich kannten uns zu der Zeit genau zwei Jahre, auch das wollten wir zum Jahresende 2004 auf besondere Weise feiern. Wir hatten uns in einer Disco in Dort-

164

mund kennen gelernt, sie war damals erst achtzehn, ich schon einundzwanzig. Beide haben wir uns schon immer für Asien interessiert und beide hassen wir den ewig grauen, kalten Winter in Deutschland.

Die erste Woche in Patong, dem Haupt-Touristenstrand auf Phuket, war auch entsprechend nur gut. Traumhaft warmes Wasser, Palmen, blauer Himmel. Das Hotel? Na ja, eher schlicht. Wir hatten auch nicht gerade das teuerste gebucht, so erwarteten wir auch nicht fünf Sterne.

Erst für die zweite Woche hatten wir Ausflüge geplant, so hatten wir schon bezahlt für eine Bustour zu einem buddhistischen Tempel im Südwesten der Insel. Aber dazu kam es dann nicht mehr.

Am ersten Weihnachtstag waren wir bis spät in der Nacht in einer Touristen-Disco gewesen. Sabine hatte mehr getrunken als ich und war am nächsten Morgen nicht mit zum Frühstück gekommen. Ich war schon immer ein Frühaufsteher, egal was in der Nacht zuvor los war. Als ich gegen sieben Uhr aufstand, war nichts, überhaupt nichts von einem drohenden Unwetter zu spüren. Warme Luft, ein wolkenloser Himmel. Ich dachte: Genau richtig, um vor dem Frühstück am Strand zu joggen.

Auch die Einheimischen gingen ihren Tätigkeiten normal nach. Erst als ich am Strand war, sah ich, wie sich das Meer plötzlich so weit wie noch nie zurückzog. Es war, als würden die Wassermassen weggesogen. Da blieben die ersten Menschen verwundert stehen. Es war anders als die normale Ebbe. Plötzlich begannen die Ersten zu schreien. Man winkte und rief uns zu, vom Strand wegzulaufen. Ein Polizist benutzte eine Trillerpfeife und schrie besonders einige am Strand spielende Kinder an zu verschwinden. Etwa in dem Augenblick sah auch ich es: Das Meer kam in Form einer riesigen, vielleicht acht bis zehn Meter hohen gewaltigen Welle zurück. Je dichter sie kam, umso höher schien sie zu wachsen. Ich dachte, das ist das Ende der Welt.

Mit den meisten anderen rannte auch ich in Panik zurück in Richtung Hotel. Noch immer wuchs die Welle, ein Berg von Wasser, unglaublich, ohne dass ein Sturm oder gar Hurrikan herrschte.

Erst viel später wurde ja die Ursache erklärt, jenes Meeresbeben vor Sumatra ...

Als der Meeresberg den Strand erreichte, zerschellte er nicht einfach und fiel in sich zusammen, sondern donnerte landeinwärts, als würde das gesamte Meer hinterhergeschoben ...

Aus heutiger Sicht kann ich nur sagen, dass ich unheimliches Glück hatte. Als mir klar wurde, dass ich das Hotel nicht mehr erreichen würde, klammerte ich mich an einen der Laternenpfähle an der Küstenstraße. In dem Moment, als die Wassermassen über mich hinwegdonnerten, wurde ich mitsamt dem Pfahl ebenfalls weggerissen.

Wie durch ein Wunder wurde ich jedoch an die Oberfläche gespült und hielt mich weiter an dem Rest des Laternenpfahls fest, mit dem ich mehrfach auf andere Gegenstände krachte, der mich aber davor schützte, selbst schwer verletzt zu werden. So wurde ich bis hinter unser Hotel landeinwärts gespült. Ich knallte irgendwo zu Boden und vielleicht nur, weil sich der Pfahl in anderem Gerümpel verkeilt hatte und ich mich noch immer festhielt, wurde ich danach, als das Meer wieder zurückflutete, nicht mit hinaus aufs Meer gezogen.

Erst jetzt hörte ich um mich herum die Schreie anderer Menschen. Es war entsetzlich. Ganz in meiner Nähe lagen zwei ältere Touristen, leblos, mit völlig verdrehten Knochen. Ich dachte nur: Wo ist Sabine? Denn die Welle war auch über unser Hotel hinweggedonnert, alle Scheiben waren zerstört, ein Teil des Daches weggerissen. Ich blutete am Bein und meinem linken Arm, aber es schien nichts gebrochen.

Als ich höchstens noch zwanzig Meter von dem stark beschädigten Hotel entfernt war, begannen die Leute um mich herum plötzlich noch lauter zu schreien und in Richtung Meer zu starren. Die zweite Welle kam! Einige warfen sich zu Boden, andere versuchten sich irgendwo festzuklammern. Ich ergriff das Seil einer Plastiktonne, da mir inzwischen klar war, dass ich um alles auf der Welt an der Oberfläche bleiben müsste. Wieder wurde ich, jetzt noch viel weiter, ins Landesinnere geschleudert. Dieses Mal jedoch hatte ich Pech, denn irgendein harter Gegenstand knallte gegen meinen Kopf und ab dann war es einfach nur noch dunkel. Ich habe keine Erinnerung, was in den kommenden Stunden geschah.

Es war Abend, als ich mit wahnsinnigen Kopfschmerzen zu mir kam. Ich lag auf der Erde, ohne Decke, eine ältere Frau aus Köln gab mir etwas Wasser aus einer Plastikflasche. »Mein Mann ist weg!«, sagte sie mehrfach leise, scheinbar ohne jede Emotion. Sie stand offensichtlich unter Schock. Auch sie hatte mehrere Prellungen im Gesicht und am Arm, soweit ich erkennen konnte. Nur ein paar Kerzen brannten, Strom schien nirgendwo zu funktionieren.

Die folgenden Tage waren völliges Chaos. Das Schlimmste war, dass ich lange nicht wusste, was mit Sabine war. Niemand hatte sie gesehen und ich wusste doch nur, dass sie vermutlich noch geschlafen hatte, als die erste Welle hereinbrach. Am 29. Dezember traf der erste Airbus der Bundeswehr auf Phuket mit einer Gruppe von Sanitätern und einer Art Rettungsstation ein. Zuerst wurden natürlich die Schwerverletzten versorgt, wobei ich mich etwas schämte, dass es immer nur um Deutsche dabei ging und die Einheimischen sich selbst überlassen blieben, egal wie schlimm sie dran waren.

Am Abend des gleichen Tages fand ich endlich Sabine wieder. Sie gehörte zu den Schwerverletzten mit mehreren Knochenbrüchen, aber sie war am Leben! Sie hatte hohes Fieber und erkannte mich nicht. Wir hatten erneut großes Glück, dass sie mit der ersten Bundeswehrmaschine, die zurückging, ausgeflogen wurde. Ich musste *noch wesentlich länger warten, bis ich endlich mit einer normalen Verkehrsmaschine heimfliegen konnte. Selbst bei uns an Bord gab es noch Touristen mit Armbrüchen und anderen Verletzungen, die erst in Deutschland mit angemessener medizinischer Versorgung rechnen konnten und während des Fluges nur Schmerzmittel bekamen.*

Sabine ist heute von allen Verletzungen wieder völlig genesen, auch wenn es beinah ein Jahr dauerte, bis sie zum ersten Mal wieder zur Arbeit gehen konnte. Immer wieder erinnern wir uns an die Schrecken dieses »Alb-Traumurlaubs«. Wir haben später noch von anderen deutschen Touristen mehrere Amateurfilmaufnahmen vom Morgen des 26. Dezember bekommen.

Zurück in Deutschland lasen wir in der Presse, dass an den Folgen dieses Meerbebens mehr als 230.000 Menschen gestorben sind. Darunter waren mehr als 2.500 Touristen. 537 deutsche Urlauber fanden den Tod. Wir haben viel Glück gehabt.

Über die Zerbrechlichkeit und Gefährdung unseres Lebens, gerade auch die Gefährdung des Menschen durch den Menschen, hat die Schriftstellerin Marie Luise Kaschnitz (1901-1974) das Gedicht »Steht noch dahin ...« geschrieben [62]:

> *Ob wir davonkommen ohne gefoltert zu werden,*
> *ob wir eines natürlichen Todes sterben,*
> *ob wir nicht wieder hungern,*
> *Abfalleimer nach Kartoffelschalen durchsuchen,*
> *ob wir getrieben werden in Rudeln,*
> *wir haben's gesehen.*
>
> *Ob wir nicht noch die Zellenklopfsprache lernen,*
> *den Nächsten belauern,*
> *vom Nächsten belauert werden,*
> *und bei dem Wort Freiheit weinen müssen.*
>
> *Ob wir uns fortstehlen*
> *rechtzeitig auf ein weißes Bett*
> *oder zugrunde gehen am hundertfachen Atomblitz,*
> *ob wir es fertig bringen mit einer Hoffnung zu sterben,*
> *steht noch dahin,*
> *steht alles noch dahin.*

Die deutsche Theologin und Feministin Dorothee Sölle (1929-2003), die sich ihr Leben lang für Frieden und Umwelt engagierte und von 1975 bis

1987 Professorin in New York war, hat sich in zahlreichen Büchern mit der Frage beschäftigt, was jeder von uns tun kann, um Gottes Schöpfung zu erhalten [63]. Aus der Bergpredigt leitete sie den Auftrag an alle Menschen ab, dass wir »die Hände Gottes sein« sollen, um die nötige Arbeit zur Achtung des Lebens zu leisten.

Am Abend vor ihrem Tod am 27. April 2003 im Alter von 73 Jahren sagte sie in einem Vortrag:

> Ich wünsche mir wirklich von ganzem Herzen, dass diese Erde bleibt ... dass diese Schöpfung bestehen bleibt. Ob ich als Person, also mit Visitenkarte oder Enkelkindern, da vorkomme, ist mir nicht zentral. ... Der Fluch ist das Töten, nicht das Sterben.

Für sich selbst hatte sie gleichwohl die denkbar einfachste Vorstellung von Sterben – indem sie wieder »ein Teil des Ganzen« werden würde:

> Das ist kein Gedanke, der mir Schrecken einflößt, dass ich ein Teil der Natur bin, dass ich wie ein Blatt herunterfalle und vermodere, und dann wächst der Baum weiter, und ich bin ein Teil des Ganzen.

Anfang oder Ende ?

Dieses Buch ist zu Ende. Eine gedankliche Reise, die Jahrtausende zurück-führte und von Begegnungen in verschiedenen Ländern berichtete, erreicht die vorläufige Endstation. Auch das, fraglos, nur eine Zwischenstation.

Als die Arbeit am Manuskript begann, erreichte mich aus Deutschland die traurige Nachricht von der unheilbaren Krankheit meiner Schwägerin, der Frau meines älteren Bruders.

Er ist nur drei Jahre älter als ich, mein Bruder Hendrik. Als wir noch bei den Eltern wohnten, teilten wir ein kleines Zimmer, so klein, dass ein Bett über Tag hochgeklappt werden musste.

Trotz dieser räumlichen Nähe über all die Jahre waren und sind wir sehr verschieden. Wir sehen uns nicht ähnlich und hatten schon immer ungleiche Interessen. Obwohl mein Bruder, als wir beide noch klein waren, mich als den Jüngeren wacker bei »Klop-pereien« auf der Straße gegen andere verteidigte, hatten wir zumeist andere Freunde. Trotzdem bewunderte ich ihn, als er mit sechzehn Jahren eine Musikband gründete, und war auf seiner Seite, als er in der elften Klasse vom gemeinsamen Gymnasium flog. Ich wusste, dass seine Lehrer unrecht hatten.

Als ich mit achtzehn Jahren als Erster die elterliche Wohnung verließ, verabschiedeten wir uns nicht. Er hielt meine Pläne für verrückt, nach Amerika zu gehen, ohne Geld und ohne Arbeit.

Mehr als fünfunddreißig Jahre später. Er lebt in zweiter Ehe in einem Vorort von Berlin. Endlich zufrieden, nachdem eine erste Ehe mit Kind nach bitteren Kämpfen ausei-nandergegangen war. Seine zweite Frau, Traudl, kann ihn nehmen, wie er ist, auch sie hat eine gescheiterte Ehe hinter sich. Mehr als zwanzig Jahre kennen sie einander. Es ist wirkliche Liebe, sagen beide. Mein Bruder ist eher zurückgezogen, Freunde und Bekannte gibt es durch seine Frau.

Es ist ein gutes Leben, sagen beide: Das Haus abbezahlt, ein- oder zweimal im Jahr in den Urlaub, wohin man will. Unser Kontakt bleibt spärlich. Seine Frau verkauft mit Freundinnen auf einem Flohmarkt selbst gefertigte Basteleien und spendet das ein-genommene Geld für unser Kinderhaus in Südafrika. Zu den Geburtstagen führen wir auch mal ein längeres Telefonat.

Dann der Anruf im September 2007: Ein Urlaub muss abgebrochen werden, da seine Frau sich zunehmend übel fühlt. Bauchschmerzen wie nie zuvor, kaum auszuhalten. Zurück in Berlin die Diagnose: Bauchspeicheldrüsenkrebs, Metastasen in der Leber, nicht mehr operabel. Unheilbar. Wie lange noch? Niemand weiß es genau. Vielleicht ein paar Monate, wohl nicht länger als ein Jahr. Das alles ohne jede Vorwarnung.

Die kommenden Wochen telefonieren wir öfter. Tauschen uns aus über jede kleine Hoffnung. Ein Wunderheiler, Professor aus Peru, im Internet gefunden. Chemotherapie oder nicht? Entscheidung für die Therapie. An drei von sieben Wochentagen unerträgliche Übelkeit. Die Krebszellen breiten sich weiter rasend aus. Die Chemotherapie wird abgesetzt. Traudl nimmt sichtbar ab.

Sie bleibt stark, nach außen. »Endlich habe ich mein Idealgewicht«, scherzt sie. Wir lachen und heulen am Telefon. Mein Bruder bleibt sachlich. So ist er. Weihnachten gehen beide nicht ans Telefon. Das erste Weihnachten ohne Schwiegereltern, Tochter und Enkelkinder. Sie ist bereits zu schwach. Nur zu zweit wollen sie sein. Das letzte Weihnachten.

Mitte Januar frage ich, ob ich kommen darf. »Brauchste nicht!«, sagt mein Bruder. »Ja«, sagt sie, »komm mal. Er hat doch außer mir niemand. Ich möchte dich sehen.«

Ich fliege von Kapstadt nach Berlin. Als ich ein paar Tage bei ihnen bin, sagt mein Bruder: »Danke, dass du gekommen bist.« Es geht ihr nun jeden Tag schlechter. Der Dorfpfarrer erscheint. Sie ist wieder in die Kirche eingetreten, aus »Hoffnung auf Gott«. Mein Bruder nicht. Er geht schon seit Wochen nicht mehr zur Arbeit, weicht keine Minute von ihrer Seite. Am Ende gibt er ihr die Morphiumspritzen daheim selbst. Ihre erwachsene Tochter und die hochbetagten Eltern, die in Hannover leben, sind ebenfalls angereist. Der Hausarzt sagt leise: »Es kann nicht mehr lange dauern.«

Sie stirbt am ersten Sonntag im Februar 2008, ein klarer Morgen, sonnig, mittags fühlt es sich bereits mild an, als wäre Frühling. In der Nacht darauf höre ich meinen Bruder weinen hinter der geschlossenen Tür ihres Schlafzimmers.

Die Todesanzeige schreiben wir gemeinsam, seit unserer Kindheit sind wir uns nicht so nahe. Er schlägt vor, dass anstelle von Kränzen für das südafrikanische Kinderhaus gespendet werden soll und wählt für die Anzeige einen Spruch von Albert Schweitzer: »Das einzig Wichtige im Leben sind Spuren von Liebe, die wir hinterlassen, wenn wir ungefragt weggehen und Abschied nehmen müssen.«

Zu mir sagt er: »Sie wollte nicht gehen, sie lebte doch so gern ... ihr Tod ist so ungerecht.«

170

Ein halbes Jahr später erhängt sich ihr Vater, knapp zwei Wochen nach seinem 85. Geburtstag, im Garten in Hannover, während seine Frau zum Einkaufen ist. Er hinterlässt einen Abschiedsbrief, in dem er sich entschuldigt und seiner Frau für ein langes gemeinsames Leben dankt. In der Anzeige steht: »In Verzweiflung über das unfassbar Erlebte ...«. Mein Bruder steht seiner Schwiegermutter zur Seite, so oft er nur kann. Sie sind und bleiben sich nah in ihrer Trauer, wie sonst mit niemandem.

⸙

Als die Arbeit am Manuskript dieses Buches im August 2009 dem Ende zugeht, sendet mir Jens, ein naher Kollege in Kapstadt, eine E-Mail, in der er von der Ermordung seiner Frau berichtet:

Etwas Schreckliches ist geschehen. Als ich gestern Nachmittag von der Arbeit aus dem Büro heimkam, stand unsere Haustür offen. Ich fand Elisabeth am Boden, jemand hat sie erwürgt. Ein Einbrecher, der sich nicht auskannte. Es fehlten nur offen sichtbare Dinge. Banale, unwichtige Dinge. Ein Handy, etwas Bargeld. Sie muss keinen Verdacht gehegt haben, denn die Haustür war nicht aufgebrochen. Vielleicht jemand, der sich als Lieferant ausgab? Sie hatte ja keine Möglichkeit der Notwehr. Niemand von unseren Nachbarn hat etwas gesehen ...

In der Zeitung wird über diesen entsetzlichen Mord nicht berichtet. In Südafrika werden täglich rund fünfzig Menschen umgebracht. Zu viel für individuelle Schlagzeilen. Elisabeth litt seit wenigen Jahren an multipler Sklerose, war zunehmend auf Krücken und den Rollstuhl angewiesen. Nicht mal den Hausalarm hatte sie mehr auslösen können.

Jens zieht zu seiner Mutter an den Rand der Stadt, eine Nacht im gemeinsamen Haus scheint zunächst unmöglich. Eine Trauerfeier wird für die Woche danach vorbereitet. Die Beerdigung kann erst später erfolgen, wenn die Polizei den Leichnam, wie bei Verbrechen üblich, freigegeben hat.

Zwei Tage später steht Jens bei uns vor der Tür. Er hat sich in der Nähe, eher wahllos und noch ohne klare Orientierung, ein paar freie Häuser angeschaut, dem Makler nur wie durch einen Nebel zugehört. Er bleibt bei uns, sitzt im Garten, bleibt auch für den Abend.

Ich weiß noch nicht, wie es weitergehen soll. Es gibt noch Familie in Deutschland, aber mein Zuhause ist doch hier. Ich war sechs, als meine Eltern von Bielefeld nach Kapstadt zogen. Alle Kollegen, alle Freunde, alles hier ... Ich möchte nicht in dem Haus bleiben. Es gibt so viele schöne gemeinsame Erinnerungen dort – und die eine schreckliche.

171

Wir lernten Jens und seine Frau ein paar Jahre zuvor kennen, als er der erste Beamte in der Stadtverwaltung war, der eine Delegation unseres Townships empfing, nachdem in einer Nacht mehr als vierhundert Familien alles Hab und Gut bei einem entsetzlichen Feuer verloren hatten und viele Kinder und Erwachsene noch mit schweren Brandverletzungen im Krankenhaus lagen.

Nur weinige Tage nach dem Mord findet eine große Feier in unserer Armensiedlung statt, da nach langen Jahren des Engagements endlich die ersten Familien in einfache, aber sichere, neu gebaute Wohnungen einziehen können. Wir sind froh, dass Jens zu der Feier kommt. Manche erfahren erst an diesem Tag, was Elisabeth geschehen ist, die mehr als einmal wartete, wenn Jens spät von Versammlungen aus der Siedlung heimkam.

Als die Nachricht vom Mord an diesem Tag bekannt wird, erheben sich alle für eine spontane Schweigeminute in der Erinnerung an Elisabeth und um Jens in seiner Trauer nicht alleinzulassen.

⁃⁃⁃⁃

Es ist in dieser Zeit, dass mir beim Blättern in alten Tagebüchern ein in meiner damaligen Schülerhandschrift notierter Text in die Hände fällt, den ich mit achtzehn Jahren in Baltimore, im US-Staat Maryland, in einer unscheinbaren Kirche von einer Tafel am Eingang abgeschrieben hatte.

Es war am Morgen, nachdem ich die einzige Flugzeug-Notlandung meines Lebens gemeinsam mit gut zweihundert anderen Passagieren unbeschadet überlebt hatte. Bevor die Reise am nächsten Tag fortgesetzt werden konnte, hatten wir alle auf Kosten der Fluggesellschaft eine freie Übernachtung in einem guten Hotel der Stadt erhalten. Nach dem Frühstück, während wir noch auf den Shuttlebus zum Flughafen warten mussten, lief ich mit einem jungen Mann ziellos durch nahe Straßen. Er hatte neben mir im Flugzeug gesessen und stammte aus New York. Ursprünglich kam seine Familie, wie er stolz mitteilte, aus Puerto Rico. Er trug eine Lederjacke und hatte silberne Ringe an allen Fingern beider Hände. Wir sprachen über Gott und die Welt – und was für ein Glück wir gehabt hatten, noch am Leben zu sein.

Als ich ihm die schon leicht verblichene Holztafel neben dem Kirchenportal zeigte, die ich zufällig entdeckt hatte, las er die in altertümlichen Buchstaben aufgemalte Inschrift ebenso still und konzentriert wie ich. Dann stieß er mich an und sagte nur: »Schreib mal auf.« Das tat ich.

Weisheit über Leben und Tod [64]

Aufgeschrieben von unseren Brüdern und Schwestern
im Jahre des Herrn 1692:

Gehe ruhig und gelassen durch Lärm und Hast
und sei des Friedens eingedenk, den die Stille bergen kann.

Stehe soweit ohne Selbstaufgabe möglich
in freundlicher Beziehung zu anderen Menschen.

Äußere deine Wahrheit ruhig und klar und höre auch anderen zu,
auch den Unwissenden.
Auch sie haben ihre Geschichte.

Meide laute und aggressive Menschen,
sie sind eine Qual für den Geist.

Wenn du dich mit anderen vergleichst,
könntest du bitter werden und dir nichtig vorkommen;
denn immer wird es jemanden geben, größer oder geringer als du.

Freue dich der eigenen Leistungen wie auch deiner Pläne.
Bleibe weiter an deiner Laufbahn interessiert,
wie bescheiden auch immer.
Sie ist ein echter Besitz im wechselnden Glück der Zeiten.

In deinen geschäftlichen Angelegenheiten lass Vorsicht walten,
denn die Welt ist voller Betrug.
Aber dies soll dich nicht blind machen
gegen gleichermaßen vorhandene Rechtschaffenheit.

Viele Menschen ringen um hohe Ideale,
und überall ist das Leben voller Heldentum.

Sei du selbst,
vor allen Dingen heuchle keine Zuneigung.

Noch sei zynisch, was die Liebe betrifft;
denn auch im Angesicht aller Dürre und Enttäuschung
ist sie doch immerwährend wie das Gras.

Ertrage freundlich gelassen den Ratschluss der Jahre,
gib die Dinge der Jugend mit Grazie auf.

Stärke die Kraft des Geistes,
damit sie dich in plötzlich hereinbrechendem Unglück schütze.

Aber beunruhige dich nicht mit Einbildungen.
Viele Befürchtungen sind Folge von Erschöpfung und Einsamkeit.
Bei einem heilsamen Maß an Selbstdisziplin sei gut zu dir selbst.

Du bist ein Kind des Universums,
nicht weniger als die Bäume und die Sterne,
du hast ein Recht hier zu sein.
Und ob es dir nun bewusst ist oder nicht:
Zweifellos entfaltet sich das Universum wie vorgesehen.

Darum lebe in Frieden mit Gott,
was für eine Vorstellung du auch von Ihm hast
und was immer dein Mühen und Sehnen ist.

In der lärmenden Wirrnis des Leben
erhalte dir den Frieden mit deiner Seele.

Trotz allem Schein, der Plackerei und den zerbrochenen Träumen
ist diese Welt doch wunderschön.

Sei vorsichtig.
Strebe danach, glücklich zu sein.

Danksagung

Für ihr Vertrauen, ihre sehr persönlichen Erfahrungen über Leben, Tod und Sterben zu teilen, danke ich Nabil A. (Nablus), Karin Chubb (Kapstadt), Hendrick van Dick (Grossbeeren), Siegfried und Heidrun van Dick (Teltow), Joe J. Foreman (Perth), Dr. Peter Jacka (Kapstadt), Dr. Hans Keilson und Dr. Marita Keilson-Lauritz (Bussum), Gerard Kosse (Amsterdam), Pfarrer i. R. Joachim Kranz (Radensleben), Jens Kuhn (Kapstadt), Perry Yan Lam Tsang (Rotterdam und Kapstadt) und Ruth W. (Jerusalem). Viel habe ich lernen können von allen Kindern und Jugendlichen in unserem HOKISA Kinderhaus im Township Masiphumelele bei Kapstadt – jedem von ihnen aufrichtigen Dank.

Für fachlichen Rat danke ich der Ägyptologin Simone Borries (Teltow), der Buddhistin Kyoko Kimura (Clovelly) und dem Leiter der Humanitas-Wohnheime, Prof. Dr. Hans Marcel Becker (Rotterdam).

Ein besonderer Dank geht an den Theologen und Journalisten Ulrich Panzer, Hamburg, für sein sorgfältiges Gegenlesen des Manuskripts und an Susanne Myller und Thomas Schmitz vom Gütersloher Verlagshaus für die sorgfältige Betreuung des Buches.

Anmerkungen

1   Lewis-Williams, J.D. (Hg.): Stories that float from afar, Cape Town 2000, S. 49-50.

2   Firsching, Jens (Red.): Menschen in ihrer Zeit, Stuttgart / Zürich / Wien 1993, S. 65.

3   Yearbook Australia (Edition 1994): Chapter »Estimates of Indigenous Population«, Canberra 1994.

4   Australien, in: Fischer-Almanach 2003, Frankfurt a.M. 2002, S. 99-102.

5   Gespräch von Joe Janawirri Foreman mit dem Autor, New York am 6. September 2001.

6   Zitat von Cathy Freeman, nach: Wikipedia-Eintrag zu Cathy Freeman, März 2009.

7   Verschiedene Quellen u.a.: Kriechhammer, Katharina: Todesvorstellungen der Aborigines, Salzburg 1999. Cowan, James: Offenbarungen aus der Traumzeit. Das spirituelle Wissen der Aborigines, Stuttgart 2004.

8   Hornung, Erik (Hg.): Das Totenbuch der Ägypter, Düsseldorf 2000. Vgl. auch: Hagen, Rose-Marie und Rainer: Ägypten – Menschen, Götter, Pharaonen, Köln 1999. Reitz, Manfred: Alltag im Alten Ägypten, Augsburg 1999.

9   Die ersten Begegnungen mit Nabil (dessen Nachname hier auf seinen Wunsch hin geändert ist) fanden 1989 statt.

10   Die Zusammenfassung seiner Aussagen zum Tod der Schwester wurden von ihm nachträglich in einem Brief vom 15. Mai 1998 autorisiert.

11   Twain, Mark: The Innocents abroad, Connecticut 1869. Übersetzung aus dem amerikanischen Englisch durch den Autor. Deutsche Ausgabe: Twain, Mark: Die Arglosen im Ausland, Frankfurt a.M. 1997, S. 677.

12 Vgl. hierzu: Brown, Peter: Augustinus von Hippo – eine Biographie, erweiterte Neuausgabe, München 2000. Flasch, Kurt: Augustinus. Einführung in sein Denken, Stuttgart 2003. Fuhrer, Therese: Augustinus, Darmstadt 2004. Kany, Roland: Augustins Trinitätsdenken, Tübingen 2008.

13 Zitiert nach: Steinwege, Dietrich (Hg.): Der Tod – Tor zum Leben, Düsseldorf 2009, S. 54.

14 Knak, Gustav (Hg.): Maiblumen – Lieder einer Stillen im Lande, 2 Bände, Berlin 1862.

15 Hauke, Rainer: Predigt zur Friedhofsandacht am Ewigkeitssonntag, Berlin 2003, veröffentlicht auf der Website (Juli 2009): www.rainer-hauke.de.

16 Zum Buddhismus vgl. u.a.: Bechert, Heinz: Der Buddhismus I, Stuttgart 2000. Schmidt-Glitzer, Helwig: Die Reden des Buddha, München 2005.

17 Zum Hinduismus vgl. u.a.: Michaels, Axel: Der Hinduismus. Geschichte und Gegenwart, München 1998. Knott, Kim: Der Hinduismus. Eine kurze Einführung, Ditzingen 2000.

18 Zum Leben und Denken von Mahatma Gandhi vgl. u.a.: Rolland, Romain: Gandhi, Zürich 1924. Gunturu, Vanamali: Mahatma Gandhi. Leben und Werk, München 1999. Grabner, Sigrid: Mahatma Gandhi. Politiker, Pilger und Prophet, Leipzig 2002. Rau, Heimo: Gandhi, Reinbek 2005.

19 Harrer, Heinrich: Sieben Jahre in Tibet – Mein Leben am Hofe des Dalai Lama, Berlin 1953.

20 Zum Leben und Denken des Dalai Lama vgl. u.a.: Dalai Lama: Das Buch der Freiheit (Autobiografie), Bergisch-Gladbach 2004. Levenson, Claude B.: Dalai Lama – Die autorisierte Biographie des Friedensnobelpreisträgers, Düsseldorf 2004. Wiegang, Sabine: Dalai Lama XIV., Reinbek 2009.

21 Rinpoche, Sogyal: The Tibetan Book of Living and Dying, San Francisco 1992. In Deutsch: Das tibetische Buch vom Leben und vom Sterben. Ein Schlüssel zum tieferen Verständnis von Leben und Tod,

Frankfurt a.M. 2004 (Übersetzung aus der englischen Ausgabe durch den Autor).

22   Tsang, Perry Yan Lam: Der Tod meines Großvaters (1979), zur Veröffentlichung autorisiertes Manuskript, Kapstadt 2009.

23   Interview von Ruth W. mit dem Autor in Jerusalem am 25. Januar 1989. Dieser Text ist ein Auszug aus einem längeren, bislang unveröffentlichten Manuskript. Frau W. gab mir damals die Genehmigung zur Veröffentlichung nach ihrem Tode. Sie starb 2003 nach kurzer Krankheit in Jerusalem.

24   Zum Leben und Denken von Bertrand Russell vgl. u.a.: Russell, Bertrand: Why I am not a Christian, New York 1927 (in Deutsch: Warum ich kein Christ bin, München 1963). The Autobiography of Bertrand Russell, 3 Bände, London 1967-69.

25   Runge, Erika / Schernikau, Ronald M.: ... lieben, was es nicht gibt. Interview im RIAS Berlin am 1. März 1992. Das Zitat u.a. in: Dijk, Lutz van: Leben, kostbar; in: Dunde, Siegfried (Hg.): Die Angst verlieren. Schwules Leben in Zeiten von Aids, Reinbek 1994, S. 64. Zum Leben von Ronald M. Schernikau vgl. auch: Frings, Matthias: Der letzte Kommunist. Das traumhafte Leben des Ronald M. Schernikau, Berlin 2009.

26   Kübler-Ross, Elisabeth: On Death and Dying, New York 1969, S. 237 (Übersetzung aus dem Englischen durch den Autor), vgl. auch ihre Autobiografie: Kübler-Ross, Elisabeth: Das Rad des Lebens, München 2000.

27   Roth, Fritz / Bode, Sabine: Trauer ist Liebe, Gütersloh 2006, S. 57.

28   Zum Beispiel: Kübler-Ross, Elisabeth: Kinder und Tod, Zürich 1984. Brocher, Tobias: Wenn Kinder trauern, Reinbek 1985. Leist, Marielene: Kinder begegnen dem Tod, Gütersloh 1987. Tausch-Flammer, Daniela / Bickel, Lis: Wenn Kinder nach dem Sterben fragen. Ein Begleitbuch für Kinder, Eltern und Erzieher, Freiburg i.Br. 1994. Neben diesen Klassikern aktuell u.a. auch: Cramer, Barbara: Bist du jetzt ein Engel?, Tübingen 2008.

29   Kongress-Bericht »Pädiatrische Palliativmedizin« / München 2004: Kinder sterben anders, in: Pädiatrie hautnah 4/2004, S. 230-233.

30 Dijk, Lutz van / Chubb, Karin: Der Traum vom Regenbogen, Reinbek 1999 (in Englisch: Between Anger and Hope, Johannesburg 2001).

31 Mehr Informationen zu HOKISA sind auch zu finden auf der internationalen Website: www.hokisa.co.za.

32 Die Namen des Jungen Ayanda (*1995) und seiner Schwester Portia (*2005) sind für die Veröffentlichung verändert und ihre Geschichten teilweise fiktionalisiert, um ihre Identität zu schützen.

33 Die genauen Angaben lauten für Deutschland für das Jahr 2010: 26,2 % der Bevölkerung älter als 60 Jahre – für das Jahr 2050: 38,9 % älter als 60 Jahre (nach: Bundeszentrale für politische Bildung, www. bpb.de/Wissen/Alterstruktur).

34 Daten aus: Gronemeyer, Reimer: Sterben in Deutschland, Frankfurt a.M. 2008, S. 16, 37, 39-40, 57, 60.

35 Garcia Marquez, Gabriel: Erinnerung an meine traurigen Huren, Frankfurt a.M. 2006, S. 18.

36 Näheres zu Fritz Roth und der Arbeit der privaten Trauerakademie in Bergisch Gladbach auch unter www.puetz-roth.de. Ausdrücklich auf die Arbeit von Fritz Roth beruft sich z.B. das Hamburger Bestattungsunternehmen »trostwerk«: www.trostwerk.de.

37 Zitiert nach einem Gespräch mit Prof. Dr. Hans Marcel Becker in Rotterdam am 17. Mai 2009 (Übersetzungen aus dem Niederländischen durch den Autor). Prof. Dr. Becker gab seine Zustimmung zum Abdruck seiner Aussagen in einer E-Mail vom 14.8.2009. Vgl. auch: Becker, Hans Marcel: Levenskunst op leeftijd – Geluk bevorderende zorg in een vergrijzende wereld, Rotterdam 2003.

38 Keilson, Hans: Der Tod des Widersachers, Frankfurt a.M. 1989, S. 134. Die Korrespondenz mit Hans Keilson und seiner Frau Marita Keilson-Lauritz fand im August und Dezember 2009 statt.

39 Vgl. Ziegler, Jean: Wie kommt der Hunger in die Welt?, München 2002.

40 Vgl. Dijk, Lutz van: Die Geschichte von Liebe und Sex, Frankfurt a.M. 2007, S. 192.

41 Vgl. zu allen Daten die jeweils aktuellen Zahlen aus dem Berlin-Institut für Bevölkerung und Entwicklung: www.berlin-institut.org.

42 Obama, Barack: A New Beginning, Rede am 4. Juni 2009 in der Universität von Kairo, Ägypten (Übersetzung aus dem Englischen durch den Autor).

43 Der Name der jungen Frau aus Boston ist auf Wunsch der Betroffenen verändert. Der Text ist zusammengestellt aus vier längeren E-Mails, die sie mir im September 2009 sandte (Übersetzung aus dem Englischen durch den Autor).

44 Die Namen von Andiswa (*1990) und Sandile (*1994) sind verändert und ihre Geschichten teilweise fiktionalisiert, um ihre Identität zu schützen.

45 Daten zitiert nach: Forum Politik, Januar 2003, siehe auch: www.forum.politik.de.

46 Zitiert nach: Machel, Graça: Kinder nicht mehr als Zielscheiben missbrauchen, in: Dijk, Lutz van / Chubb, Karin: Der Traum vom Regenbogen, Reinbek 1999, S. 56.

47 Remarque, Erich Maria: Im Westen nichts Neues, Erstauflage: Berlin 1929. Es gibt viele Biografien zu Erich Maria Remarque, siehe auch die Informationen der Erich Maria Remarque-Gesellschaft: www.remarque-gesellschaft.de .

48 Drewitz, Ingeborg: Gestern war Heute – 100 Jahre Gegenwart, München 1980, S. 99 und 102.

49 Der Name von Joanne Miller (Johanna Müller) ist geändert, die Fakten ihrer Biografie waren Teil meiner Dissertation (Universität Hamburg 1987), veröffentlicht u.a. als: Dick, Lutz van: Oppositionelles Lehrerverhalten 1933-1945. Biographische Berichte über den aufrechten Gang von Lehrerinnen und Lehrern, Weinheim / München 1988; Dick, Lutz van: Lehreropposition in der NS-Zeit, Frankfurt a.M. 1990.

50 Paul, Chris: Warum hast du uns das angetan? Ein Begleitbuch für Trauernde, wenn sich jemand das Leben genommen hat, Gütersloh 2006, S. 11.

51   Améry, Jean: Jenseits von Schuld und Sühne, München 1966. Hand an sich legen. Diskurs über den Freitod, Stuttgart 1976.

52   Vgl. auch: Klee, Ernst: Euthanasie im NS-Staat. Die »Vernichtung lebensunwerten Lebens«, Frankfurt a.M. 1985. Aly, Götz (Hg.): Aktion T4. Die »Euthanasie«-Zentrale in der Tiergartenstraße 4, Berlin 1987.

53   Timm, Uwe: Rot, Köln 2001, S. 132, 150-151, 20-21.

54   Kierkegaard, Søren, zitiert nach: Timm, Uwe: Am Beispiel meines Bruders, Köln 2003, S. 143.

55   Vgl. auch die Website der Deutschen Hospiz-Stiftung: www.hospize. de und die Informationen des Deutschen Hospiz- und Palliativ-Verbandes e.V.: www.hospiz.net.

56   Haupt, Stefan: »Dem Tod ins Gesicht sehen« (Dokumentarfilm über Elisabeth Kübler-Ross), Schweiz / USA 2004.

57   Rilke, Rainer Maria: Sämtliche Werke, Frankfurt a.M. 1955, Band 1, S. 654.

58   Anders, Günther: Die Antiquiertheit des Menschen, Band I: Über die Seele im Zeitalter der zweiten industriellen Revolution, München 1956 und Band II: Über die Zerstörung des Lebens im Zeitalter der dritten industriellen Revolution, München 1980.

59   Anders, Günther: Die atomare Drohung, München 1981, S. 137.

60   Jungk, Robert (Hg.): Off limits für das Gewissen. Der Briefwechsel zwischen dem Hiroshima-Piloten Claude Eatherly und Günther Anders. Vorwort: Bertrand Russell, Reinbek 1961.

61   Namen der Augenzeugen auf deren Wunsch geändert. Aussagen per E-Mail, Dortmund, 12. Dezember 2007.

62   Kaschnitz, Marie Luise: Steht noch dahin. Neue Prosa, Frankfurt a.M. 1970.

63   Vgl. u. a.: Sölle, Dorothee: Atheistisch an Gott glauben, Freiburg i. Br. 1968. Die revolutionäre Geduld, Berlin 1974. Aufrüstung tötet auch

ohne Krieg, Stuttgart 1982. Zivil und ungehorsam, Berlin 1990. Vgl. auch die Biografie von Wind, Renate: Dorothee Sölle – Rebellin und Mystikerin, Stuttgart 2008.

64   Der genaue Ursprung der »Lebensregel von Baltimore«, auch »Desiderata« genannt, ist nicht eindeutig, auch wenn der US-Amerikaner Max Ehrmann (1872-1945), ein Anwalt aus Indiana, 1927 dafür das Urheberrecht erwarb. Es gibt verschiedene deutsche Übersetzungen, auf die ich erst Jahre später stieß. Die hier vorliegende ist eine der schlichtesten, die mir am besten gefiel. Der Name des Übersetzers ist mir nicht bekannt.

Namenregister

Sachwortregister

Bibliografische Information der Deutschen Nationalbibliothek
Die Deutsche Nationalbibliothek verzeichnet diese Publikation in der Deutschen
Nationalbibliografie; detaillierte bibliografische Daten sind im Internet über
http://dnb.d-nb.de abrufbar.

FSC

Mix
Produktgruppe aus vorbildlich
bewirtschafteten Wäldern,
kontrollierten Herkünften und
Recyclingholz oder -fasern
Zert.-Nr. SGS-COC-004278
www.fsc.org
© 1996 Forest Stewardship Council

Verlagsgruppe Random House FSC-DEU-0100
Das FSC-zertifizierte Papier *Munken Premium* für dieses Buch
liefert Arctic Paper Munkedals AB, Schweden.

1. Auflage
Copyright © 2010 by Gütersloher Verlagshaus, Gütersloh,
in der Verlagsgruppe Random House GmbH, München

Umschlagmotive: © Pascal Deloche/Godong/Corbis (Hände),
© Kazuyoshi Nomachi/Corbis (Muslimin), © Oboe/Fotolia (Heldenfriedhof),
© Sunnersgraphicsinc/Fotolia (Ayers Rock).

Druck und Einband: Těšínská tiskárna, Český Těšín
Printed in Czech Republic
ISBN 978-3-579-06875-6
www.gtvh.de

Lutz van Dijk

Leben bis zuletzt
Geschichten von Freundschaft, Liebe und Tod

ISBN 978-3-641-01229-8

Nur als E-Book erhältlich.

Was, wenn Liebe in Schmerz umschlägt? Wohin mit all der Wut und
Verzweiflung, wenn der Geliebte, die Freundin, der Bruder stirbt?
Lutz van Dijk erzählt vom Umgang Jugendlicher mit dem Tod: acht persönliche Geschichten von Menschen, die ihre Ohnmacht besiegen, nicht
zerbrechen, im Verlust individuelle Wege finden und dabei mehr über das
eigene Leben erfahren.

- **Acht berührende, hoffnungsvolle Geschichten vom Loslassen
und vom Neubeginn**
- **Von Gustav-Heinemann-Friedenspreisträger Lutz van Dijk**

cbt

www.cbt-jugendbuch.de

Lutz van Dijk
Township Blues

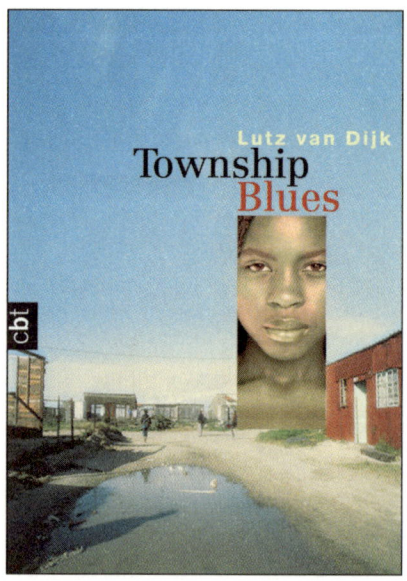

160 Seiten   ISBN 978-3-570-30109-8

Thinasonke ist vierzehn und lebt mit Mutter, Geschwistern und Oma in einem Township am Rand von Kapstadt, wo die Gewalt allgegenwärtig ist. Eines Abends wird sie von zwei Mitgliedern einer Straßengang vergewaltigt. Nun ist ihre größte Angst, mit AIDS infiziert zu sein. Zunächst spricht sie nicht einmal mit ihrem Freund Thabang darüber. Doch irgendwann hält sie den Druck nicht mehr aus. In ihrer Angst vertraut sie sich ihrer Klassenlehrerin an. Miss Delphine überredet sie zu einem Bluttest. Das Ergebnis: positiv ...

- **Ein starker, literarisch ungewöhnlich dichter Jugendroman**
- **Plädoyer für Toleranz, Mut und Gerechtigkeit**
- **Von Gustav-Heinemann-Friedenspreisträger Lutz van Dijk**

www.cbt-jugendbuch.de

Lutz van Dijk
Themba

224 Seiten   ISBN 978-3-570-30459-4

Ein Tag wie kein anderer. Das ist der Tag, an dem Themba als Ersatzspieler der südafrikanischen Fußballnationalmannschaft eingewechselt wird und das entscheidende Tor schießt. Es ist aber auch der Tag, an dem eine schreckliche Vermutung zur Gewissheit wird. Wie seine Mutter ist auch Themba HIV-positiv. Und jetzt?

• Ein außergewöhnlicher Fußball-Roman
• Mit einem Geleitwort von Franz Beckenbauer
• Sensibler Umgang mit den Themen HIV und AIDS
• Mit vielen Sachinformationen und Glossar

cbt

www.cbt-jugendbuch.de